A REVOLUÇÃO DA CERVEJA ARTESANAL

A REVOLUÇÃO DA CERVEJA ARTESANAL

COMO UM GRUPO DE MICROCERVEJEIROS
ESTÁ TRANSFORMANDO A BEBIDA MAIS APRECIADA DO MUNDO

STEVE HINDY
PREFÁCIO DE JOHN HICKENLOOPER

TRADUÇÃO
HAMILTON FERNANDES

Copyright © Steve Hindy, 2014
Título original: *The Craft Beer Revolution*
Publicado inicialmente em 2014 por PALGRAVE MACMILLAN® nos Estados Unidos – um selo da St. Martin's Press LCC, 175 Fifth Avenue, Nova York, NY 10010.

PRODUÇÃO EDITORIAL Tikinet
PREPARAÇÃO DE TEXTO Nara Lasevicius
REVISÃO Otávio Corazzim, Bruna Orsi e Glaiane Quinteiro
CAPA, PROJETO GRÁFICO E DIAGRAMAÇÃO Aline Maya

CIP-BRASIL. CATALOGAÇÃO NA PUBLICAÇÃO
SINDICATO NACIONAL DOS EDITORES DE LIVROS, RJ

H554r

    Hindy, Steve, 1949-
        A revolução da cerveja artesanal : como um grupo de microcervejeiros está transformando a bebida mais apreciada do mundo / Steve Hindy ; tradução Hamilton Fernandes. - 1. ed. - São Paulo: Tapioca, 2015.
        352 p. : il. ; 23 cm.

        Tradução de: The craft beer revolution
        Inclui índice
        ISBN 978-85-67362-10-6

        1. Cerveja - Guias. 2. Cervejarias - Guias. I. Título.

15-20173   CDD: 641.23
                               CDU: 641.87:663.4

Todos os direitos desta edição reservados à
Pioneira Editorial Ltda.
contato@edicoestapioca.com.br
www.edicoestapioca.com.br

Dedicado a todos os cervejeiros

SUMÁRIO

Prefácio	9
Nota do autor	13
Prólogo	15
1. Os pioneiros	19
2. Políticos, escritores, professores e empreendedores comunitários	47
3. A primeira geração	69
4. A Turma de 88	89
5. A fabricação artesanal e os negócios milionários	133
6. A segunda geração	167
7. A cerveja e a mídia	213
8. Cervejeiros artesanais ressuscitam a Associação dos Produtores de Cerveja da América	229
9. Libertação	251

10. A fusão da Associação dos Produtores de Cerveja
da América com a Associação dos Cervejeiros   271

11. Um lugar à mesa   283

12. A terceira geração   301

Epílogo   325

*Apêndice A: Cronologia do empenho das grandes
cervejarias para criar marcas ao estilo artesanal*   329

*Apêncie B: As 50 maiores cervejarias e as 10 maiores
cervejarias e importadoras dos Estados Unidos*   335

Índice Remissivo   339

PREFÁCIO

A REVOLUÇÃO DA CERVEJA ARTESANAL É UM RELATO EMPOLGANTE DO renascimento da indústria cervejeira norte-americana ao longo das últimas quatro décadas. Em meados dos anos 1970, havia menos de quarenta cervejarias nos Estados Unidos; hoje são mais de 2.500 e outras mil estão surgindo. De acordo com a Associação dos Produtores de Cerveja (BA), quase todos os norte-americanos vivem a pelo menos quinze quilômetros de uma cervejaria.

Steve Hindy é a pessoa certa para contar esta história notável de empreendedorismo e renovação. Atuando como jornalista durante quinze anos, antes de fundar a Brooklyn Brewery com seu sócio Tom Potter, esteve diretamente envolvido na evolução da indústria ao trabalhar para a diretoria da BA e para o Instituto da Cerveja, a maior associação comercial do ramo.

Conheci Steve no início dos anos 1990, quando ele lutava para estabelecer sua cervejaria em uma área degradada do Brooklyn, e eu estava criando a Wynkoop Brewery no então decadente baixo centro histórico de Denver (conhecido como LoDo).

Quando Jerry Williams e eu, com Russ Schehrer e Mark Schiffler, assinamos um contrato para locar um armazém abandonado no histórico LoDo em 1987, o aluguel anual era menos de um dólar por metro quadrado. Demoramos dezoito meses para abrir as portas – leva muito tempo para arrecadar dinheiro para algo até então desconhecido pelas pessoas.

Fomos a primeira cervejaria artesanal das Montanhas Rochosas e, em cinco anos, o primeiro restaurante a abrir naquela região. Assim como Steve, quase a meio continente de distância, e outros tantos negócios por todo o país, tentamos construir relações com os vizinhos e, assim, revitalizar o bairro.

Hoje, o LoDo é um dos locais mais vibrantes do agito de Denver, e Williamsburg, no Brooklyn, um dos mais dinâmicos de Nova York. Como será detalhado neste livro, esse tipo de renovação urbana aconteceu nas cidades onde foram instaladas pequenas cervejarias, de San Diego a Portland, do Kansas a Atlanta e de Abita Springs a Cleveland.

O Governador John Hickenlooper. Turma de 1988.
Fotografia cedida por Evan Semón

PREFÁCIO • 11

A revolução da cerveja artesanal conta a história de pioneiros visionários como Fritz Maytag, da Anchor Brewing Company, Ken Grossman, da Sierra Nevada Brewing Co., Matthew Reich, da Old New York Brewing Co., Jim Koch, da Boston Beer Company, e fabricantes de cerveja inovadores como Russell Scherer (Wynkoop), Garrett Oliver (Brooklyn), Vinnie Cilurzo (Russian River), Rob Tod (Allagash Brewing), Sam Calagione (Dogfish Head) e Jeff Lebesch (New Belgium).

Muitos empresários dessa área foram fabricantes caseiros antes de criarem seus negócios. Vários se inspiraram num pequeno livro de bolso chamado *The complete joy of homebrewing* [A alegria plena da fabricação caseira de cerveja], escrito por Charlie Papazian, um ex-professor que agora lidera a BA e ainda mora no Colorado.

Os pioneiros desse movimento introduziram aos norte-americanos as amber ales, as lagers, as porters e as stouts. As gerações seguintes começaram a fazer bebidas ao estilo belga e inventaram novos estilos e processos. Esses cervejeiros artesanais receberam influência das grandes nações cervejeiras da Europa – Bélgica, Grã-Bretanha, Alemanha e República Tcheca –, mas agora são os europeus que estão de olho nos colegas norte-americanos em busca de inspiração. A cerveja artesanal dos EUA se tornou um importante item de exportação.

O consumo geral do produto no país está em declínio, mas o segmento do artesanal passa por um crescimento explosivo. As pessoas estão bebendo menos cerveja, porém consumindo mais "cervejas boas".

Sinto-me honrado por ter feito parte dessa revolução e saúdo todos os empresários, fabricantes, distribuidores e varejistas que a tornaram possível.

John Hickenlooper
Denver, Colorado
Agosto de 2013

NOTA DO AUTOR

A história será generosa comigo, pois eu pretendo escrevê-la.

Winston Churchill

A REVOLUÇÃO DA CERVEJA ARTESANAL É MUITO RICA – UMA GRANDE HISTÓRIA SOBRE negócios e a soma de muitas trajetórias humanas maravilhosas, um processo ainda em desdobramento. Entrevistei muitos dos principais personagens deste livro e tirei diversas citações de jornais, revistas, livros e declarações, particularmente da publicação *The New Brewer*, um verdadeiro tesouro. Usei também atas de reunião e artigos de opinião do arquivo da Associação dos Produtores de Cerveja da América (BAA). Alguns eventos, contei a partir de minhas próprias lembranças, e tentei ser justo com todos os envolvidos nessa grande aventura. Tenho muito respeito por meus colegas da BA, do Instituto da Cerveja e da Associação Nacional dos Comerciantes de Cerveja. Sou particularmente grato a Benj Steinman, editor meticuloso da *Beer Marketer's Insights*, e a Bob Pease, diretor de operações da Associação dos Produtores de Cerveja, por ter lido meu original e feito correções. Gostaria de também agradecer a meu agente Ed Claflin, meus editores na Palgrave Macmillan, Emily Carleton e Katie Haigler, e a minha "editora" em casa, Ellen Foote.

É uma honra trabalhar nessa grande indústria. Espero ter feito justiça à história da revolução da cerveja artesanal.

Steve Hindy
Brooklyn, Nova York,
Outubro de 2013

PRÓLOGO

A INDÚSTRIA DA CERVEJA ARTESANAL EVOLUIU A PARTIR DE SONHADORES E pequenos produtores de cerveja caseira para um autêntico segmento que representa 10% dos 100 bilhões de dólares da indústria especializada estadunidense. Por algumas décadas, tem sido o mais dinâmico do ramo e a revolução se expande mundialmente.

Em 2013, os Estados Unidos tinham mais de 2.700 cervejarias artesanais e outras 1.500 estavam em planejamento. Paul Gatza, porta-voz da Associação dos Produtores de Cerveja (BA), afirma que 48,4% das cervejarias que abriram desde 1980 ainda funcionam, e 66,2% das *startups** de cerveja artesanal estão em operação – um sucesso incrível, com porcentagem muito superior à da média geral das empresas nesse perfil.

As cervejarias artesanais de estilo norte-americano agora estão em todo o mundo, na Ásia, África, América Latina e nas grandes nações produtoras da bebida na Europa, cujas tradições originalmente inspiraram os produtores dos EUA.

Os novos cervejeiros acreditam que estão recolocando a cerveja em seu devido lugar, como um negócio local e um produto que tem algo a dizer sobre sua cidade natal e região. Sua capacidade de renovação é imensa; eles estão tirando o produto das mãos das cervejarias multinacionais de produção em massa, que fazem cerveja da mesma forma que

---

* Uma *startup* é uma empresa nova, ou até mesmo em fase de constituição, que conta com projetos promissores, ligados à pesquisa, investigação e ao desenvolvimento de ideias inovadoras. [N.T.]

a Kraft produz queijo ou que a Hershey faz chocolate. Os fabricantes artesanais levaram essa bebida de volta às suas raízes, do modo como padeiros locais preparam seu pão.

Em sua essência, esse movimento é um grupo de Davis tentando derrubar Golias. Garret Oliver, mestre-cervejeiro da Brooklyn Brewery, um cara multitalentoso responsável pelas receitas de nossas cervejas, além de ser escritor, resume o espírito da época da revolução da cerveja artesanal em um texto bem-humorado, para explicar uma que criou especialmente para a festa de abertura da Comic Con 2012, em Nova York, convenção anual de profissionais e fãs dos quadrinhos. A criação recebeu o nome de Brooklyn Defender [Protetora do Brooklyn], e o "grito de guerra" foi o seguinte:

Certa vez, há muito tempo, os benevolentes Deuses da Cerveja cavalgavam as terras do mundo trazendo cerveja magnífica e muita felicidade aos povos. Colaborando com grande alegria entre eles, os Deuses da Cerveja defendiam os prazeres à mesa e promoviam os valores do Sabor, da Variedade, da Delícia, da Versatilidade e da Honestidade da bebida. E os povos os amavam por isso.

Mas os Deuses da Cerveja foram confiantes demais – na verdade, eles não estavam livres de inimigos. Das profundezas estigeanas da crosta da Terra ascendeu o grupo dos Deuses Anticerveja, os Megálitos. Pegando os Deuses da Cerveja de surpresa, os belicosos Megálitos lançaram um poderoso feitiço que os relegou às sombras. As cervejas saborosas desapareceram da terra, e os povos lastimaram. Com sua vitória, os Megálitos nos enviaram fantasmagóricas cervejas, pálidas, ralas e sem sabor, conhecidas popularmente por "negócios espumantes". A suavidade levou à mediocridade, a mediocridade levou ao ódio, e o ódio levou ao sofrimento. E, ah!, como sofreram os povos! Eles se esqueceram do verdadeiro sabor da bebida, o suave farfalhar da cevada no campo e o aroma dos lúpulos.

E então, quando parecia que a escuridão havia dizimado todas as coisas boas, um novo amanhecer surgiu no horizonte... [brandindo] o rico poder de maltes caramelo, a mais afiada e inquebrável lâmina do amargor de puro lúpulo e uma incrível rajada de aroma de lúpulo direcionada para destruir o feitiço dos Megálitos. Os Deuses da Cerveja acordaram e encontraram-se protegidos no coração dos povos, e mais uma vez as grandes qualidades da verdadeira cerveja propagaram-se pela terra.

A revolução da cerveja artesanal é uma história que envolve centenas de empreendedores em incontáveis cidades em todos os Estados Unidos. Eles batalharam por paladares para conquistar aceitação de suas bebidas peculiares e saborosas; persuadiram os distribuidores cansados de receber ordens das produtoras de cervejas de consumo em massa para dar uma chance àquelas que, apesar de desconhecidas, são feitas com muito carinho. Os empreendedores ensinaram a eles que os ingredientes e os processos contam muito, assim como as histórias por trás dessas empresas. E devagar, mas com segurança, esses distribuidores – muitos dos quais ficaram ricos vendendo leves cervejas lager das gigantes nacionais e internacionais – passaram a apreciar o espírito e o dinamismo dos cervejeiros artesanais. Contrataram entendidos em vendas e gente de marketing, e aprenderam a comercializar essas pequenas marcas sem propagandas de orçamentos milionários.

Assim como acontecia com os cervejeiros artesanais, a maioria era de pequenos distribuidores, negócios de base comunitária. Inicialmente, a aliança óbvia e natural entre os dois grupos encarou algumas barreiras, que foram aos poucos superadas, e a união se reforçou.

Esta é também uma história sobre como os fabricantes artesanais encararam lutas destrutivas, resolveram suas diferenças e criaram uma comunidade que apoia os esforços de todos. Enquanto disputavam mercados de costa a costa, aprenderam muito um com o outro no processo. Juntos, fundaram a BA, uma organização capaz de enfrentar os conglomerados internacionais.

Seu improvável líder, Charlie Papazian, é um engenheiro nuclear que tem um aperto de mão suave e paixão pela fabricação caseira. Escreveu *The complete joy of homebrewing*, um guia que ensinou gerações de malucos por cerveja a preparar sua própria bebida. Papazian promovia uma pequena reunião de fabricantes caseiros em Boulder, Colorado, no final dos anos 1970, então conhecida como a Associação dos Cervejeiros, que se transformou na BA no início do século XXI, uma cooperativa de 16 milhões de dólares anuais, que tem desafiado os gigantes internacionais de maneira surpreendente.

Outra parte da história se refere às batalhas legislativas travadas pela Associação. Os produtores se uniram para derrubar a proibição da fabricação caseira nos cinquenta estados do país – a BA tem fomentado diversas associações de cervejeiros estaduais. E, como resultado de sua campanha, congressistas em Washington, assembleias legislativas e câmaras municipais em todo o país hoje reconhecem o importante papel que as cervejarias artesanais desempenham em suas comunidades.

Os desafios dessa indústria têm sido conscientizar os norte-americanos a respeito da cerveja – sua história e seu lugar nessa cultura e à mesa. Entre os que assumiram o desafio estão Michael Jackson, o pioneiro escritor britânico especializado em bebidas alcoólicas, Ray Daniels, o homem por trás do certificado "Cicerone" de formação de profissionais da cerveja (até dezembro de 2013, já havia capacitado 30 mil pessoas),[1] e Garrett Oliver, editor-chefe da *The Oxford Companion to Beer*, a primeira enciclopédia dedicada à cerveja.

Mas ninguém reuniu a história completa até o momento. Este livro vai contar a você como os cervejeiros fundadores e seus sucessores construíram 2.700 cervejarias em todos os Estados Unidos e levaram as cervejas artesanais de que você mais gosta até o barzinho do seu bairro, e como esses cervejeiros desenvolveram uma associação que provocou uma revolução no mundo todo.

---

[1] DANIELS, Ray. "Cicerone program hits 30,000 certified beer servers". *Craft Business Daily,* 11 dez. 2013.

1

OS PIONEIROS
1965-1984

1965: 1 *microcervejaria*
182 *cervejarias nacionais e regionais*[1]
1984: 18 *microcervejarias*
76 *cervejarias não artesanais de âmbito regional e nacional*

NO INÍCIO HAVIA FRITZ MAYTAG. E, POR MAIS DE UMA DÉCADA, ELE PERMANECEU sozinho; foi o pioneiro. Outros o seguiram – no oeste, havia Jack McAuliffe, Jane Zimmerman e Suzy Denison, da New Albion Brewing Company, a primeira microcervejaria caseira; Ken Grossman e Paul Camusi, da Sierra Nevada Brewing Co.; Randolph Ware e David Hummer, da Boulder Beer Company; a Cartwright Brewing Company; Bert Grant da Yakima Brewing e Malting Co.; e a Independent Ale Brewery (Redhook), em Seattle, Washington. No leste, tínhamos Matthew Reich, da Old New York Brewing Co., o pioneiro da produção sob contrato,* e Bill Newman,

---

[1] FRIEDRICH, Manfred e BULL, Donald. *The Register of United States Breweries 1876-1976*. Donald Bull, 1976. Havia 126 empresas produtoras de cerveja (nacionais e regionais), donas de 182 cervejarias. Todas as estatísticas na abertura dos capítulos foram fornecidas pelas seguintes fontes: Paul Gatza, diretor da Associação dos Produtores de Cerveja, e-mail ao autor, 14 de novembro de 2013; Pete Reid, editor da *Modern Brewery Age*, e-mail ao autor, 13 de novembro de 2013.

* Tipo de produção em que uma cervejaria utiliza instalações terceirizadas para a fabricação. [N.T.]

da Wm. S. Newman Brewing Co. Mas foi Fritz Maytag quem começou tudo isso.

De acordo com o dicionário Aulete Digital, um *pioneiro* é "aquele que primeiro abre ou descobre caminho através de regiões desconhecidas; desbravador". Tenho certeza de que Fritz Maytag e os de sua geração não pensavam em si como quem abre o caminho para outros, mas foi o que fizeram nos anos 1960 e 1970. Eles construíram a base para o movimento da cerveja artesanal, que, enquanto escrevo, inclui mais de 2.700 cervejarias e é responsável por importantes 6,5% em volume do mercado de cervejas dos EUA e mais de 10% do faturamento.[2] Também estabeleceram princípios duradouros: os negócios devem manter-se pequenos, ser independentes e todas as cervejas devem ser de malte (em lugar dos aditivos de arroz e milho usados pelas grandes cervejarias). Além disso, descobriram qual deveria ser o preço de seus produtos para que seus empreendimentos fossem viáveis. Quando outros visitaram sua cervejaria em San Francisco, Maytag aconselhou, foi atencioso e generoso até mesmo quanto aos ingredientes.

Quase todos nesse movimento pensam em si como pioneiros nos mercados internos. E realmente fomos – as cervejarias abertas nos anos seguintes tiveram papel importante na construção de um mercado de cerveja artesanal nos EUA. Todos sabíamos como era enfrentar um bar cheio de bebedores de Bud, Miller e Coors,* que torciam o nariz para nossas cervejas escuras e saborosas, fortes e lupuladas.

Mas deve ter sido ainda mais difícil em 1965, quando Maytag comprou a Anchor Brewing Company, que estava falindo. Na época, não existiam produtos artesanais ou de microfabricantes. Não havia cervejas nacionais competindo com as importadas. O segmento destas estava crescendo no país, porque os consumidores mais sofisticados já as reconheciam como uma "cerveja melhor". Fritz Maytag e seus companheiros tiveram de inventar tudo sozinhos, da mesma forma que os

---

[2] Informação de Paul Gatza, da Associação dos Produtores de Cerveja, entrevista ao autor, 15 ago. 2013.

* Cervejas populares nos Estados Unidos. [N.T.]

primeiros colonizadores fizeram ao cruzar os montes Allegheny com suas carroças.

Antes de qualquer coisa, tenho uma confissão a fazer. No começo, não entendia a adoração que as pessoas tinham por Fritz Maytag – acho que por uma questão de classes. Afinal, ele era neto de Frederick Louis Maytag, fundador da Maytag Washing Machine Company, referência em máquinas de lavar roupas nos EUA, conhecida em toda parte por seus anúncios na TV com um assistente técnico bocejante que não tinha nada para fazer, já que as máquinas Maytag eram robustas e confiáveis. O pai de Fritz, Frederick Louis Maytag II, desenvolveu o queijo gorgonzola Maytag, um original norte-americano baseado no estilo roquefort francês.

Fritz Louis Maytag III formou-se na Deerfield Academy em Massachusetts e, em seguida, graduou-se em literatura americana em Stanford. Usava paletós *tweed*, camisas com botão no colarinho e óculos de aros metálicos, e falava com uma voz melíflua de barítono que chamava atenção. E ele era um Maytag.

Lembro-me de dizer aos meus colegas: "Não sei por que todo esse auê com o Fritz Maytag. É o herdeiro da Maytag Washing Machine Company. Ele está numa sintonia bem diferente da nossa".

Como eu estava errado! Desculpe-me, Fritz. Aqueles que fazem parte da "formação principal", como chamo a turma dos cervejeiros que veio após os pioneiros, foram muito felizes por ter Maytag à frente. Ao longo dos anos, ele fez discursos fascinantes em conferências sobre cervejaria artesanal, aumentando ainda mais nossa paixão pela bebida. Citava Eurípides e Ésquilo para falar da honra de ser um cervejeiro; repreendia os que trabalhavam com produção sob contrato, cervejeiros falsos, segundo ele, porque contratavam outros fabricantes para produzir a bebida, mas os elogiava por conscientizarem o público sobre o que era uma boa cerveja. Quando reclamávamos dos distribuidores, ele nos lembrava de que o sistema de três níveis hierárquicos – que em muitos estados impede fabricantes de possuírem distribuidoras e pontos de venda do varejo – protege a independência dos distribuidores e impede a criação de monopólios pelos grandes fabricantes de cerveja, permitindo que os independentes entrem no mercado.

22 A REVOLUÇÃO DA CERVEJA ARTESANAL

Anos mais tarde, conheci melhor Maytag quando ambos trabalhamos para o conselho da Associação dos Produtores de Cerveja da América (BAA). Fritz era especial para a revolução da cerveja. E, provavelmente, foi o precursor não apenas da microfabricação, mas de todo o movimento "Faça você mesmo", que inclui queijos, vinhos e destilação.

Mas vamos voltar à história. No início dos anos 1960, Maytag passou um tempo no Japão depois de se formar, porém logo se mudou para San Francisco, a cidade ultraliberal que era o epicentro do movimento hippie. Haight-Ashbury foi o marco zero da geração "tune in, turn on, drop out" ["ligue-se, sintonize e caia fora"], da cultura do LSD defendida por Timothy Leary. Eu não conhecia Maytag na época, mas duvido que o alucinógeno o tenha atraído para San Francisco. Ele tinha uma barba grande, mas se recusava a falar comigo sobre os anos 1960.

Maytag, aos 74 anos, compartilhou sua história com Ken Grossman, 57 anos, cofundador da Sierra Nevada, na edição de 2011 da Conferência dos Produtores de Cerveja Artesanal, em San Francisco. Grossman bebeu da fonte dos primeiros trabalhos de Maytag, mas os dois merecem o crédito por terem fundado a indústria da cerveja artesanal. A entrevista traz importantes insights sobre as primeiras experiências deles com produção. Sentado em uma confortável poltrona, diante de um grupo de pequenos fabricantes, Maytag contou:

> Na verdade, entrei na fabricação de cerveja antes de entrar no mundo do vinho; foi quase ao mesmo tempo, mas um pouquinho antes. Eu costumava frequentar um lugar antigo em San Francisco chamado Old Spaghetti Factory – quem conheceu lembra bem. Era um espaço encantador. Gostava de ir lá à noite para tomar uma cerveja antes de ir para casa; encontrava os amigos quase todas as noites. E, um dia, o proprietário, Fred Kuh, me perguntou se já tinha visitado a cervejaria Anchor. Contou que eles iriam encerrar as atividades no próximo fim de semana e achava que eu deveria ir lá antes disso, porque era o tipo de coisa de que eu gostava.

Depois percebi que ele esperava que eu fizesse um empréstimo à cervejaria ou que comprasse o local, e foi o que fiz. Fui até lá, sentei com o proprietário e gerente, Lawrence Steese, uma pessoa adorável, e simplesmente me apaixonei pela ideia. Sempre digo que você não se levanta da cama pela manhã achando que vai se apaixonar. Não tinha ideia de que iria comprar a cervejaria quando entrei lá. Mas antes do fim do dia tínhamos feito um acordo.[3]

Não é todo mundo que pode se apaixonar por uma ideia dessas e simplesmente comprar uma fábrica de cerveja. Mas Maytag podia.

Grossman logo veio com a pergunta: "Sua família acha que você é louco?", ao que Maytag respondeu: "Sim, mas sempre me viram como uma pessoa meio doida... Na verdade, meu pai morreu muito jovem, em 1962; então ele não estava presente. Se estivesse, perceberia que qualquer negócio é melhor que não fazer negócios".

Onze anos depois disso, Grossman era gerente de uma loja de bicicletas em Chico, Califórnia. Disse que poderia ter comprado a loja, mas achava que ficaria entediado pelo resto da vida. Então, em vez disso, abriu uma loja de fermentação caseira onde vendia equipamentos e ingredientes, e que "não era lá um grande meio de vida... Entrar no negócio da produção de cerveja parecia uma carreira excitante. Tenho certeza de que é uma inspiração para muitos. Produzir cerveja é uma grande coisa para se fazer na vida."

"Acharam que eu estava louco", diz. "Só mudaram de ideia há alguns anos". A Sierra Nevada esperava ultrapassar a marca da venda de 1 milhão de barris em 2013 (um barril de cerveja contém aproximadamente 117 litros, ou cerca de 14 engradados com 24 garrafas de 355 ml), e Grossman está construindo uma cervejaria de 120 milhões de dólares em Ashville, Carolina do Norte.

Maytag se lembra de ter produzido mil barris de cerveja no primeiro ano. A Anchor era a menor cervejaria dos Estados Unidos, um

---

[3] Fritz Maytag e Ken Grossman; transcrição da gravação da conversa na Conferência de Produtores de Cerveja Artesanal, maio 2012, San Diego.

empreendimento de 55 barris, e fermentava uma ou duas vezes por ano. "Produzíamos mais do que vendíamos porque às vezes azedava antes da venda", diz:

"Eu investi na Anchor", conta. "Era o sócio majoritário, não o único proprietário. Estava absolutamente maravilhado com a ideia de ter uma cervejaria. Tinha ouvido falar da BAA e sabia que eles organizavam uma convenção. Estava em Chicago por outra razão. Na verdade, entrei de fininho na convenção, não disse quem era, e havia todos aqueles figurões de blazers de abotoamento duplo, crachás e não sei o que mais, exposições de cartazes de cerveja, e dei uma olhada pensando: 'Uau, acho que eu faço parte disso', mas fui embora. Porém no ano seguinte fui de fato à convenção, no primeiro ano em que aconteceu em Fort Lauderdale. Ocorria em Chicago havia muitos anos... Fomos um ano para a Flórida, e os distribuidores da Budweiser estavam fazendo sua convenção nas proximidades. Alguns de seus iates eram maiores do que a minha fábrica de cerveja."[4]

A BAA era a associação comercial para pequenas cervejarias norte-americanas. Teve início em 1942, quando o governo começou o racionamento de commodities, como o estanho, para a Segunda Guerra Mundial. Foi criada por Bill O'Shea, dono de uma gráfica que fazia rótulos para muitas cervejarias. Os pequenos fabricantes se uniram para exigir sua quota de metal para fazer tampas de garrafa e, após a guerra, a BAA continuou a representar os interesses dos microcervejeiros no Congresso.[5]

Quando Fritz Maytag investiu na Anchor, os Estados Unidos tinham menos de cinquenta fábricas de cerveja, e as cervejarias familiares estavam perdendo para as grandes cervejarias, como a Anheuser-Busch (AB) e a Miller, que distribuíam e divulgavam suas cervejas por todo o país. A cervejaria Adolph Coors Company teimava em se manter regional na época, mas também se tornaria uma marca nacional na

---

[4] *Ibid.*

[5] MITTELMAN, Amy. *Brewing battles: a history of American beer*. Nova York: Algora, 2008. p. 129.

década de 1980. As grandes cervejarias nacionais tinham uma enorme vantagem. Podiam usar sua dimensão para comprar grandes quantidades de matéria-prima a preços mais baixos. Também podiam usar orçamentos massivos de marketing para vender a ideia de que sua cerveja era melhor do que as locais anunciadas na TV e no rádio: "Nossa cerveja é tão especial que nós a enviamos de qualquer lugar, de St. Louis a Milwaukee, para você". O uso de aditivos de milho e arroz – uma alternativa mais barata que os de cevada maltada, que, além disso, estende o tempo de prateleira da bebida – era onipresente mesmo entre as cervejarias familiares. A Anchor era a única que fazia uma bebida de puro malte.

Grossman perguntou a Maytag sobre sua primeira experiência com a venda da cerveja Anchor Steam, uma maltosa com muito sabor, completamente diferente daquilo que a maioria dos norte-americanos bebia à época.

"Sim, foi muito complicado. Todas as pequenas cervejarias familiares estavam fazendo cervejas lager leves, muito suaves, e, por isso, a ideia de ter uma caseira maltada e lupulada era inédita. Mas as importadas, graças a Deus, eram a categoria em que eu me inspirava. Quanto ao preço, nós tínhamos de estar na faixa do preço de importação, ou um pouco abaixo, e em termos de tipo, sabor e estilos, algumas [das importadas] eram escuras. Parte delas era saborosa, mas muitas não. A maioria era leve demais. Se você pensar bem, as importadas eram todas lagers, mas havia a Mackeson Stout, a Guinness Stout, até mesmo a Dos Equis, e foi essa história que contamos: 'Olha, existem cervejas para cada momento, e se você vai se sentar à lareira e ler um livro, vai querer algo para degustar com calma, como a nossa bebida'."[6]

Pode-se dizer que a maioria dos habitantes de San Francisco continuou com suas Budweiser, Miller, Hamm's, Bergy ou Lucky Lager, mas alguns se apaixonaram pela Anchor Steam. Meu vizinho no Brooklyn, Charley Ryan, é o coproprietário da Brooklyn Bowl, uma pista de boliche com espaço para shows, que serve comida excelente e cerveja apenas

---

[6] Maytag e Grossman, Conferência dos Produtores de Cerveja Artesanal, 2012.

das cervejarias do Brooklyn. Charley morava em San Francisco em 1972, e ele se lembra de comprar barris da Anchor Steam para suas festas.

"Essa cerveja era tão saborosa, fresca, tão diferente", recorda-se. "Não havia nada parecido. Os sabores eram vívidos. Ainda me trazem à memória as cores de San Francisco". Charley tornou-se um eterno defensor das microcervejarias e, depois, das artesanais, graças a Fritz Maytag e à Anchor Steam.[7]

Maytag, entretanto, ansiava por engarrafar sua cerveja. Durante anos, ele só a vendeu em barris. "Quando olho para trás, em meus primeiros dias no negócio, costumava jantar num lugar chamado Brighton Express, onde tinha uma bela stout preta, Mackeson Stout. Eu vinha da cervejaria tarde da noite e me sentava à mesa, tomava uma Mackeson na garrafa rotulada e sonhava com o dia em que nossa pequena cervejaria fosse bem-sucedida. Adorava aquelas cervejas."

Grossman conheceu Maytag em 1978, quando este fez um tour pela Anchor com os participantes da primeira feira comercial de vinho e cerveja artesanais, realizada em San Francisco. Naquela época, Maytag incentivou Grossman a participar de um encontro da BAA. "Lembro-me de encorajá-lo a vir, e a principal razão era aquilo que um cervejeiro inglês uma vez me disse: 'Os caras importantes vêm uma vez ou outra e riem da gente'. Sem dúvida, tiravam um sarro nas nossas costas. Mas, na verdade, quando nos encontravam cara a cara, nos davam sinceras boas-vindas. Era sensacional sentir bem-vindo em um segmento. Tenho certeza de que você teve a mesma experiência."

Fritz recorda o encontro com muitos cervejeiros familiares, incluindo Warren Marti, da August Schell Brewing Company; F. X. Matt, da Matt Brewing Company; e Bill Leinenkugel, da Jacob Leinenkugel Brewing Co. Essas empresas regionais estavam sob o cerco das grandes fabricantes nacionais de cerveja, mas havia uma "simpática camaradagem" entre eles. "Quer dizer, eram famílias cervejeiras de longa data que gostavam muito de se reunir", diz Maytag.

---

[7] Charley Ryan, entrevista ao autor, 1 jul. 2013, Brooklyn, Nova York.

Grossman, quando participou de seu primeiro encontro na BAA, no início dos anos 1980, apenas pensava em abrir uma cervejaria. "Eu era somente um fabricante caseiro, então para mim foi uma experiência totalmente nova conhecer e andar com gente que administrava cervejarias por gerações. Lembro-me de me sentir um pouco como um intruso e também meio preocupado, pois Bob Weinberg [analista] tinha vindo com o argumento de que, até o ano 2000, restariam apenas duas ou três cervejarias nos Estados Unidos. E lá estava ele, o analista mais perspicaz da indústria, que fez doutorado aos 19 anos, prevendo meu fim. Eu participava da convenção todos os anos, cada vez mais as cervejarias deixavam de existir, e todo mundo falava sobre quão terrível era a situação do ramo. Estava um pouco preocupado nos primeiros anos" (Weinberg tinha certa razão: em 2013, a AB-InBev e a MillerCoors controlariam cerca de 74% do mercado da cerveja nos EUA).[8]

Tanto Grossman quanto Maytag recordam que pequenos e grandes fabricantes de cerveja foram de grande ajuda para eles no começo. Maytag acredita que eles eram amistosos porque não competiam diretamente entre si. "Todo mundo sobreviveu porque estava em uma área rural, frequentemente em uma população germânica; o elemento cultural que os unia era muito significativo, e geralmente não competiam entre si... Então, havia um sentimento de fraternidade, sem o aspecto competitivo, isso fazia parte. Entre as grandes fabricantes de cerveja, sempre me lembro de quando ligamos para a Miller, em Los Angeles, e perguntamos se poderíamos ir até lá dar uma olhada, e disseram que não. Fiquei totalmente horrorizado, e isso tinha começado com a concorrência entre a Budweiser e a Miller, um duelo de morte... Não lembro em que ano aconteceu, provavelmente no início dos anos 1980 ou final dos 1970. Foi a primeira vez que uma fabricante de cerveja disse não."

Ele se refere à década de 1970, quando a AB e a Miller Brewing Company acusaram uma à outra de usar aditivos químicos em seus

---

[8] Benj Steinmann, editor da *Beer Marketer's Insights*, entrevista para o autor, 12 out. 2013.

produtos. As batalhas foram travadas em anúncios nacionais na televisão e no rádio, as poderosas armas das grandes cervejarias.

Outro aspecto da experiência de Maytag com o qual todos os cervejeiros artesanais se identificam ainda hoje é o desafio da distribuição. "Nós mesmos tínhamos de fazê-la desde o início", diz. (Em alguns estados, há exceções para o sistema de níveis hierárquicos, que permitem que fabricantes distribuam sua própria cerveja.) "Até onde sei, a Anchor nunca teve um distribuidor, e quando esteve em uma situação complicada, em 1965, certamente fizemos toda a distribuição e arcávamos com a margem de lucro – não podia haver gastos com o intermediário, por isso fazíamos as entregas e todo o resto. Na verdade, quando começamos a engarrafar, em 1971, a pessoa-chave, o cara que cuidava das remessas, disse que iria trabalhar para a igreja ou algo assim. Então passei a fazer todas as entregas. Não demorou muito para eu entender o valor de uma distribuidora de cerveja. Tínhamos um cliente em San Jose, um em Walnut Creek e outro em Santa Rosa, e quando se vai de carro até Walnut Creek para levar um barril de cerveja, não demora muito para perceber que precisará de ajuda. Um homem notável, Don Saccani, da Anchor Distribuição, por coincidência, estava me importunando para conseguir nossos produtos, então logo entregamos as garrafas aos cuidados de uma distribuidora."

Fritz comprou as ações de seu parceiro Lawrence Steese em 1969 e, em 1977, mudou a cervejaria de seu local original na Eighth Street and Brannon para uma antiga fábrica de torrefação de grãos de café em Potrero Hill. Até então, ele engarrafava: a Anchor Steam, carro-chefe da cervejaria, uma amber lager fermentada em condições similares às da ale, em fermentadores rasos e abertos; a Anchor Porter, uma ale escura; a Liberty Ale, uma ale bastante lupulada que foi a precursora do india pale ale – o estilo artesanal mais popular, enquanto escrevo estas palavras em 2013 – e a Old Foghorn, um vinho de cevada. Maytag também fermentou suas primeiras ales de Natal, um saboroso preparo apimentado que é fermentado com uma receita diferente a cada ano. Por volta dessa época, em que a cervejaria mudou de endereço, a produção era de 12.500 barris por ano. Foi uma jogada cara, e ele apostou tudo o que tinha para obter sucesso.

"Pegava emprestado cada centavo que conseguia, mas ainda não era o suficiente", recorda. "Tudo o que eu possuía fora dado como garantia. [No fim dos anos 1970], a taxa preferencial de juros era de 21%. E cheguei a um ponto que tive de dizer a minha querida esposa, 'Você sabe que podemos perder tudo'. Foi uma grande discussão, ela olhou para mim e disse, 'Eu sei. Eu dormiria em uma barraca sem problemas'. Adoro contar essa história. Foi maravilhoso."

A pressão financeira teve seu preço para Maytag – um fator de estresse familiar para muitos cervejeiros artesanais. "Nós tivemos de chamar os médicos uma vez", conta. "Eu desmoronei. Pensei que estava tendo um ataque cardíaco, e os médicos – eu estava deitado no chão durante o exame – disseram, 'Você está bem. Deve ser o estresse'. Era isso com certeza. Foi um dia daqueles."

Muitos aspirantes a microcervejeiros foram para San Francisco em busca do grande sábio da Anchor Brewing. Ele aconselhou todos a não abrirem suas cervejarias. "Eu costumava desencorajá-los, porque não queria competição", lembra. "Mas também – e já disse isso de coração muitas vezes – nunca me ocorreu que alguém pudesse fazer o que fizemos. Foi muito difícil para mim. Em parte porque penso que eu não era realmente o cara certo para esse tipo de coisa, e sem as pessoas que me ajudaram nunca teria conseguido. Foi uma conquista extraordinária, e não achava que mais alguém poderia fazer isso, por isso fiquei surpreso quando eles começaram a chegar".

GROSSMAN APRENDEU MUITO COM MAYTAG. MAS TAMBÉM ADQUIRIU conhecimentos, pouco depois, com outro líder, Jack McAuliffe, da New Albion Brewing Company em Sonoma, Califórnia. Em seu livro *Beyond the pale*, Grossman rememora sua visita à cervejaria de McAuliffe. "Saímos com várias caixas de cerveja. Suas bebidas, quanto ao estilo, estavam mais próximas da caseira que as do Fritz, mas ele causou mais impacto em mim porque trabalhava em uma cervejaria caseira esplêndida.

Cheguei à conclusão de que podia usar minha paixão e talento para a cerveja artesanal e produzir o tipo que queria beber".[9]

McAuliffe começou a aprender sobre a fabricação caseira enquanto servia na Marinha, quando fazia reparos em submarinos nucleares em uma base em Santa Loch, na Escócia. Ele havia lido o *Big book of brewing*, de David Line, um dos primeiros guias de como preparar cerveja do Reino Unido. Quando McAuliffe retornou aos Estados Unidos, estudou física no GI Bill e começou uma carreira na engenharia. Decidiu criar uma cervejaria porque a bebida nos EUA era uma "desgraça nacional" em comparação às saborosas ales britânicas. Queria fermentar ales, porters e stouts parecidas com as que bebeu por lá. Por trás de tudo que diz sobre seu início na área, é possível perceber a rebeldia contra as grandes cervejarias industriais, algo que foi a base para a revolução da cerveja artesanal.[10]

McAuliffe abriu a New Albion com as parceiras Suzy Denison (mais tarde Suzy Stern) e Jane Zimmerman em 1976. Denison, nativa de Harrisburg, Pensilvânia, formada pela Vassar College, havia se divorciado e viera para Sonoma com seus três filhos porque um deles entrara na Universidade de Stanford. Ela conheceu McAuliffe e Zimmerman por meio da cooperativa local de alimentos. Cada uma entrou com 1.500 dólares e McAuliffe arrecadou os 5 mil restantes para dar início à cervejaria.[11]

"Todas as cervejas norte-americanas têm o mesmo gosto porque os fabricantes buscam o menor custo possível", relatou McAuliffe ao *Washington Post* em 1978. "Nossa cerveja é composta de malte, lúpulos, água e levedura. Não há as enzimas que as grandes empresas utilizam para acelerar o processo de brassagem e envelhecimento, ou para assegurar maior tempo de prateleira. Não há adjuntos como grãos de

---

[9] GROSSMAN, Ken. *Beyond the pale*. Nova York: Wiley, 2013. p. 36.

[10] RISTOW, William & MILLER, Michael E. "Brewing 'real ale' is a yeasty business; an obsession for 'real ale' that led to a business". *Washington Post*, 9 jul. 1978.

[11] Suzanne Denison, entrevista por telefone, 8 jul. 2013.

milho, flocos ou xaropes de milho, muitas vezes usados como fontes de amido mais baratas que o malte... E nenhum aditivo ou estabilizador de espuma para criar um colarinho artificial em seu copo de cerveja. São as proteínas que o produzem na cerveja de verdade, filtradas na maioria das comerciais por razões estéticas: elas deixam a bebida turva. E não adicionamos dióxido de carbono, a fermentação é feita naturalmente na garrafa".[12]

Os três parceiros improvisaram a cervejaria com tanques de laticínios e refrigerantes obtidos em depósitos de sucata. Eles a chamaram de New Albion, o nome que o explorador inglês Francis Drake deu à costa oeste da América do Norte quando chegou no navio Golden Hinde em 1579. (Albion era um antigo nome para Grã-Bretanha.) O estabelecimento ficava em um armazém de chapa corrugada, numa fazenda de propriedade da Batto Fruit Co., uma produtora de uva. "A história é importante na indústria cervejeira", McAuliffe disse a John Holl, editor da *All About Beer*. "Mas se você não tem uma, pode inventá-la."[13] O rótulo da New Albion, criado por Sal Guardino, retrata o Golden Hinde navegando a baía de San Francisco com a ponte Golden Gate a distância e a baía de Drake a estibordo.

Denison, agora com 80 anos, vive em Seattle, e recorda que McAuliffe chamou sua atenção à primeira vista "pela presença de espírito e pela inteligência". "Jack era um cervejeiro decidido, um cara brilhante, mas uma pessoa difícil, para dizer o mínimo. Fiquei muito interessada pela ideia de aprender a fazer a bebida e ajudá-lo a começar o negócio. Ele arrumou uns tambores de aço inoxidável para usar como tanques de fermentação e fez tudo sozinho. Construímos a fábrica de cima a baixo. Meu Deus, eu nunca tinha usado um martelo. Mas aprendi inclusive a soldar, a colocar as placas de reboco. Foi uma loucura. Fui até à prefeitura de Santa Rosa com Jack várias vezes para conseguir as licenças. Imagine a burocracia. E ninguém acreditava em

---

[12] RISTOW & MILLER, *op. cit.*

[13] John Holl, editor da revista *All About Beer*, "The man who started a revolution", www.craftbeer.com, 9 jun. 2010.

nós, todo mundo ficava dizendo, 'Que tamanho vai ter sua fábrica de vinho?', e dizíamos 'Não, não é de vinho, é uma cervejaria'."

"Não foi nada fácil conseguir ingredientes nas pequenas quantidades de que precisávamos. A Anchor – Fritz Maytag e sua turma – foi de grande ajuda para nós. Em vez de grandes quantidades de lúpulo e grão, no início comprávamos da Anchor. Eles foram muito prestativos. Nós nos divertimos muito, mas, como você bem sabe, foi um trabalho árduo", diz ela. "Um negócio que tomava todo o nosso tempo. Jane Zimmerman e eu fermentávamos a cerveja. Quer dizer, Jack supervisionava, mas depois pegou confiança em nós e às vezes nem ficava por lá." Denison afirma que ela e McAuliffe viveram juntos por um tempo, e Steve Denkin, um morador de Sonoma, foi conselheiro da New Albion. "Steve costumava dizer que Jack devia ser mantido na rédea curta", conta ela. "Definitivamente não era uma pessoa muito sociável. É um cara muito inteligente, mas bastante rabugento."

Zimmerman deixou a cervejaria depois de um ano para trabalhar como psicoterapeuta. Denison permaneceu até o amargo fim, em 1982, quando McAuliffe não conseguiu convencer investidores e bancos a financiar uma expansão de seu empreendimento quixotesco. Quando conversamos, ela tinha acabado de voltar de uma viagem à Itália com sua neta de 17 anos. Denison e Zimmerman ainda são amigas e companheiras de viagem. Após o fracasso da New Albion, a primeira trabalhou como professora de inglês para não nativos durante anos e, então, como instrutora de ioga. Ficou impressionada com a revolução da cerveja artesanal que ajudou a deslanchar. "Não me arrependo de nada, mesmo que tenha terminado mal, porque foi uma experiência incrível", afirma em relação ao fim da New Albion. "Jack teve a ideia de começar uma fábrica-bar, o que não existia naquela época. Ele tinha visão... Estávamos à frente de nosso tempo."[14]

"Eles simplesmente não entendiam o que eu estava fazendo", diz McAuliffe, repercutindo a situação difícil de muitos cervejeiros artesanais da geração pioneira. "Não conseguiam entender a ideia de uma

---

[14] Entrevista com Denison, 8 jul. 2013.

pequena cervejaria. Era como se tivesse chegado de Marte e falasse uma língua alienígena."[15]

Para Don Barkley, um fabricante caseiro – depois vinculado à Mendocino Brewing Company – que ajudou McAuliffe naquele primeiro ano, o que aconteceu com a New Albion não tem mistério. "Podia ser colocado numa categoria mais ampla de má administração", afirmou durante a Conferência dos Produtores de Cerveja Artesanal de 1984, no Colorado. "No fim, a New Albion – com apenas um barril e meio – era muito pequena para pagar a quantidade de pessoas que trabalhavam lá... Para conseguir expandir as instalações, seriam necessárias equipes de produção, vendas e gestão. Para criar essas equipes é preciso dinheiro."[16]

Uma caldeira de aproximadamente 210 litros grande o suficiente para fabricar um barril e meio renderia menos de vinte caixas de cerveja por produção – ter lucro com um sistema assim é praticamente impossível.

Uma foto surpreendente de McAuliffe o mostra apoiado com seu braço musculoso em uma engenhoca antiga de ferro fundido para limpar barris, que mais parece um dispositivo de tortura medieval, repleta de grandes parafusos, escovas e rodas. É o retrato digno de um pioneiro, de mandíbula angulosa, olhar firme e grossos cabelos escuros caindo sobre as orelhas e a testa. Usa uma camisa de manga curta com colarinho e um avental de couro. Seus jeans estão machados com o que deve ser cal ou tinta. O sorriso é tão enigmático como o da Monalisa.

McAuliffe claramente não tinha ideia de que tinha despertado uma revolução. Depois da falência da New Albion, viveu na obscuridade por trinta anos, mas então ressurgiu em 2012 para se juntar a Grossman e produzir uma cerveja ale ao estilo do vinho de cevada, em comemoração do trigésimo aniversário da Sierra Nevada. A cervejaria doou 10 mil dólares para a Rádio Pública do Texas em nome de McAuliffe.

---

[15] Jack McAuliffe, entrevista não publicada a John Holl, dos arquivos pessoais deste.

[16] Fala de Don Barkeley na Conferência das Microcervejarias em 1984, Denver, publicada na *The New Brewer,* mar.-abr. 1985.

Jim Koch, da Boston Beer Company, comprou os direitos da marca registrada da New Albion anos atrás e criou uma versão de sua ale em 2013. Em um gesto de generosidade, que não é incomum entre os fabricantes artesanais, Koch devolveu a marca a McAuliffe, quando este voltou à ativa, com 400 mil dólares em lucros da nova bebida. McAuliffe deu os direitos da marca e o dinheiro para a filha que não via há muito tempo, Renee DeLuca. Ela pretende fabricá-la em parceria com a Mendocino Brewing Company.[17]

NO LESTE DO PAÍS, HOUVE OUTROS DOIS PIONEIROS QUE TAMBÉM FALIRAM, mas teriam uma influência descomunal no futuro da indústria da cerveja artesanal. Bill e Marie Newman criaram a primeira microcervejaria no leste no fim dos anos 1980, a Wm. S. Newman Brewing Co., em Albany, Nova York. O casal tinha tomado gosto pelas ales amargas da Inglaterra quando viveram por lá na década anterior. Foi quando a Campaign for Real Ale [Campanha por uma Ale de Verdade] – o movimento de consumidores que queriam preservar a maneira tradicional inglesa de produzir e servir as melhores da classe – teve seu início por meio de um grupo de jornalistas da Rua Fleet* que criticavam a consolidação da grande indústria da cerveja britânica e a marginalização das armazenadas em barris, as deliciosas amber ales fermentadas nos porões dos pubs.

Os Newman levantaram 250 mil dólares em empréstimos federais e estaduais para o desenvolvimento de pequenos negócios e compraram uma pequena fábrica de cerveja de Peter Austin, fundador da cervejaria Ringwood na Inglaterra. Esta não ficava muito longe do centro de Albany e era facilmente identificada pelos tijolos vermelhos que muravam a grande caldeira de fermentação.

---

[17] Jim Koch, entrevista para o autor, 29 jan. 2013, Conferência dos Produtores de Cerveja Artesanal, San Antonio, Texas.

* O local foi sede da imprensa britânica até 1980. [N.T.]

"Na época, não tínhamos ideia sobre como vender a bebida", disse Newman a Greg Giorgio da revista *The New Brewer*, em 1991. "Na verdade, nosso plano original era fazer chope ale ao estilo inglês, mas apenas chope. O que não sabíamos é que, embora na Inglaterra entre 85% e 90% das vendas sejam de chopes, aqui era justamente o contrário."[18] Nos Estados Unidos o chope representa apenas 10% do mercado de cerveja.

Lembro-me de minha visita aos Newman em 1986, quando sua produção minúscula, aparentemente, era um grande sucesso. A mídia em geral elogiava muito o empreendimento, mas eu me perguntava qual seria a rentabilidade. Almoçamos em um bar rústico próximo à cervejaria. Quando Bill saiu da mesa por um instante, uma mulher de meia-idade, a proprietária do bar, perguntou se tínhamos gostado da bebida, a Newman Albany Ale. Dissemos que "sim, estava ótima". Ela se inclinou sobre a mesa e nos pediu gentilmente para dizer a Bill que não insistisse na ideia de que o produto fosse vendido à temperatura ambiente, como na Inglaterra. "Meus clientes não vão beber cerveja morna", disse ela. Por respeito, não dissemos nada a Newman. Para mim a cerveja era muito boa.

Newman abriu um curso de fabricação em suas instalações em Albany, para ajudar amadores a entrar no negócio e na arte da fermentação. Infelizmente, a quantidade de tinta gasta para se falar de Newman na grande imprensa era provavelmente maior do que o volume de cerveja vendido por ele. Mais tarde, ele se queixou de que 250 mil dólares levantados não foram suficientes para marketing, promoção e logística. Vendia suas ales em barris de 30 e 60 litros, além de garrafões de plástico de 4 litros. As não pasteurizadas e não filtradas tinham um tempo de prateleira curto, e os funcionários de vendas das distribuidoras rivais sabotavam a bebida abrindo as tampas de plástico.

Na ânsia de engarrafar sua cerveja, Newman começou uma produção sob contrato com a Hibernia Brewing Company de Wisconsin, em meados da década de 1980, e depois, mais perto de casa, com a

---

[18] William Newman, entrevista a Greg Giorgio, *The New Brewer*, p. 35, jul.-ago. 1991.

Christian Schmidt Brewing Co., na Filadélfia. Inesperadamente, a Schmidt encerrou as atividades. Sobrecarregada com uma dívida de meio milhão de dólares, a Wm. S. Newman Brewing Co. declarou falência e processou a Schmidt por quebra de contrato.

Newman fez então um contrato com a Matt Brewing Company, em Nova York, e mais tarde com a Catamount Brewing Co., em Vermont. Com um sócio, desenvolveu uma cerveja ao estilo de Dortmund, a Saratoga Pilsner – a cidade alemã é famosa por sua pilsner. Contudo os sócios se envolveram em uma briga desastrosa, e Bill e Marie Newman estavam fora do negócio.

A HISTÓRIA DO INÍCIO DA INDEPENDENT ALE BREWERY EM SEATTLE, QUE SE tornou depois a Redhook, é um conto fascinante de tentativa e erro, familiar a muitos cervejeiros artesanais. Seus fundadores foram Paul Shipman, um negociante de vinhos e profissional de marketing, e Gordon Bowker, o cofundador da Starbucks. A história é contada no excelente livro de Peter Krebs, *Redhook: beer pioneer*. Depois de vender a Starbucks, Bowker trabalhou em uma empresa de publicidade que representava os esquis da K2. Cansado da área – e depois de ter lido sobre a New Albion – começou a cogitar a ideia de abrir uma microcervejaria, pois participara de um seminário sobre o assunto patrocinado por Fritz Maytag. Segundo Bowker, Maytag disse que seu sonho era que um dia todas as cidades dos Estados Unidos tivessem uma cervejaria – um sonho que, em 2013, está se tornando realidade.[19]

Shipman e Bowker contrataram Charles McElevy, um ex-assistente na Rainier Brewing Company, para ser o mestre-cervejeiro deles e arrecadaram 350 mil dólares para o empreendimento. Compraram uma sala de brassagem da Wacker-Bräu, na Alemanha, e, em vez de uma fonte

---

[19] KREBS, Peter. *Redhook: beer pioneer*. Nova York: Four Walls Eight Windows, 1998. p. 41.

confiável de levedura de cerveja, como os laboratórios Schwarz, o obstinado McElevy escolheu uma do laboratório de microbiologia da Universidade de Washington.

Os Schwarz forneciam para a Sierra Nevada, e McElevy temia que outros fabricantes a copiassem. Mick McHugh, coproprietário de dois restaurantes em Seattle, convenceu Shipman e Bowker a lançar sua cerveja em seu restaurante Jake's, onde outras cervejas especiais – Guinness, Henry Weinhard's e a Anchor Steam – estrearam no mercado de Seattle. Bowker tinha uma teoria, baseada no pensamento do vencedor do prêmio Nobel Niels Böhr, de que qualquer decisão de ir em frente era essencialmente irracional, e então, do nada, escolheram a data do lançamento: 11 de agosto de 1982.

"A ideia era a de que ninguém em sã consciência resolveria construir uma fábrica de cerveja", Shipman disse a Krebs. "Então, não fingíamos ser racionais sobre o assunto. A resolução de escolher uma data foi tomada pensando que isso forçaria uma série de outras decisões. Você sempre pode vir com uma razão para adiar a abertura. Mas um dia vai ter de abrir as portas pra valer."[20] Esta é certamente a lógica que qualquer empresário gostaria de seguir. Mas quando o prefeito de Seattle levantou o copo para fazer um brinde na inauguração à nova cervejaria, em 11 de agosto, todos os presentes estavam cientes de que aquela bebida tinha um gosto enjoativo de banana madura – sinal de infecção bacteriana, termo usado por cervejeiros para a contaminação da levedura. Eles levaram adiante a Redhook Ale, e muitos donos de bar a compraram, embora os clientes reclamassem que era intragável. Um repórter do *Seattle Weekly* apelidou-a de "cerveja de banana". Michael Jackson, escritor britânico especialista no assunto, chegou à cidade e provou a bebida. Jackson foi um grande impulsionador do movimento das microcervejarias nos Estados Unidos e nunca falava mal de cervejas feitas por esses fabricantes. Classificou como "mais belga" do que norte-americana. Os sócios aproveitaram sua descrição e mudaram o marketing para "uma cerveja ao estilo belga é rara nos Estados Unidos.

---

[20] *Ibid.,* p. 80-81.

Redhook é uma das poucas que conhecemos; apenas lúpulo, malte de cevada, água e levedura são utilizados neste processo artesanal. É a levedura de alta fermentação que dá à Redhook Ale características únicas: complexa, saborosa, com nuances de especiarias, ervas e frutas".[21]

Apesar de rejeitada pela maioria dos bebedores de Seattle, Jackson deu a ela "Quatro Estrelas – Inconfundível" em um artigo de março de 1983 no *Seattle Weekly*. "Mais do que qualquer uma de suas contemporâneas, a Redhook tem um sabor de frutas característico da ale definitiva. Quando esta bebida de personalidade foi lançada, sua assertividade foi um choque para alguns, o que prova como a cerveja comum tem sido suavizada."

Mesmo com o aval do homem conhecido como "o bardo da cerveja", nos bastidores da comunidade de fabricantes artesanais da cidade havia rumores de que a levedura da Redhook estava infectada. As vendas caíram e as perdas se acumulavam. Os sócios discutiram então a troca de levedura.[22] Chamaram Joseph Owades, químico da área que fez uma apresentação nos seminários *All About Beer* de Maytag. Ironicamente, Owades, doutor em bioquímica pelo Instituto Politécnico de Nova York, tinha a fama de ser "o pai da cerveja leve", a antítese da artesanal. Era um homem baixo de óculos e bigode fino, elegantemente vestido e de opiniões afiadas. Como chefe do departamento técnico na cervejaria Rheingold, no Brooklyn, tinha desenvolvido a primeira "cerveja diet" norte-americana, uma bebida que contava com enzimas especiais para neutralizar todos os açúcares, criando uma cerveja de baixa caloria. No entanto, recebeu o desastroso nome de Gablingers Diet Beer e foi um fracasso de vendas. Anos mais tarde, a Miller Brewing Company iria capitalizar a invenção de Owades com a Miller Lite, cerveja que lançou uma categoria nova e dominante nesse segmento industrial nos EUA.

Owades teria grande influência no movimento norte-americano da cerveja artesanal como assessor de Matthew Reich, da Old New York Brewing Co., Jim Koch da Boston Beer, e muitos outros. Ele não era um homem de conversa fiada – ao contrário, era conhecido por ser ex-

---

[21] *Ibid.*, p. 115.
[22] *Ibid.*, p. 116-7.

tremamente direto e franco. Segundo Krebs, Owades tomou um gole da Redhook Ale e perguntou: "O que é isso?" Shipman respondeu: "Esta é a nossa maravilhosa cerveja de estilo belga". "Quem bebe essa coisa?", perguntou Owades. "Algum grupo étnico em particular, ou alguém com um problema genético de paladar que não consegue perceber o problema?"

Ele aconselhou Shipman e Bowker a encomendar a levedura ale #96 dos laboratórios Schwarz. Assim foi feito, e na primavera de 1984 lançaram uma nova cerveja chamada Ballard Bitter, que trazia no rótulo um fictício Capitão Ballard bigodudo e a frase escandinavo-americana "Ya Sure, Ya Betcha!" [Claro! Pode apostar!].[23] O povo de Seattle e Washington deu a eles uma segunda chance. "Nós inspiramos as pessoas a se tornarem microfabricantes", Shipman relatou a Krebs, "porque todo cervejeiro caseiro que provou nossa cerveja achava possível fazer uma melhor na banheira. Se a Redhook podia ter sucesso com uma bebida de gosto tão esquisito, o que poderiam fazer então com uma saborosa?".[24]

ENQUANTO ISSO, EM NOVA YORK, MATTHEW REICH SONHAVA APENAS EM fazer seu trabalho no Citibank e, mais tarde, para as revistas do grupo Hearst. Formado pela Universidade de Boston, era um entusiasta do vinho e dava cursos sobre o assunto na New York Restaurant School, além de ser voluntário da New York Wine Experience. Reich era um nova-iorquino perspicaz com um espírito realizador em relação à vida e aos negócios. Como Grossman e McAuliffe, sua entrada no mundo da cerveja foi por meio da produção caseira.

"Sempre quis fazer vinho", Reich disse em entrevista em sua casa em Hastings-on-Hudson, cidade onde cresceu em Westchester County, norte da cidade de Nova York. "Eu era um bebedor de vinho. Eu e um

---

[23] *Ibid.*, p. 128.

[24] *Ibid.*, p. 120.

amigo, Robert Gartman, conversamos sobre produzir a bebida, mas não conseguíamos as uvas."

Eles queriam fazer da maneira tradicional, com uvas frescas. Porém Nova York tinha uma única loja para produtores de vinho artesanal, a Milan Laboratory, na Spring Street, em Manhattan, que vendia apenas o suco da uva. Também comercializava kits de cerveja artesanal, e por isso Reich e Gartman decidiram fazer cerveja em vez de vinho. Reich ficara sabendo da Campanha por uma Ale de Verdade, na Inglaterra.

"Fizemos uma pale ale de grãos", disse. "Foi uma bagunça daquelas na minha cozinha, mas a cerveja era deliciosa. Preparamos alguns lotes e dissemos, 'Vamos abrir uma cervejaria e vender isso aqui'."

Foi simples assim. Reich fez um plano de negócios, arrecadou 300 mil dólares e foi a San Francisco com a intenção de fazer o curso de produção de cerveja oferecido por Owades na Anchor Brewing Company, em 1982. "Fiquei obcecado com a ideia de abrir uma cervejaria", disse. Sua esposa, Karen Miller, cursava medicina e o encorajou. Ele batizou a cervejaria de Old New York Brewing Co.

"Owades é a pessoa mais influente que conheci. Seu curso era um dos únicos disponíveis", diz Reich. "Joe me incentivou a criar a New Amsterdam. Disse: 'Podemos fazer algo original, uma cerveja com sabor e qualidade autênticos. As pessoas estão cansadas de cervejas leves, e dá para ganhar algum dinheiro com isso'."

Owades sugeriu que Reich fermentasse a cerveja na Matt Brewing Company, em Utica. Com essa recomendação, Reich viajou para lá e reuniu-se com o próprio F. X. Matt em pessoa, um cervejeiro da segunda geração do Clube da Cerveja da cidade e da Matt's Premium. As coisas estavam difíceis para a região, localizada no Cinturão da Ferrugem,* e também para a cervejaria de Matt.

Ele podia ser um excêntrico quando dava na telha. Reich disse que teve de ouvir uma conversa de três horas de F. X. sobre como ele estava

---

* *Rust Belt*, no original. Região do nordeste dos Estados Unidos baseada na indústria pesada e de manufatura. O termo irônico refere-se à degradação e aos galpões abandonados da área. [N.T.]

ganhando mais dinheiro produzindo a Billy Beer para o inútil do irmão do trigésimo oitavo presidente dos Estados Unidos do que com a produção das tradicionais cervejas de sua família. Porém acreditou no plano empresarial de Reich e no nome da cerveja, New Amsterdam, inspirado no nome dado a Manhattan pelos colonos holandeses que criaram ali a primeira cervejaria em 1632, depois de comprarem a ilha dos nativos norte-americanos.[25]

"É um nome bem inteligente para uma cerveja; tem história e um bom apelo, New Am", disse F. X. certa vez para mim.[26] Reich afirma que F. X. acabou concordando em produzir a cerveja New Amsterdam Amber para ele. "Ele dizia que seu avô havia batalhado muito para criar a cervejaria, 'mas que algumas pessoas em Utica o ajudaram e agora era a minha vez de ajudar alguém'", conta. Acrescentou também que tinha de pagar adiantado todo o malte, os lúpulos e as embalagens.

Reich tornou-se assim o primeiro microcervejeiro a produzir sua cerveja sob contrato, deixando com a cervejaria de Matt a responsabilidade de fabricação e empacotamento, ao passo que ele iria comercializar e vender o produto. "Algumas pessoas me censuraram pela produção sob contrato", diz. "Mas em Nova York era a única maneira de começar. Os custos de construção de uma fábrica de cerveja nessa cidade estavam muito além de minhas possibilidades. Nem existia ainda a categoria das cervejas de microfabricação. Os bares tinham três tipos, Budweiser, Heineken e Beck's, talvez Miller Lite."[27] Nova York era e ainda é uma grande importadora de cervejas.

Edward Koch, o então prefeito de Nova York, estava disponível quando Reich lançou a Old New York em julho de 1982. Sua empresa ganhou muita atenção da mídia nova-iorquina, que percebeu que as

---

[25] OLIVER, Garret (org.). *Oxford Companion to Beer*. Nova York: Oxford University Press, 2012. p. 569; Matthew Reich, entrevista ao autor, 17 nov. 2012, Hastings-on-Hudson, Nova York.

[26] F. X. Matt, entrevista ao autor, mar. 1988, Utica, Nova York.

[27] Entrevista com Reich, 17 nov. 2012.

últimas grandes cervejarias de Nova York, a Schaefer e a Rheingold, tinham fechado em 1976. Para os jornalistas da cidade, a produção sob contrato era mero detalhe.

"Foi uma época inebriante", diz Reich. "A New Amsterdam teve um crescimento alucinante. Paul Hawken, o cofundador da Smith & Hawken, a empresa de produtos de jardinagem, me cita no livro *Growing a business*, com os fundadores da empresa de sorvete caseiro Ben & Jerry's, a Patagonia e outras *startups*. Virou uma série de 14 capítulos da PBS [rede de televisão estadunidense]. Distribuidores de toda parte me ligavam. Lá estava eu, voando pelo país, abrindo novos mercados. As pessoas me reconheciam nos aeroportos por causa da série."

Reich diz que um banqueiro da empresa de capital de risco Prospect Partners, de Nova York, chegou até ele e perguntou qual seria o próximo passo para fazer crescer o negócio:

"Quero construir uma cervejaria", disse.

"De quanto você precisa?", perguntou o banqueiro.

"Três milhões de dólares", respondeu.

"Ótimo, são seus", disse o banqueiro. "Mãos à obra".

Logo em seguida, contratou John Bergman, um engenheiro da área. Foram à França e jantaram no restaurante Auberge de Lille, três estrelas Michelin, antes de alugarem um carro e viajarem pela Alemanha por uma semana para conhecer casos que não deram certo. Como suas contrapartes nos Estados Unidos, muitas cervejarias locais e regionais na Alemanha estavam batalhando, já que as de maior porte usavam seu poderoso marketing para expandir além de suas bases tradicionais.

"Encontramos uma cervejaria extinta em Ravensberg, Alemanha, cujo proprietário fora Stuttgarter Hofbräu", diz Reich. "Lembro-me de que pagamos 25 mil dólares por ela em dezembro de 1983. Era um belo estabelecimento revestido de cobre." Contratou nessa época Andy Bernadette, um jovem graduado no curso de mestre-cervejeiro na Universidade da Califórnia, em Davis.

Enquanto isso, a New Amsterdam vendia como água. A expansão de seu negócio alcançava 22 estados e vendia 15 mil barris por ano, mais do que qualquer outro microfabricante, com exceção da Anchor.

As revistas *Inc. Magazine*, *Newsweek* e *Fortune* publicavam artigos elogiosos. O prefeito Koch ficou feliz em estar presente na inauguração da nova fábrica na Twenty-Sixth Street com a Eleventh Avenue em Manhattan.[28]

A imprensa especializada não estava tão impressionada quanto a grande mídia. Um artigo da edição de setembro/outubro de 1982 da *Beer Wholesaler* trazia a manchete "Vendas de pequena cervejaria têm apelo elitista" e informava:

> A cerveja amber New Amsterdam será vendida por US$ 17 a caixa no atacado, tornando-se a cerveja nacional mais cara do mercado de Nova York. A New Amsterdam alega ser a primeira disponível no mercado de Nova York fabricada no estilo das várias microcervejarias instaladas em todo o país. Essas produzem menos de 25 mil barris por ano. Exemplos desse fenômeno do marketing, que começou há cerca de seis anos, incluem a Anchor Steam Beer, produzida em San Francisco, e a New Albion Beer, de Sonoma, Califórnia. Estes produtos locais têm produção limitada, são distribuídos somente na região e diferem quanto ao sabor das cervejas norte-americanas fabricadas em massa... A New Amsterdam terá uma distribuição controlada em restaurantes e danceterias da cidade de Nova York. Esses pontos de venda locais serão responsáveis pela maior parte das vendas do primeiro ano da empresa. O produto não será vendido em supermercados ou *delicatessens* da vizinhança.

Reich acompanhava com grande prazer a onda de publicidade, "mas", afirma, "ao mesmo tempo eu sabia que era uma ilusão. Estávamos com problemas financeiros. Não tínhamos fluxo de caixa positivo, e a cervejaria estava exigindo mais e mais investimentos".[29]

A ironia é bem conhecida pela maioria dos empresários. No começo de qualquer empreendimento, a aparência de sucesso é importante, pois mascara a realidade do trabalho. Você sorri, dá risadas e fala sobre

---

[28] *Ibid.*

[29] *Ibid.*

seu grande sucesso, mesmo sabendo que não é real. A última coisa que quer fazer é admitir que está gastando rios de dinheiro; é preciso manter essa fachada de confiança na esperança de que o lucro virá. No livro de Krebs, Paul Shipman, cofundador da Independent Ale Brewery (Redhook), reflete sobre a angústia que todo empresário conhece bem desde o primeiro dia de seu negócio:

> Sem dúvida, quando olho para trás e lembro da velha mecânica [primeiro local da Redhook], era um período encantador. Às vezes, quando tenho um dia ruim lidando com as discussões da diretoria ou problemas com os investidores, penso em voltar aos velhos tempos. Os empresários muitas vezes falam de um passado glorioso, dos tempos de garagem, quando estão lutando para sobreviver. Mas a verdade é que, quando está naquela fase, sua motivação para obter sucesso é incrivelmente poderosa. Porque é uma fase muito difícil, tudo o que você quer é sair dela, tão rápido quanto puder, porque é infernal.[30]

O sucesso de Reich estava atraindo outros pretensos empresários cervejeiros, incluindo meu sócio Tom Potter e eu. Ficamos com uma ponta de inveja quando vimos – através das grandes janelas atrás do bar – a adorável sala de brassagem, toda de cobre, na cervejaria e restaurante Old New York. Era o sonho de todo microcervejeiro. Reich reuniu-se com a gente em 1987, mas não disse muita coisa, exceto que seria loucura entrar no ramo. "Posso te dizer que não havia nenhuma irmandade ou grupo de cervejeiros na época", afirma. "Estava tentando vender algo que não existia no mercado. Não havia espaço para a cerveja artesanal nas prateleiras de supermercado nem nos bares. Nada além das cervejas amarelas efervescentes. E eu não queria compartilhar os contatos que fazia. Um monte de gente que pretendia começar sua cervejaria queria algumas dicas e informações. Mas meu sentimento era 'por que eu deveria ajudá-los? Que eles descubram por si mesmos, como eu fiz'."[31]

---

[30] Krebs, *Redhook*, p. 7.
[31] Entrevista com Reich, 17 nov. 2012.

Por fim, Reich começou a cobrar 100 dólares por hora para se encontrar com os aspirantes. Entre os que pagaram essa quantia estavam Jeff Ware, fundador do Dock Street Brewing Co., e Jim Koch, criador da Boston Beer Company. Koch, um especialista em produção que trabalhava para a prestigiada Boston Consulting Group (BCG), diz que achava um valor razoável. Ele ganhava 250 dólares por hora na BCG e pagava por uma sessão de quatro horas no escritório de Reich em Manhattan.[32] Este se lembra de Jim como o "tipo que fez MBA em Harvard. Tudo para ele estava relacionado a estratégias de marketing. Seu avô tinha sido um fabricante de cerveja. Dei a ele o telefone do Owades".[33]

Reich fechou sua cervejaria em Nova York em 1987, menos de dois anos depois da inauguração. A Prospect Partners, a empresa que havia financiado a construção da fábrica de cerveja, ganhou muito dinheiro em um de seus projetos e, em seguida, desistiu de operar a empresa de capital de risco, deixando Reich com um grande empréstimo no banco. Ele vendeu a marca da New Amsterdam para F. X. Matt, que, por sua vez, vendeu-a para um grande distribuidor de bebidas sediado em Nova York. A marca New Amsterdam resistiu por mais alguns anos antes de desaparecer.

Na época Reich se arrependeu de ter aberto a cervejaria. "O problema básico, não importa com o que se está lidando, é a economia de escala", disse à *The New Brewer*. "A quantidade de recursos que se deve colocar em uma unidade de produção reduz os recursos que se pode investir em marketing e vendas."[34]

"Se quiser ficar no negócio da cerveja, não precisa ter um estabelecimento para a produção", diz Reich, acrescentando que deveria ter mantido a produção sob contrato com a Matt Brewing Company.

---

[32] Entrevista com Koch, 29 jan. 2013.

[33] Entrevista com Reich, 17 nov. 2012.

[34] GIORGIO, Greg. "Brewers School of Hard Knocks", *The New Brewer*, p. 36, jul.-ago. 1991.

"Matt ganhou dinheiro. Eu me diverti bastante. Foi a coisa mais divertida que já fiz, mas não investiria em uma cervejaria novamente."[35]

ALÉM DE TER DE PLANEJAR A PRODUÇÃO, A ATRIBUIÇÃO DE PREÇO ERA OUTRO enigma para os pioneiros. Maytag começou estabelecendo 43 centavos a garrafa da Anchor Steam no varejo, mas logo percebeu que o valor tinha de ser três vezes maior. McAuliffe vendia sua New Albion Pale Ale por 95 centavos a garrafa. Reich começou com US$ 4,99 para o pacote com seis cervejas. Bill Newman pensou em colocar 25 centavos abaixo do preço (US$ 4,09) de um pacote com seis da Molson, a importada canadense. Mas foi mera ilusão. O preço no varejo é determinado pelo varejista, e não pelo fabricante. E os varejistas arredondam para cima. Conseguir US$ 3,84 para um pacote com seis cervejas era pura fantasia. Mas Newman e outros naquele momento não sabiam disso; em geral, almejavam os preços de importação, muito longe daqueles do século XXI, em que um pacote com seis sai por dez dólares ou mais.

A primeira geração de cervejeiros artesanais aprendeu com os pioneiros, particularmente com Reich e Newman. Após o período desses, veio uma onda de centenas de microcervejarias sendo abertas em quase todas as cidades dos EUA na década seguinte. Nascia a revolução.

---

[35] *Ibid.*, p. 37.

2

POLÍTICOS, ESCRITORES, PROFESSORES E EMPREENDEDORES COMUNITÁRIOS

SE A DECISÃO DE FRITZ MAYTAG PARA SALVAR A ANCHOR BREWING COMPANY FOI o acontecimento decisivo na história da microcervejaria nos anos 1960, duas medidas da legislação federal foram os acontecimentos mais influentes para os cervejeiros artesanais na década seguinte. Na época, creio que nenhum dos personagens envolvidos imaginava que essas medidas abririam o caminho para a revolução da cerveja artesanal. Mas foi o que aconteceu.

Em 1976, o Congresso aprovou uma redução de dois dólares por barril na taxa de imposto federal sobre fabricação, que era de 9 dólares, para cervejarias norte-americanas com produção abaixo de 60 mil barris por ano.

Na época, os Estados Unidos tinham menos de 45 fábricas de cerveja, e muitas das menores regionais – como a Christian Schmidt Brewing Co., na Filadélfia; a Haffenreffer Brewery, em Boston; a Olympia Brewing Company, em Washington; e a Pittsburgh Brewing Company – estavam quase declarando falência. A BAA era pouco mais que um clube cujos membros se reuniam uma vez por ano no bar panorâmico no terraço do Pier 66 em Fort Lauderdale para beber, comer, dançar e lamentar a situação patética em que se encontrava a indústria das pequenas cervejarias.

Nick Matt, diretor executivo da Matt Brewing Company, descreveu a associação como "o clube do último homem a ficar".[1] Bill

---

[1] Nick Matt, entrevista por telefone ao autor, 11 jul. 2013.

O'Shea, seu presidente, era amigo de Henry King – o então dirigente da Associação das Cervejarias dos Estados Unidos (USBA), voltada para as grandes empresas do ramo, fundada em 1862 em resposta à tributação do Congresso sobre a fabricação de cerveja para financiar a Guerra Civil.

Ken Grossman, que se envolveu com a BAA em 1982, se lembra de ouvir como seria o diferencial de dois dólares. "As pequenas cervejarias estavam abandonando os negócios a torto e a direito, e acho que O'Shea foi até Henry King e falou: 'Nós temos de fazer algo a respeito'", conta. "'Os pequenos fabricantes de cerveja não conseguem competir, e a coisa vai ficar feia se sobrarem apenas duas empresas'. Henry foi muito incisivo para [as empresas] August Busch e Stroh's e todos os outros *players* que tiveram de concordar com o reajuste. Foram grandes apoiadores do diferencial de dois dólares."[2]

Os porta-vozes mais influentes da USBA foram os da Anheuser-Busch (AB) e da Coors Brewing Co.[3] King foi o líder da associação de 1962 a 1983, que contava com 175 funcionários, incluindo 57 advogados. Em uma apresentação na Conferência dos Produtores de Cerveja Artesanal de 1995, King lembra que no dia de sua contratação, Bill Coors deixou claro quais deveriam ser suas prioridades: "Nós não queremos que você aprenda a fazer cerveja. Queremos que conheça tudo sobre a legislação relacionada à indústria".[4]

Ele seguiu a instrução. Quando O'Shea o abordou para ajudá-lo a garantir um imposto diferencial, King foi capaz de persuadir Jay Pickle, congressista do Texas, a propor a legislação. Como King também tinha se aproximado de Wilbur Mills, então presidente do Comitê de Finanças do Senado, "pensamos que a proposta de lei iria passar direto", diz.

---

[2] Ken Grossman, entrevista ao autor, 26 fev. 2013, Boulder, Colorado.

[3] MITTELMAN, Amy. *Brewing battles: a history of American beer*. Nova York: Algora, 2008.

[4] Henry King, palestra na Conferência dos Produtores de Cerveja Artesanal, 25 abr. 1995, em Austin, Texas, "How small brewers got their tax differential", *The New Brewer*, mar.-abr. 1996, p. 58-60.

POLÍTICOS, ESCRITORES, PROFESSORES E EMPREENDEDORES COMUNITÁRIOS 49

"Conversamos com os produtores de malte, de lúpulo, os comerciantes de vidro, papel, alumínio e aço – assim como todos os sindicatos trabalhistas – e mobilizamos todos para ligar e escrever aos seus congressistas."

Eles queriam aprovar o projeto de lei em votação fechada, de modo que os legisladores sulistas cujos distritos incluíam muitos neoproibicionistas não teriam de enfrentar uma situação embaraçosa com votação nominal. No último minuto, um congressista de Ohio pediu essa votação, e o projeto de lei foi "totalmente derrubado", lembra King. Oito meses depois, King conseguiu fazer o projeto de lei passar pelo Congresso, com o apoio das cervejarias de grande porte e da família de fabricante de vinhos Gallo.

Mas o presidente Gerald Ford estava sendo pressionado por grupos neoproibicionistas, religiosos e pelo Center for Science in the Public Interest,* um lobby antiálcool que ainda é um tremendo inimigo da indústria da cerveja. Para trabalhar no projeto de lei, King convocou Peter Stroh, nativo de Michigan, mesmo estado de Ford, além de Bill Coors e August Busch III, que era ligado a um dos assessores econômicos do presidente. Este teve dez dias para assinar o projeto de lei ou interditá-lo com um veto, mas acabou por assiná-lo no nono dia.[5]

Toda cervejaria com uma produção abaixo de 2 milhões de barris por ano poderia agora economizar até 120 mil dólares, por causa da redução de dois dólares no imposto. O limiar de 2 milhões definiria então a "pequena" cervejaria no país.

A segunda lei da legislação federal aprovada em 1970 tratava da fabricação caseira, algo que foi de extraordinária importância para a revolução da cerveja artesanal. Três dos cinco pioneiros cujos perfis foram traçados no Capítulo 1 começaram como cervejeiros caseiros. Ken Grossman, o mais bem-sucedido deles, era responsável por uma loja que fornecia produtos para as pessoas do ramo antes de abrir a Sierra Nevada.

---

* Organização estadunidense não governamental que defende os direitos dos consumidores. [N.T.]

[5] *Ibid.*

50 ⬤ A REVOLUÇÃO DA CERVEJA ARTESANAL

Ele havia lido o *A treatise on lager beers*, de Fred Eckhardt, e o *Big book of brewing*, de Dave Line. A cerveja inconfundível de Grossman, a Sierra Nevada Pale Ale, que definiu o estilo pale ale californiano, ainda é refermentada na garrafa, como muitas outras caseiras. Essa refermentação é o processo em que uma pequena quantidade de levedura é depositada em cada garrafa, permitindo outra fermentação e novo condicionamento após o engarrafamento. Jack McAuliffe começou com a fabricação caseira na Escócia, depois de ter lido o manual de Line, e Matthew Reich fez algumas cervejas na sua cozinha em Westchester antes de abrir a Old New York Brewing Co.

Mas até 1º de fevereiro de 1979, o que os fabricantes caseiros faziam era ilegal, algo que ainda remetia à Lei Seca. Meses antes, em 14 de outubro de 1978, o presidente Jimmy Carter tinha transformado em lei um projeto a respeito do transporte federal, HR1337. A medida incluía a Emenda 3.534, que legalizava a produção de cerveja em casa a partir de fevereiro de 1979; o autor foi o senador Alan Cranston, um democrata da Califórnia. Os cervejeiros caseiros alegavam que a vinicultura havia sido legalizada depois do término da Lei Seca em 1933. O elemento-chave da emenda Cranston era o de que qualquer um poderia produzir cerveja no âmbito doméstico para uso pessoal ou familiar, sem ser tributado, desde que a produção fosse inferior a 757 litros anuais em um domicílio com dois ou mais adultos (qualquer um com 18 anos ou acima dessa idade), ou menos de 378 litros por ano em lares com apenas um adulto.

Ambas as medidas continuaram a influenciar o movimento da cerveja artesanal. Legalizar a fabricação caseira garantiu o surgimento de uma nova geração de entusiastas, alguns dos quais transformariam um passatempo em vocação, produzindo com vigor sempre renovado.[6] E o diferencial de dois dólares ganhou ainda mais importância

---

[6] A mudança não foi de grande ajuda para interromper a queda de muitas dessas cervejarias regionais. O verdadeiro problema é que elas tinham renunciado às características locais de seus produtos e estavam, em vez disso, fazendo uma lager leve, como a produzida pelas gigantes nacionais. Não podiam competir com a AB e a Miller no preço de seus produtos ou com a propaganda na televisão e

POLÍTICOS, ESCRITORES, PROFESSORES E EMPREENDEDORES COMUNITÁRIOS ● 51

em 1991, quando o Congresso dobrou o imposto federal de fabricação sobre a cerveja – passando para 18 dólares por barril – e manteve
a taxa de 7 dólares para os pequenos cervejeiros. Este foi um dos
chamados "impostos de luxo" aprovados pelo presidente George H.
W. Bush, traindo sua famosa promessa: "Leia meus lábios: não haverá
novos impostos". É interessante notar que toda essa tributação sobre
coisas como iates e joias foi deixada de lado, exceto o aumento do imposto federal de fabricação de cerveja, a bebida do trabalhador, algo
muito distante de ser um luxo.

Grossman observa que muitos quiseram tomar para si o crédito da
politicagem que manteve a taxa de 7 dólares para pequenos fabricantes, enquanto os impostos sobre os grandes duplicaram. Segundo ele,
King não queria participar da luta em 1991 sobre o imposto de fabricação, mas acrescenta: "Não sei quem realmente foram os responsáveis...
Estava em uma reunião da BAA, tínhamos nos unido com um grupo
chamado Coalition for Beverage Interests (COBI), e foi Hudelpohl
[Brewing Company], além de Bob Pohl, Ted [Marti da August Schell
Brewing Company]... Havia talvez dez ou quinze fabricantes".[7]

Os membros da COBI contribuíram com dinheiro e contrataram
um lobista em Washington para fazer pressão e manter o imposto sobre
pequenas cervejarias. Mesmo assim, Grossman recorda que, apesar de
Ted Marti sugerir que a COBI se posicionasse para que o imposto não
fosse alterado, eles tinham pouca esperança de que os pequenos fabricantes de cerveja iriam levar a melhor, "mas esse era nosso posiciona-
mento, e foi assim que o projeto de lei foi escrito e passou. Não sei se
Henry [King] ajudou no caso".[8]

---

no rádio. As grandes podiam comprar lúpulo, malte, milho e arroz e empacotar
a um custo muito mais baixo do que o das regionais. A situação era desespera-
ra. As pequenas produtoras podem ter escarnecido de Fritz Maytag e seu esforço
para revitalizar a Anchor Brewing Co., mas deveriam ter prestado atenção no
que ele estava fazendo. Anos mais tarde, algumas realmente o fizeram.

[7] Entrevista com Grossman, 26 fev. 2013.

[8] *Ibid.*

Em uma palestra de 1995 na Conferência dos Produtores de Cerveja Artesanal, King disse que os grandes fabricantes de cerveja eram a chave para manter o diferencial de tributação. Stroh, Coors, Miller, AB, G. Heileman Brewing Company, todas elas apoiaram a continuidade dos 7 dólares por barril para os pequenos. "É por isso que fico irritado quando ouço as pessoas falando mal dessas bebidas [das grandes cervejarias]", diz King. "Você pode dizer que produz a melhor do mundo – tenho certeza de que todos têm excelentes cervejas –, mas prejudica nossa indústria quando alguém fala, escreve ou de alguma forma detona a cerveja dos outros."[9] Sábias palavras que valem até hoje.

PARA MUITOS EMPRESÁRIOS, A FABRICAÇÃO CASEIRA FOI A PORTA DE ENTRADA para uma carreira na indústria da cerveja artesanal norte-americana. Sua bíblia era o *The complete joy of homebrewing*, uma coleção encantadora de instruções para a produção caseira, receitas e dicas organizadas por Charlie Papazian, o engenheiro nuclear que entrou para o negócio. Era um homem baixo, de voz suave e barba. O lema descontraído de Papazian, invocado em momentos de apreensão durante o processo de fabricação, era "Relaxe, não se preocupe, tome uma cerveja caseira".

"Este livro foi escrito para quem quer fermentar cerveja em casa, aquele que será um cervejeiro caseiro capaz de relaxar e fazer cerveja por um bom tempo", escreveu na introdução do livro. "É para você que quer mergulhar nesse mundo e começar o preparo de um lote de cerveja hoje mesmo. E por que não? Stouts, ales, lagers, porters, bitters, milds, Oktoberfests, pilsners, cervejas especiais e hidromel... todas são fáceis de fazer. Muitos desses estilos estarão prontos para o consumo dentro de três semanas! Este livro é para você, o futuro cervejeiro arte-

---

[9] Palestra de King na Conferência dos Produtores de Cerveja Artesanal, 25 abr. 1995.

POLÍTICOS, ESCRITORES, PROFESSORES E EMPREENDEDORES COMUNITÁRIOS ● 53

sanal que quer apreciar o processo criativo de fazer cerveja e aprender tudo sobre o assunto. Relaxe."[10]

Num estilo exuberante, Papazian explica ao novato os princípios fundamentais do assunto. O livro traz receitas para os grandes estilos de cerveja de todo o mundo para os leitores de cada nível – o principiante, que fabrica principalmente a partir do extrato de malte enlatado; o intermediário, que combina extrato de malte e grãos; e o avançado, que vai direto para a fermentação de grãos.

Ainda tenho minha edição de 1984, autografada por Charlie, em sua visita à Oktoberfest da Brooklyn Brewery, em outubro de 1989. Ele escreveu: "Relaxe. Não se preocupe, beba uma cerveja artesanal (e uma Brooklyn Lager também)". Charlie estava em uma missão de conhecer cervejarias iniciantes como a minha e inscrevê-las em sua associação, a então Associação dos Cervejeiros (AOB), missão que cumpre até hoje.

Papazian, agora com mais de 60 anos, cresceu em Warren, Nova Jersey, a 70 quilômetros de Nova York. Ele se formou em uma escola pública em 1967 e conseguiu uma bolsa do Curso de Treinamento dos Oficiais de Reserva (ROTC) na Universidade da Virgínia em Charlottesville. Acabou se graduando em engenharia nuclear e abandonou o programa de cinco anos do ROTC, que obrigava os participantes a servir nas forças armadas. A Guerra do Vietnã alcançava seu auge no final dos anos 1960, e muitos daquela geração estavam determinados a encontrar um jeito de evitar aquele confronto tão malvisto pela sociedade. Ele conseguiu seu diploma de bacharel em cinco anos, fazendo muitas disciplinas de educação, arte e outras fora da grade do currículo de engenharia.

Papazian afirma que foi apresentado à fabricação caseira por um vizinho do bairro em Charlottesville. "Ele apareceu em casa, gostava de beber cerveja, passear e conversar, e nos convidou, caso estivéssemos interessados, para visitar seu vizinho que fazia cerveja em casa", conta. "Eu disse, 'Bem, não sabia que era possível fazer isso. Parece interessante... muito

---

[10] PAPAZIAN, Charlie. Introdução. In: *The complete joy of homebrewing*. Nova York: Avon Books, 1984. p. 1.

interessante', e esta foi minha introdução à fabricação de cerveja artesanal; ele me deu um pequeno cartão com uma receita de cinco ou seis linhas, e nós tentamos fazer a bebida. Alguns lotes foram jogados no ralo, e de alguma forma descobrimos que havia algo chamado levedura de cerveja em vez de levedura de pão, e açúcar de milho em vez de açúcar de cana, e isso fez grande diferença. Minha primeira cerveja foi feita de extrato de malte Blue Ribbon com sabor de lúpulo; assim foram os primeiros anos de minha fabricação. Nem sequer sabia como era o lúpulo, sabia apenas que o malte que eu usava era aromatizado com lúpulo."

O amigo que o apresentou à fermentação caseira também lhe ofereceu um emprego em uma pré-escola, onde era o diretor. Ele descobriu que gostava de crianças e trabalhou também em uma creche em Charlottesville e num acampamento de verão para meninos no Maine. Formou-se na Universidade de Virgínia em 1972, em plena recessão que, com a guerra, levou o presidente Carter a falar melancolicamente de um "mal-estar" nos Estados Unidos, a última coisa que os norte-americanos queriam ouvir. Papazian estava desempregado e explorou diversas possibilidades. Então, por capricho, foi a Boulder, Colorado, "porque queria ficar longe da Costa Leste; tinha passado toda minha vida ali. Um amigo apareceu, então nós fomos... Fiquei e, por fim, nove meses depois, consegui um emprego para lecionar nessa escola em Boulder".

Começou a dar aulas na pré-escola, mas, com o tempo, passou a lecionar nas turmas do jardim de infância até a terceira série, incluindo geografia, ciências, matemática, oficina e estudos sociais. "Eu não era especialista em inglês, literatura ou música, mas me virava bem em todas as outras matérias", comenta. Por oito anos trabalhou na escola de Bixby – de 1973 a 1981 –, iniciando a fabricação caseira na metade do primeiro ano, quando foi convidado por uma escola livre da comunidade a ensinar produção artesanal de cerveja.

Papazian ministrou esse curso até 1980 – mais de mil pessoas assistiram às suas aulas. Ele cobrava uma taxa nominal, o suficiente para pagar os ingredientes e materiais de que precisava para a fermentação. "Era um bom negócio ter minha cerveja paga em troca das aulas, não era para ganhar dinheiro", afirma.

POLÍTICOS, ESCRITORES, PROFESSORES E EMPREENDEDORES COMUNITÁRIOS ● 55

"Dessa classe foi construída uma comunidade, e percebi que a produção artesanal reunia as pessoas", diz.[11] (Em 2013, o Museu da História de Boulder hospedou a exposição "Boulder e a cerveja", que contava o impacto que essa fabricação teve na cidade: Papazian emprestou seus primeiros tanques de fermentação para o evento.) A comunidade cresceu, e Papazian começou a organizar festas nas montanhas a oeste da região. O destaque do ano era "The Beer and Steer", uma verdadeira orgia com música, cerveja e boa comida, inspirada no histórico festival Woodstock, de 1969.

"No terceiro ano havia umas oitocentas pessoas, e foi demais da conta, demais mesmo", relata. "Queríamos manter a festa com trezentas ou quatrocentas pessoas, então limitávamos a dois ingressos por pessoa, ou talvez quatro, no máximo. Era um grupo local de cervejeiros caseiros que achavam divertida a ideia de fazer uma grande festa nas montanhas, somente com cerveja artesanal e música ao vivo; era como criar uma comunidade de Woodstock. As pessoas chegavam ali e acampavam. Se quisessem ir embora de carro teriam de caminhar mais de um quilômetro para chegar aos veículos, porque a gente estava muito longe da estrada. Lá, tínhamos médicos e geradores, além de muita comida. Construímos um local e usávamos neve ou gelo para manter a cerveja gelada, dependia da época do ano."[12]

Após quase uma década, ele e um membro de sua tropa cervejeira, Charlie Matzen, criaram uma revista sobre o assunto chamada *Zymurgy* – nome relacionado à ciência da fermentação. Os festivais continuaram a crescer, assim como o império de Papazian. Logo fundaria a Associação dos Cervejeiros Caseiros dos Estados Unidos (AHA), que em 2013 teve uma adesão de mais de 30 mil pessoas, e o Instituto da Cerveja e dos Estudos de Fermentação. Dessas organizações surgiram muitas publicações sobre o tema – que logo receberiam o nome de Brewers Publications –, o Grande Festival da Cerveja Norte-americana e a Conferência dos

---

[11] Charlie Papazian, entrevista ao autor, 27 fev. 2013, Boulder, Colorado.

[12] *Ibid.*

Produtores de Cerveja Artesanal. Mais tarde, Papazian criaria a Associação dos Cervejeiros, que cuidava das muitas atividades de seu império.

A primeira edição da *Zymurgy* surgiu em dezembro de 1978, e a primeira competição de cerveja artesanal e conferência foram realizadas um ano depois. Cerca de cem pessoas compareceram. "Eu lembro que havia 29 inscrições na primeira competição, e foi como uma espécie de... Não era um show, era uma apresentação comercial em que os cervejeiros expunham seu material e ofereciam amostras de sua bebida para o público", conta Papazian. O evento seguinte, em 1980, atraiu algumas centenas de pessoas, e depois, em 1981, apareceram os escritores especialistas no assunto Michael Jackson e Fred Eckhardt, além de algumas pequenas cervejarias – a Boulder Beer Company e a Cartwright Brewing Company.

"Cartwright era um cara religioso", diz Papazian. "Sua cerveja estava indo mal, mas disse, 'Oh, Deus vai cuidar disso'. Tom Burns [mestre-cervejeiro] estava trabalhando para ele. Burns caiu fora e foi para a Boulder, pouco depois a Cartwright fechou, e Tom acabou como mestre-cervejeiro da cerveja Boulder, contratado pelos fundadores para ajudar. Eles mesmos faziam isso até então."

A palavra *microcervejaria* ainda não era muito usada. Segundo Papazian, Stuart Harris, um voluntário da equipe que escrevia na *Zymurgy*, cunhou o termo no começo dos anos 1980. "Ele estava trabalhando para a indústria do microcomputador... e disse: 'Sabe, essas pequenas cervejarias são como os microcomputadores, microcervejarias', foi assim que o nome foi cunhado."[13]

Papazian e suas publicações inventaram grande parte da terminologia da indústria da cerveja artesanal. Sua primeira definição de microcervejaria era a de uma cervejaria que produzia menos de 5 mil barris por ano. Quando os pequenos fabricantes cresceram, ele aumentou esse valor para 10 mil e então estabeleceu a marca em 15 mil barris anuais, o padrão atual.

---

[13] *Ibid.*

POLÍTICOS, ESCRITORES, PROFESSORES E EMPREENDEDORES COMUNITÁRIOS ● 57

Fritz Maytag disse que se irritava com as definições de Papazian porque parecia que a AOB estava tentando manter a Anchor Brewing fora da categoria microcervejaria. O limiar era sempre um pouco abaixo do volume de produção da Anchor. "Maytag sempre guardou rancor de mim", diz Papazian. "Ele pensava que eu fazia isso de propósito." Não seria essa a última vez que a tentativa de uma associação comercial de definir essa categoria provocaria controvérsia.

Papazian escreveu sobre a questão uma matéria intitulada "O que há em um nome" para a edição de março-abril de 1987 da *The New Brewer*, na qual ele pela primeira vez buscou definir ou classificar os diversos tipos de cervejarias que existiam. Foi o primeiro esforço de diferenciar as cervejarias artesanais das outras. "Os nomes que usamos para ajudar a estabelecer nossa posição na indústria servem como uma introdução, e nós precisamos disso", escreveu. Segue a lista dos termos:

Cervejaria artesanal – Qualquer uma que use as artes manuais e habilidades de um cervejeiro para criar seus produtos.

Fábrica-bar (ou bar-cervejaria) – Estabelecimento varejista, restaurante, choperia, salão, pub, clube noturno ou lanchonete que vende cerveja fabricada no mesmo local que o de varejo. É um tipo de microcervejaria.

Microcervejaria – Geralmente qualquer uma que produz, ou que é capaz de produzir, não mais do que 15 mil barris de cerveja por ano.

Pequena cervejaria – Geralmente qualquer uma que produz, ou é capaz de produzir, entre 15 mil e 100 mil barris de cerveja por ano.

Grande cervejaria – Geralmente qualquer uma que produz, ou é capaz de produzir, entre 100 mil e 1 milhão de barris de cerveja por ano.

Megacervejaria (ou cervejaria gigante) – Geralmente qualquer uma que produz, ou é capaz de produzir, mais de 1 milhão de barris de cerveja por ano.

Algumas dessas definições, como a de *microcervejaria*, permaneceriam. O termo *cervejaria artesanal* finalmente foi definido para todas as cervejarias e microcervejarias independentes que produzem menos de 6 milhões de barris por ano, cujas principais bebidas são definidas como tradicionais. A delimitação seria importante para os pequenos fabricantes de cerveja se diferenciarem das gigantes. Muitas regionais ficariam profundamente desapontadas quando, no século XXI, a BA publicou uma acepção de cervejeiro artesanal que as excluía por seus principais produtos serem feitos com adjuntos de milho e arroz.

Muitos dos pioneiros compareceram ao primeiro Grande Festival da Cerveja Norte-americana (GABF), em 1982, organizado pela AHA como parte da Conferência dos Cervejeiros Caseiros e Microcervejeiros (mais tarde batizada de Conferência dos Produtores de Cerveja Artesanal), realizada no Hilton Harvest House Hotel, em Boulder. Grossman fez uma apresentação sobre seu empreendimento, que abriu o evento naquele ano.

Papazian estava orgulhoso e um pouco surpreso pela quantidade de expoentes do mundo da fabricação de cerveja que participaram de seu incipiente festival. Entre eles estava David Bruce, o Monty Python do movimento microcervejeiro britânico e fundador da rede Firkin de fábricas-bares. Ex-cervejeiro da ale Old Peculier na T&R Theakston Ltd., em Yorkshire, Inglaterra, Bruce fez fortuna quando vendeu a Firkin e então liderou um grupo nacional que estava investindo em microcervejarias norte-americanas, incluindo minha empresa. Ele era um orador frequente nas primeiras conferências do ramo, subindo ao palco vestido como o sapo Caco, dos Muppets, para mostrar seu estilo burlesco de marketing. Bruce criaria diversas redes de pubs na Grã-Bretanha a partir da fortuna que fizera com sua rede.

Roger Briess estava lá também. Era o diretor executivo da Briess Malt e Ingredients Co., em Chilton, Wisconsin, e um defensor convicto do movimento das microcervejarias. Baixo, rechonchudo e com uma voz aguda, Briess andava sempre com uma pistola, depois de ter sido assaltado em Nova York, sua cidade natal. Ron Siebel, diretor executivo do Siebel Institute of Technology, a escola cervejeira que formaria várias gerações de fabricantes artesanais, também marcava presença.

POLÍTICOS, ESCRITORES, PROFESSORES E EMPREENDEDORES COMUNITÁRIOS ● 59

"Para mim, Roger Briess e Ron Seibel foram duas pessoas do negócio profissional da cerveja que realmente reconheceram o potencial dos cervejeiros caseiros, com seu entusiasmo e paixão. Foi Siebel quem me apresentou à BA e a Miller, quando dava palestras no encontro da MBAA [Associação de Mestres-Cervejeiros dos Estados Unidos] em 1983 e 1984", diz Papazian. "Quando as pessoas desdenhavam do movimento e do que estávamos fazendo aqui em Boulder, diziam 'Não, não, vocês têm de ouvir esses caras. Eles estão no caminho certo! Estão muito empolgados com o negócio da cerveja; nunca vimos esse tipo de agitação'".

Papazian explica que Tom Burns e Ron Siebel o apresentaram à BAA e, assim, participou das conferências da associação por uma década. "Se não fosse por Tom, não teríamos sido capazes de convencer o pessoal da BAA a doar dez engradados de cerveja para o primeiro festival", afirma Papazian. "Ele era o nosso intermediário. Foi quem fez a coisa acontecer."

Por meio de seus amigos na associação, Papazian conseguiu cerveja dos produtores regionais do Wisconsin – Joseph Huber Brewing Company, Jacob Leinenkugel Brewing Company e Stevens Point Brewery. Até podiam estar descrentes em relação ao movimento da cerveja artesanal, mas não queriam ficar por fora do que estava acontecendo. Papazian também lembra que a Coors Brewing Company, que até então vendia apenas no lado oeste, foi prestativa. "Antes de começarmos a AHA, eles nos deixaram ir até lá e fazer perguntas, ver o que estavam fazendo, provar suas cervejas-piloto e explicaram o processo de fabricação. A Boulder Beer não poderia ter sido criada sem a Coors, porque não tinha malte." (Na época a cevada maltada era vendida apenas para grandes produtoras em grandes quantidades, e havia poucas lojas para as caseiras.)

Gordon Bowker participou de uma das primeiras conferências da BAA e comentou sobre a criação da Independent Ale Brewery (Redhook). Outro dos primeiros oradores foi Michael Lewis, doutor em microbiologia e bioquímica da Universidade de Birmingham, na Inglaterra, que desenvolveu o programa de graduação em ciência da fabricação de cerveja na Universidade da Califórnia, em Davis, com o químico especialista em vinho Vernon Singleton.[14]

No início de 1980, Lewis visitou a New Albion Brewing Company, de Jack McAuliffe, e disse: "Certamente mudou minha visão do que a indústria poderia ser. Vi um novo rumo para o segmento e para meu programa".[15]

Em seu livro, Grossman reconhece Lewis e seu sucessor em Davis, o dr. Charles Bamforth, por direcionar um programa de fabricação de cerveja técnico e prático que "produziu dezenas de mestres-cervejeiros talentosos", a base do atual movimento de cerveja artesanal.[16]

A presença desses expoentes foi encorajadora para Papazian, que apenas alguns anos antes servia a bebida para um bando de fabricantes caseiros hippies numa farra da cerveja nas Montanhas Rochosas.

MICHAEL JACKSON, O ESCRITOR BRITÂNICO ESPECIALISTA NO ASSUNTO, também teve enorme influência na cerveja artesanal. Ele estava envolvido com a história da bebida muito antes do começo da popularidade da microfabricação nos Estados Unidos. Um dos primeiros defensores da Campanha por uma Ale de Verdade, Jackson publicou seu *World guide to beer* em 1977, uma inspiração para muitos de nós que estavam fascinados pelos mistérios da cerveja.

---

[14] *Ibid.* Papazian recorda que Helmut Keininger, professor da prestigiosa escola cervejeira alemã Centro de Ciências Biológicas e da Alimentação de Weihenstephan, também participou de uma das primeiras conferências da BAA. Keininger se suicidou em 1986, depois de ter sido preso por adição de produtos químicos na cerveja, uma violação da Lei de Pureza Alemã, a Reinheitsgebot. Um ano depois, esta foi anulada pelo Tribunal de Justiça Europeu como uma restrição comercial entre a comunidade europeia.

[15] HOLL, John. "The man who started a revolution", www.craftbeer.com, 9 jun. 2010.

[16] GROSSMAN, Ken. *Beyond the pale*. Nova York: Wiley, 2013. p. 53-54.

POLÍTICOS, ESCRITORES, PROFESSORES E EMPREENDEDORES COMUNITÁRIOS   61

O livro sondava as complexidades dessa bebida barata e maravilhosa que havia encantado pessoas de diferentes idades por milhares de anos. No livro, ele explica a evolução da levedura ale – que fermenta a cerveja em temperaturas mais altas no topo do tanque – e da levedura lager, que o faz a temperaturas mais baixas no fundo do tanque.

Fazer uma lager era "possível onde havia cavernas, e especialmente se o gelo natural fosse abundante. Notava-se também que, se os tonéis de cerveja fossem armazenados em cavernas e embalados com gelo, a levedura gradualmente assentava no fundo do fermentado. A cerveja era, portanto, muito mais clara, e não era preciso retirar a espuma antes da venda. Essa técnica de baixa fermentação parece ter sido mencionada pela primeira vez em 1420, na ata do conselho da cidade de Munique. Somente com o desenvolvimento de sistemas de refrigeração artificial durante os anos 1800 foi que se tornou uma técnica universal. No mesmo período, o comportamento da levedura era explicado, notavelmente, por Pasteur".

Isso era muito interessante, pensei comigo. Louis Pasteur? Jackson estava enobrecendo minha bebida favorita. Eu sabia que ia além de "mais gosto; menos estufamento", e ali estava. O livro de 255 páginas era repleto de rótulos fascinantes e cartazes clássicos das cervejarias lendárias das grandes nações cervejeiras do mundo, além de fotos sedutoras das grandes cervejarias da Europa. Era um belo livro para exibir na estante da sala e tinha conteúdo. Por sua leitura me tornei um especialista em cerveja.

Tempos depois, Jackson estrelou uma série de seis episódios de trinta minutos, o *The Beer Hunter*, no Discovery Channel, um relato magnífico de suas visitas às cervejarias mais interessantes do mundo. Passei bons momentos com Jackson nos anos 1990, tínhamos muito em comum. Trabalhei para pequenos jornais no norte de Nova York quando me formei na faculdade em 1971; ele havia abandonado a escola aos 16 anos para trabalhar como foca de um pequeno jornal, o *Huddersfield Examiner*, na Inglaterra. O ex-editor da BBC Geoff Griggs, agora escritor especializado em cerveja na Nova Zelândia, relembra que Jackson começou em uma coluna intitulada "This Is Your Pub", traçando o perfil de todos os pubs na área de distribuição do jornal. Griggs conta que, quando Jackson já não tinha mais pub algum sobre o qual falar, seu editor sugeriu que falasse a respeito das igrejas locais, ao que pediu demissão na hora. Trabalhou então no *Daily Herald*, no *World Press News* e, por fim, no *Guardian*, um dos maiores da Grã-Bretanha. Num plano de carreira semelhante, saí de um jornal do norte do estado de Nova York, trabalhei com a Associated Press, e depois fui para o Meio-Oeste para minha improvável introdução à fabricação artesanal.

Jackson se orgulhava de suas raízes da classe operária de Wetherby, Yorkshire. Seu pai, Isaac Jakowitz, filho de Chaim Jakovitz, imigrou da Lituânia para a Grã-Bretanha; trabalhava como motorista de caminhão, casou-se com uma gentia e mudou seu nome para Jackson. Ele compartilha o nome de uma das pessoas mais famosas do mundo – muitas vezes, começava suas palestras dizendo "Se houver qualquer dúvida, eu sou o verdadeiro Michael Jackson", e, em seguida, levantava dramaticamente a mão coberta por uma luva branca de lantejoulas.

Os textos de Jackson elevaram a cerveja a um nível de prestígio nunca antes alcançado no mundo das bebidas alcoólicas. No *World guide to beer*, classificou por tipo e, assim, tornou-se o inventor de categorias como a pale ale, amber lager, stout e porter. Comentava cervejas no estilo elevado de um escritor de vinhos, usando termos como bananas, cravos, groselha preta, defumado, café e chocolate para descrever os traços de sabor que detectava nos produtos que resenhava.

Por exemplo, sobre a belga Chimay Red, escreveu em seu *Simon & Schuster pocket guide to beer*: "Tem cor de cobre intensa, um paladar notavelmente suave e um toque de groselha preta". A respeito de uma de suas favoritas, a Orval, observou: "Essa cerveja deve sua cor alaranjada incomum ao uso de três maltes produzidos para sua própria especificação, além do açúcar-cândi na caldeira; seu amargor aromático de aperitivo provém da utilização de Hallertau e [mais especialmente] de Styrian Goldings [variedades de lúpulo], não apenas na caldeira, mas também da técnica de lúpulo a seco [dry hopping]; a acidez característica vem de sua própria levedura unicelular na fermentação primária e

POLÍTICOS, ESCRITORES, PROFESSORES E EMPREENDEDORES COMUNITÁRIOS ● 63

naquela feita na garrafa, e de uma mistura de várias culturas de fundo na secundária".[17]

Nem todo mundo aprecia suas descrições elegantes, mas ele defende sua tendência a florear o texto. Na coluna "Jackson on Brew", para a edição de novembro-dezembro de 1987 da revista *The New Brewer*, escreveu o artigo "Convergência harmônica", endereçado aos cervejeiros que questionavam seu estilo:

> A verdade é que uma cervejaria é um campo minado: há coisas prestes a explodir por todo o lugar. A ciência da fermentação tenta impedir isso. É por essa razão que cervejeiros de formação científica estão habituados a procurar pontos de conflito em vez de pontos G. Eles sabem mais sobre a agonia do que sobre o êxtase.
>
> Muitos fabricantes têm me atacado com sua cartilha de sabores: "É assim que se deve analisar os sabores das cervejas. Tem que se usar a linguagem profissional adequada… sulfurosa, rançosa, com propriedades de solvente, áspera, sabor de repolho, fenólica. E não com seus disparates sobre as cervejas serem floridas, com sabor de pêssego, picantes, sedutoras. Obviamente, você não sabe nada de cerveja. O que é você, afinal… um especialista em vinhos?".
>
> Tenho de responder: "Eu entendo", murmuro, repreendido. "Vou tentar acertar na próxima vez. Como você gostaria que eu descrevesse sua cerveja quando escrever sobre ela? Sulfurosa, rançosa ou com propriedades de solventes?".
>
> Há dois mal-entendidos aqui. Um deles é a respeito da perspectiva. Deveria a bebida ser julgada por seus defeitos (que podem ser identificados objetivamente, mesmo que em questões de grau) ou por seus méritos (também uma questão de grau, e não totalmente subjetiva)?
>
> O outro diz respeito à linguagem. Na privacidade de seu laboratório, um fabricante vai condenar ao ostracismo até mesmo a própria cerveja. Na verdade, talvez será mais duro com seu próprio produto, uma vez

---

[17] JACKSON, Michael. *The Simon & Schuster pocket guide to beer*. Nova York: Fireside, 1986. p. 100.

que seus padrões pessoais estão em jogo. Nos impressos em que escrevo, hesito em condenar seja lá qual for a bebida.

Jackson nunca criticou uma cervejaria. Se não gostasse dela, não escrevia a respeito. Salpicava suas palestras e aparições na televisão com aforismos espirituosos do tipo "Algumas pessoas dizem que você viverá mais se não beber, mas não é verdade. A vida só vai parecer mais longa", e "Sem problemas quanto à moderação, desde que ela também seja moderada".

A primeira vez que bebi com ele foi no início dos anos 1990. Minha empresa estava distribuindo suas próprias cervejas e cerca de quinze outras microfermentadas, incluindo a Sierra Nevada e todas as grandes da Bélgica, Grã-Bretanha e Alemanha. O *World guide* de Jackson foi meu roteiro para o mundo da cerveja. Fui em busca das bebidas sobre as quais escreveu; convidei-o a vir a Nova York para muitas noites de degustação, uma no Tramps Blues Club, em Chelsea, Manhattan; uma em Long Island; uma no norte do estado, em Peekskill; e uma em Nova Jersey. Prometemos promover e vender seus livros em todos os eventos – vendê-los era tão importante para Jackson como a venda de cerveja era para nós.

O proprietário do Tramps, o irlandês Tony Dunn, não podia acreditar que havíamos traído seu clube com aquele britânico desgrenhado de tom professoral e inclinação para digressões prolixas. Após a degustação, visitamos alguns bares de cerveja de Nova York. Lembro-me de que Jerry Kuziw – proprietário do Brewsky's e do Burp Castle, dois bares-cervejarias pioneiros – ofereceu safras especiais da Chimay Grand Reserve e da Thomas Hardy's Ale para nosso Beer Hunter [caçador de cervejas] provar às 3 da manhã. Jackson rabiscou suas impressões em um caderninho pelo resto da noite, que eu apostaria serem ilegíveis.

Na manhã seguinte, nos encontramos para almoçar no Café Bruxelles, o restaurante de um belga, no Greenwich Village, especializado em cervejas belgas sobre as quais Jackson escreveu. Eu estava com uma ressaca terrível, e Jackson não parecia muito diferente. Ele leu atentamente a lista de cervejas e pediu uma Orval, a ale altamente carbonatada feita

POLÍTICOS, ESCRITORES, PROFESSORES E EMPREENDEDORES COMUNITÁRIOS

por monges na Abadia de Notre-Dame d'Orval, sul da Bélgica. "Esta é a minha favorita para curar ressaca", disse Jackson com seu sotaque de Yorkshire. Pedi uma também – ele estava certo, faça o teste. Em livros e artigos, defendeu as microcervejarias norte-americanas e suas cervejas exatamente como havia feito com as grandes cervejas da Europa em seu *World guide*. Acabou publicando o *Michael Jackson's beer companion* e exaltou as cervejas artesanais estadunidenses em meio às grandes do mundo. Muitas vezes declarou que as mais interessantes estavam sendo fabricadas nos Estados Unidos, ideia ridicularizada por muitos cervejeiros europeus que não tinham provado as novas bebidas norte-americanas.

Incansavelmente, o Beer Hunter visitou fábricas e mais fábricas pelo mundo, incluindo a Anchor Brewing Company de Maytag. "A menor cervejaria do país deu uma dimensão totalmente nova para a produção nacional", escreveu.[18]

O mestre-cervejeiro Garrett Oliver do Brooklyn e eu visitamos muitas grandes fábricas europeias na década de 1990. Recordo que Rene Lindeman, da famosa cervejaria especializada em lambic, perto de Bruxelas (cervejas lambic são fermentadas com leveduras silvestres), comentou que Jackson salvara sua empresa do esquecimento. Parecia mesmo que ele havia ensinado os britânicos, os belgas e os alemães sobre suas próprias cervejarias maravilhosas e suas culturas da cerveja.

O *World guide* também inspirou Charlie Finkel, designer gráfico de Seattle, a importar algumas europeias consagradas e desenvolver cervejas clássicas nos EUA. A empresa de Finkel, Merchant du Vin, trouxe para o país as saborosas lager e as cervejas de trigo da Ayinger Brewery da Baviera, as ales inglesas da Samuel Smith Old Brewery e as lambic da Brewery Lindemans. Finkel também encomendou cervejas da August Schell Brewing Company de New Ulm, Minnesota, uma das mais antigas do país, e da Cold Spring Brewing Co., em Cold Spring, Minnesota.[19]

---

[18] JACKSON, Michael. *The world guide to beer*. Filadélfia: Running Press, 1977. p. 215.

[19] Charlie Finkel, entrevista ao autor, 15 jun. 2012, Seattle, Washington.

Jackson desenvolveu o mal de Parkinson aos sessenta e poucos anos e morreu em 2007. "Acho que posso dizer, sem medo de me contradizer, que Michael foi a pessoa mais influente para a comida e a bebida no século XX", disse Oliver em seu discurso no funeral do colega em Londres. "Foi ele o responsável pelo lançamento de milhares de cervejarias, especialmente nos Estados Unidos… E o que ele nos disse? Que o trabalho do cervejeiro era digno de honra e feito por pessoas honradas. Que muitos dos melhores momentos da vida serão à mesa, com as pessoas próximas a você, e que todos devem tomar bebidas maravilhosas. Com ele foi possível uma forma de verdade absoluta, algo perfeito que poderia evocar ou mesmo viabilizar as melhores coisas do mundo. Nós o ouvimos, e foi perfeito."[20]

Nos Estados Unidos, a cerveja artesanal teve seu maior sucesso no noroeste, em parte por causa da influência logo no início de um escritor norte-americano especializado no assunto, Fred Eckhardt. Foi um dos primeiros divulgadores da fabricação caseira, com a publicação de seu *A treatise on lager beers* em 1969, uma década antes de sua legalização. Eckhardt tomou gosto pela cerveja dinamarquesa Tuborg quando servia à Marinha no Japão, durante a Guerra da Coreia. De volta a Portland, Oregon, começou a fazer cerveja em casa e a dar aulas sobre o assunto. Em 1989 publicou *The essentials of beer style*, que se tornou uma bíblia para as primeiras gerações de microcervejeiros.

FRITZ MAYTAG JÁ FALOU SOBRE A IMPORTÂNCIA DE SEU PRIMEIRO E MELHOR cliente, Fred Kuh, na Old Spaghetti Factory, o homem que o encorajou a se envolver com a Anchor Brewing Company.

Não se pode ignorar a importância dos primeiros adeptos como Kuh, pessoas que viram o valor e o dinamismo do movimento da cerveja

---

[20] Garrett Oliver, anotações para a eulogia de Michael Jackson, 2007, arquivos pessoais de Oliver.

POLÍTICOS, ESCRITORES, PROFESSORES E EMPREENDEDORES COMUNITÁRIOS 67

artesanal muito antes da maioria. Sei que muitos varejistas foram fundamentais para meu sucesso. Um deles foi Joe Marino Sr., proprietário da American Beer Distributing Company, um híbrido varejista-atacadista, ímpar em Nova York, devido a uma brecha na lei dos três níveis hierárquicos da cidade. Seu pai abriu a empresa em 1945. Quando passei a comercializar a Brooklyn Lager, Joe fez uma grande encomenda de minha cerveja logo no primeiro dia – ele a empilhou em frente a seu empório e a promovia. Acreditava no que fazíamos. Ele me contou que Joe Lomuscio, distribuidor da Budweiser no Brooklyn, certa vez entrou em seu estabelecimento torcendo o nariz, "Por que você deixa essa merda na frente da loja?". Ao que Marino respondeu: "Estou vendendo um pálete dessa merda por semana, Joe!".

Outro a endossar o movimento logo no início foi Tommy Chou, que imigrou de Taiwan quando tinha 23 anos e se formou em bioquímica pela Tennessee Tech. Chou era doutorando na New York Technical College e fazia pesquisas sobre síntese orgânica para uma empresa de produtos químicos, quando a recessão da década de 1970 o atingiu. "Fui motorista de táxi por um tempo e então tive a ideia de comprar uma *delicatessen*", contou durante uma entrevista em seu famoso bar no Greenwich Village, o Peculier Pub. "Pensei que a cerveja estivesse ligada a minha área, à química orgânica." Ele importou 24 cervejas alemãs de Dieter Steinmann, um imigrante da Baviera que estabeleceu a marca Dinkelacker em Nova York.

"Elas venderam bem", relembra Chou. Começou então a aprender sobre as alemãs, belgas, britânicas e as tchecas lendo o *World guide to beer* de Michael Jackson. "Um dia o próprio apareceu em minha loja. Eu disse, 'Sei quem é você. Há uma foto sua no meu livro. Você podia autografá-lo?'" Ele conta que Jackson reclamou que nenhum bar em Nova York tinha aquelas cervejas especiais.

Chou e sua esposa fizeram a lição de casa. Visitaram um pub inglês na West Fourth Street e descobriram que as duas proprietárias pagavam cerca de 10 centavos de dólar pelo chope e o vendiam por US$ 1,25. No começo dos anos 1980, ele comprava cerveja por 35 centavos a garrafa e vendia por 50. Abrir um bar era obviamente um negócio melhor;

assim, em 1984, ele e a esposa alugaram um pub com capacidade para 45 pessoas na West Fourth Street, local hoje ocupado pelo Slaughtered Lamb. Batizaram-no de Peculier Pub, após terem usado o nome Old Peculier, em homenagem à ale escura fabricada pela Theakston. Chou tirou o termo *old* do nome, porque temia ser acusado de violação de marca registrada. O pub foi bem, e a família Chou mudou-se para um local maior, com bancos duros como os de uma igreja e janelas de vidro manchado na Bleecker Street, 145, onde continua a funcionar até hoje. Atualmente está preparando sua filha Ginger, formada recentemente em biologia na Wellesley College, para assumir o negócio. Quando comecei a vender a Brooklyn Lager em março de 1988, ele foi um dos primeiros a fazer um estoque de minhas garrafas e de meu chope. "Sabia que era uma cervejaria local", diz ele. "E eu tinha que apoiá-lo."[21] Se ao menos mais donos de bar pensassem assim.

Todo cervejeiro artesanal tem histórias semelhantes sobre a importância desses primeiros adeptos – os escritores e divulgadores, distribuidores e varejistas, proprietários de bares e restaurantes, lojistas e fabricantes caseiros que promoveram e venderam a cerveja artesanal antes de estar na moda. A contribuição deles para o sucesso do movimento foi tão importante quanto a dos próprios fabricantes. Essas pessoas acreditaram nesse tipo de bebida e nos microcervejeiros, e muitos apostaram seus negócios, e de certa forma sua reputação, para a viabilidade desses empreendedores e suas cervejas peculiares.

---

[21] Tommy Chou, entrevista ao autor, 12 mar. 2013, Nova York.

3

A PRIMEIRA GERAÇÃO

O BOOM E A PRIMEIRA GUERRA DA CERVEJA

1984-1994

1984:   *18 microcervejarias*
           76 cervejarias não artesanais de âmbito regional e nacional
1994:   *537 microcervejarias*
           22 cervejarias não artesanais de âmbito regional e nacional
           Anheuser-Busch, Miller e Coors: 81% do mercado

EM 1984, O MUNDO DA MICROFABRICAÇÃO ESTAVA PRONTO PARA O BOOM DE uma década que veria a criação de centenas de novas cervejarias, fermentadoras terceirizadas e fábricas-bar. No entanto, todos os inseridos no negócio estavam dolorosa e silenciosamente conscientes de que ninguém ganhava dinheiro com a cerveja artesanal. Os pioneiros – de Maytag a Newman – falavam muito sobre a importância de entender o ramo, mas ninguém tinha encontrado a fórmula para o sucesso.

Alan S. Dikty, editor mordaz da *The New Brewer*, escreveu um editorial para a publicação de maio-junho de 1984 que observava: "Um denominador comum às microcervejarias que faliram, estão em falência ou estão em atividade é a motivação do(s) fundador(es) em fazer uma cerveja boa". Seu argumento era que ninguém estava interessado em ganhar dinheiro. Portanto, por quanto tempo esses empreendimentos durariam?

Dikty destacava o fato de que 25 microcervejarias haviam sido inauguradas nos Estados Unidos e no Canadá desde 1976. Oito anos mais tarde, seis estavam fora do negócio, uma tinha parado a produção e todas eram, do ponto de vista da rentabilidade, marginais. Da perspectiva empresarial, a microfabricação provavelmente não fazia sentido. Mas isso não impediu o crescimento do movimento. Eram muitas as pessoas dispostas a fazer uma cerveja de qualidade.

Mais tarde, em 1984, Dikty ficou admirado com o crescimento do público da convenção de microcervejarias em Denver. "Empresários à caça de novas oportunidades estavam presentes para 'dar uma olhada' neste novo negócio. Os participantes das conferências anteriores, em geral, eram pessoas com nível universitário, profissionais das artes liberais subempregados e alguns que lembravam as figuras da contracultura. A convenção deste ano viu a afluência de pessoas em crise de meia idade à procura de novos campos para conquistar e empresários que viam as microcervejarias como o próximo passo lógico após a franquia dos restaurantes vegetarianos. Ambos os grupos partilhavam de uma obsessão por fórmulas secretas de cerveja e a ideia de que talvez este negócio fosse um pouco mais complicado do que pensavam".[1]

Matthew Reich era o líder de produção; sua New York Brewing Co. fabricava 15 mil barris anuais sob contrato com a Matt Brewing Company em Utica. Reich, entretanto, não se sentia satisfeito com esse modelo de produção e estava determinado a abrir uma cervejaria em Nova York – tinha o capital e estava construindo.

Ainda assim, dezenas de outros aspirantes viam a produção sob contrato de Reich como o caminho mais inteligente a ser seguido. Por que não contratar uma cervejaria já estabelecida? Deixe toda a complicação de fazer a cerveja para alguém e se concentre no marketing e nas vendas. Fazer boas bebidas era o primeiro passo; vendê-las e obter lucro era a parte mais difícil.

Nos quatro anos após o período dos pioneiros (1984-1988), 54 microcervejarias, 65 fábricas-bares e 27 cervejarias com base na produção sob contrato surgiram em todo o país. De certa forma, não importava que ninguém estivesse ganhando dinheiro. O fascínio era tão grande e os novos cervejeiros tão idealistas e dedicados, que a maioria

---

[1] DIKTY, Alan. "Hanging from the rafters". *The New Brewer*, nº 2, jul.-ago. 1984.

deles achou que, se fizesse aquilo que amava, o dinheiro viria, como mágica, em consequência.

Um desses era Jim Koch, homem de negócios com formação em Harvard. Aluno brilhante, foi o único da turma a concluir um programa de três anos que conferia não só um MBA, mas também graduação em direito. Entre seus colegas de classe, estava Mitt Romney.[2]

Koch nasceu em Cincinnati em 1949 e cresceu na cidade, na fazenda da família em Georgetown, Ohio. Era o segundo dos quatro filhos e frequentou as escolas públicas locais. Seu avô graduou-se no Siebel Institute e trabalhou para a Anheuser-Busch (AB) por alguns anos após a Lei Seca. Seu pai, um aprendiz de cervejeiro na década de 1940, graduou-se no Siebel em 1948; trabalhou para várias cervejarias lager de Cincinnati – Hudepohl, Schoenling, Weidemann's, Burger e Bavarian – e perdeu o emprego quando elas fecharam. Jim conta que seu pai ganhou apenas 500 dólares nos últimos seis meses em que trabalhou na área; anos mais tarde, ele se tornaria vendedor de produtos químicos para fermentação e outros insumos da indústria cervejeira. Sua mãe, professora do primário, suou muito para colocar todos os filhos na faculdade.

No Boston Consulting Group (BCG), onde trabalhou depois de se formar em Harvard, Jim Koch era especialista em empreendimentos industriais. Alto, magro e jovial, com uma voz aguda e anasalada, acabou ficando conhecido pela propaganda onipresente de sua cervejaria no rádio – era o tipo de garoto que apanhava dos caras do time de futebol na escola. Certa vez, um fanfarrão do Instituto da Cerveja e dos Estudos de Fermentação mudou os dados da etiqueta do endereço da revista *The New Brewer* de Koch para: Jim "Nerd" Koch. Ele parecia estar sempre querendo provar algo. Tinha sido um líder da Outward Bound* e escalado algumas montanhas bem difíceis, incluindo a Aconcágua na

---

[2] Jim Koch, entrevista ao autor, 29 jan. 2013, Conferência dos Produtores de Cerveja Artesanal, San Antonio, Texas.

* Instituição que realiza eventos ao ar livre, como caminhadas, expedições e outros projetos culturais, em diversos países. [N.T.]

Argentina, o pico mais alto do hemisfério ocidental, com 6.959 metros, uma caminhada muito árdua.

A referência do nome que escolheu para sua marca veio de Samuel Adams, cidadão de Boston que foi um dos primeiros patriotas impetuosos. Era um agitador ou, como Koch disse quando o entrevistei, "Sam Adams percebeu como você poderia radicalizar as pessoas". Era primo de John Adams, o segundo presidente dos Estados Unidos, e foi um dos signatários da Declaração de Independência. Graduado em Harvard, como Koch, Sam Adams não se deu bem com os negócios, incluindo o período que passou trabalhando na malteria da família, que produzia cevada maltada para a fabricação de cerveja. Entrou, então, para a política, opondo-se aos esforços britânicos para taxar os colonos norte-americanos; liderou a oposição à Lei do Chá da Grã-Bretanha, que isentava a Companhia Britânica das Índias Orientais de um agressivo imposto de exportação do chá, numa tentativa de dar-lhes o monopólio nas colônias e reforçar o direito do governo britânico de regular os impostos nesses lugares. A resistência atingiu o auge quando um grupo de cidadãos de Boston subiu em um navio da Companhia Britânica das Índias Orientais e jogou o carregamento de chá no porto local em forma de protesto. Koch abraçou o espírito revolucionário de Adams e não demorou muito para sua ambição de fazer as coisas direito vir à tona.

Quando começou a vender a cerveja Samuel Adams em 1985, Koch lançou uma série de memoráveis anúncios de rádio atacando as principais cervejas importadas da Europa, a Heineken e a Beck's, por usarem milho e açúcar como conservantes nas unidades que mandavam para os Estados Unidos. Ele alegava que a cerveja chegava rançosa. Com uma voz aguda, insistente e memorável, ele dizia:

> Quando os Estados Unidos convocaram os pobres da Europa, nós não nos referíamos a sua cerveja. Mas em vez daquilo que havia de melhor, a Europa nos envia uma cerveja produzida em massa. Exportam a Heineken, que contém adjuntos proibidos pela lei estrita de pureza da cerveja na Alemanha, e a Beck's, que é fabricada com mais água e menos sabor para os norte-americanos. Inventaram a marca St. Pauli Girl para

ser vendida a eles. Então, como se pode conseguir uma verdadeira cerveja artesanal por aqui? Beba minha lager Samuel Adams. Meu nome é Jim Koch, e produzo em um ano o que as importadas de maior vendagem conseguem produzir em apenas três horas, porque leva tempo para fazer direito uma boa Samuel Adams. Uso a receita do meu tataravô, com puro malte e lúpulos raros que custam dez vezes mais que os usados nas cervejas importadas de massa.[3]

A Heineken e a Beck's morderam a isca, e a controvérsia atraiu muita atenção nos meios de comunicação, incluindo um longo artigo na *Newsweek*. Ninguém resistiria a uma manchete como "A guerra da cerveja!".[4]

Philip Van Munching, filho de Leo Van Munching, importador da Heineken, dedicou à batalha com Koch um capítulo em seu livro *Beer Blast*, um bom relato da história da Heineken na América – "Samuel Adams: brewer, patriot, pain in the ass" ["Samuel Adams: cervejeiro, patriota, um pé no saco"]. Van Munching escreveu que seu pai via Koch como o anticristo, e o próprio autor referia-se a ele como um patife, mas também reconhecia que Koch e as outras microcervejarias eram uma força a ser considerada.

"Por causa do grande crescimento das importações, muitos empreendedores começaram a se perguntar se as características que fizeram as cervejas estrangeiras vender não podiam ser reproduzidas aqui nos Estados Unidos", escreve Van Munching. "Ao fazer essa pergunta, eles – de uma hora para outra – redefiniram o negócio da cerveja. Já não era a equação nacional/importada; agora seria dominante/sofisticada".[5]

E o que dizer da alegação de Koch de que a versão norte-americana da Heineken não poderia ser vendida na Alemanha porque violava a

---

[3] Jim Koch, gravação do rádio da Cerveja de Boston por volta de 1986, transcrita pelo autor.

[4] STARK, Mark. "Beer wars, round two: a Boston brewer takes on his German rivals". *Newsweek*, 8 jun. 1996.

[5] VAN MUNCHING, Philip. *Beer Blast*. Nova York: Random House, 1998. p. 149.

Reinheitsgebot, a lei de pureza alemã do século XVI, que estipula que a cerveja pode ter apenas quatro ingredientes: água, cevada ou malte de trigo, lúpulo e levedura? Os anúncios da Samuel Adams declaravam que a Heineken também continha adjuntos. Van Munching a contragosto reconhece a acusação como parcialmente verdadeira: "Além dos ingredientes clássicos... a Heineken usava milho na fermentação. Este atua como um estabilizante e é frequentemente usado por cervejarias maiores para adicionar maior vivacidade a uma cerveja que pode demorar mais para chegar ao seu destino".[6]

Os anúncios estavam tão próximos da verdade que a Heineken preferiu não processar Koch. "Se eu estivesse errado, você acha que teriam me deixado sair dizendo por aí que havia algo suspeito em sua cerveja? Eles teriam me esmagado como um inseto".[7] Essa imagem interessante de um megacervejeiro internacional esmagando um microcervejeiro norte-americano minúsculo foi uma que serviu bem a Koch na década de 1980, e que ainda serve ao movimento da cerveja artesanal dos EUA até hoje.

A metáfora de Davi e Golias tinha sido a base do repertório de Van Munching. Ele dizia que nunca perdera uma oportunidade de dizer aos repórteres que o que a Budweiser desperdiça em uma semana é o que a Heineken vende em um ano. "Imagine o meu horror, então, quando apareceu o anúncio da Sam Adams: 'Produzo em um ano o que as importadas de maior vendagem conseguem produzir em apenas três horas porque leva tempo para fazer direito uma boa Samuel Adams'", acrescenta.[8] A Heineken tinha pouco mais de 1% do mercado da cerveja dos EUA na década de 1980.

Os Van Munching mais tarde descobriram que Koch nem sequer possuía sua própria fábrica de cerveja; ele tinha contrato de produção com a Pittsburgh Brewing Company para produzir a Samuel Adams. Mas, por sua vez, Leo Van Munching não tinha disposição para su-

---

[6] *Ibid.*, p. 154.

[7] Jim Koch, entrevista por telefone ao autor, 13 nov. 2013.

[8] *Ibid.*, p. 153.

portar uma batalha em público com Koch. Classificando o artigo da *Newsweek* como injusto, retirou sua propaganda da revista.

O Van Munching mais jovem fez um elogio a Jim, comparando-o a seu avô, Leo Van Munching Sr., o homem que levou a Heineken aos Estados Unidos depois da Lei Seca e fez dela a cerveja importada mais vendida ao introduzi-la insistentemente em bares e restaurantes de Nova York.

"Tanto Koch quanto Leo Sr. deviam gratidão a P. T. Barnum, e ambos tinham egos do tamanho de uma cidade", escreveu Philip Van Munching. "Eles provaram ser incansáveis fomentadores, e entendiam a antiga arte de vender de bar em bar. A principal diferença entre os dois é que meu avô conseguiu realizar o mesmo sem encher o saco de todo mundo da indústria".[9]

A agressão de Koch à Heineken e à Beck's foi o ataque inicial de uma carreira que sempre atraiu controvérsia. Ele não tinha medo de se meter com empresas muito maiores que a Boston Beer Company. "Trilhei meu caminho no mundo, desafiando os limites", diz. "Éramos pequenos e brigões. Tivemos que agitar as coisas. Tinha um produto de melhor qualidade, e eles [Heineken e Beck's] vendiam uma cerveja porcaria. Foi a força dos fracos".

Koch diz que Matthew Reich sugeriu que ele contratasse uma empresa de relações públicas para contar sua história. Foi então que entrou Sally Jackson, que aproveitou a polêmica com a Heineken e a Beck's do artigo da *Newsweek*. Jackson é a representante da Boston Beer até hoje.

No início, sua cervejaria consistia em duas pessoas, Koch e Rhonda Kalman, uma secretária executiva muito inteligente da BCG. Ela deixou a segurança do emprego nessa empresa para se juntar a Koch em um escritório humilde em Boston. A fim de convencê-la, Koch disse: "Nunca falhei naquilo que era realmente importante para mim".[10]

---

[9] *Ibid.*, p. 166.
[10] Entrevista de Jim Koch, 29 jan. 2013.

Eles lançaram a Samuel Adams Boston Lager no verão de 1985, mas perderam o caminhão que despachava as cervejas do leste para Denver, para participar do GABF. Então, Koch pagou o frete aéreo de vários engradados para trazê-los ao evento antes do prazo final. Em sua primeira prova, a Samuel Adams venceu a enquete da preferência dos consumidores, na qual os frequentadores do festival votavam em sua cerveja favorita.

A menção para a Medalha da Preferência dos Consumidores chamou o vencedor de a Melhor Cerveja dos EUA, e não demorou muito para os perdedores começarem a reclamar. Quem poderia negar que no país havia cervejas melhores que a Samuel Adams Boston Lager, para não mencionar o segundo e o terceiro lugares, a Hibernia Brewing Company e a Snake River Brewing? A enquete era então um para-raios de controvérsia. Alguns cervejeiros o acusaram de usar modelos sensuais para promover sua cerveja e ganhar votos. Ele contestou dizendo que suas promotoras eram suas parceiras: Rhonda Kalman e sua assessora de imprensa, Sally Jackson, que estavam vestidas de forma recatada.

É claro que ele usou a citação do festival – registrou o slogan "A melhor cerveja dos Estados Unidos", imprimiu-o na embalagem e nos materiais de marketing, e o usou nos anúncios nas rádios. No ano seguinte, estava de volta, desta vez distribuindo bonés da Samuel Adams para os participantes do festival. Ganhou novamente a enquete de preferência. A acusação dessa vez foi de que havia comprado votos, oferecendo ingressos para as pessoas que votariam em sua cerveja.

Em entrevista, negou a compra de votos, mas admitiu que era comum os vendedores da Boston Beer darem ingressos do festival [GABF] para representantes de venda das distribuidoras e clientes no Colorado. "Não demos ingressos para jogos de beisebol ou futebol, mas usamos os do festival para incentivar os garçons nos restaurantes", conta.

"No ano passado foi o apelo sexual que incitou as queixas, e neste foi a quantidade exagerada de pessoas ligadas à cervejaria", disse Daniel Bradford, diretor do festival, em entrevista na época. "Há sempre um vilão no GABF, alguém sempre gasta tempo e energia para pensar em maneiras de burlar legalmente as regras".[11] Os cervejeiros artesanais estavam irritados a ponto de forçar o festival a ajustar as regras, limitando as amostras grátis a 60 ml, o número de garçons por cervejaria a três, e o valor dos brindes a um dólar. Mas a controvérsia explodiu mais uma vez quando, em 1987, a Boston Beer Company ganhou pelo terceiro ano consecutivo, desta vez com a Samuel Adams Festival Lager, uma cerveja feita especialmente para o evento – o segundo lugar foi para a Boulder Brew Beer Company e o terceiro para a Chinook Alaskan Amber Beer. A multidão de 4.500 pessoas presente no festival vaiou bem alto. Ficou bem claro que Koch era o eterno vilão do GABF.

As vitórias de Koch foram particularmente incômodas para muitos donos de suas próprias microcervejarias que achavam a produção sob contrato, como a da Boston Beer, enganosa e com uma vantagem injusta. Koch estava prestes a vender sua cerveja em todos os estados, fazendo concorrência direta com praticamente todas as cervejarias do país. Uma década após seu início, a Boston Beer era a única microcervejaria com distribuição nacional, tornando a Samuel Adams a face da indústria.

Alguns cervejeiros boicotaram o GABF por vários anos em um protesto silencioso contra a enquete da preferência dos consumidores e a predominância da empresa de Koch. Kurt e Rob Widmer, que começaram seu projeto de cervejaria em Portland, Oregon, em 1984, foram dois notórios boicotadores. Kurt Widmer dizia que Koch tinha belas moças servindo sua cerveja e usava brindes a fim de atrair frequentadores ao festival para votar em sua bebida. Não era uma enquete imparcial, afirmou. "Decidimos naquele momento que não queríamos participar de uma coisa dessas. Não tínhamos dinheiro para disputar assim e nem interesse nesse tipo de competição. Por isso, paramos de ir ao festival".[12]

Daniel Bradford foi diretor de marketing da Associação dos Cervejeiros (AOB). À frente do festival, estava no olho do furacão. Ele

---

[11] THOMAS, Virginia. "America's Beer Awards". *The New Brewer*, p. 8, jul.-ago. 1987.

[12] Kurt Widmer, entrevista por telefone ao autor, 15 jul. 2013.

recorda o evento como um momento muito difícil e diz que ele e sua equipe investigaram todas as acusações de abuso no sistema de votação. "Fui atrás de cada história que ouvi, e elas não eram verdadeiras", afirma. "Quer dizer, Vince Cottone [colaborador da *The New Brewer*] dizia, fulano de tal disse tal e tal coisa, e eu os encontrava, sentava com eles, e as histórias nunca eram verídicas. Mantinha vigilância constante em todos os pontos de venda de ingresso. Acho que não poderiam vender mais do que seis de cada vez e nunca houve qualquer compra em grande quantidade, por isso ele poderia ter distribuído apenas os ingressos que fornecemos. Por último, a diferença de votos entre o vencedor e o segundo lugar era grande. Não havia como Koch ter tantos ingressos. Nunca divulgamos os números, mas era muita coisa".

Bradford diz que quando as pessoas se queixaram de a Boston Beer dar bonés de brinde, conversou com Koch e ele parou de distribuí-los. Conta que a acusação de usar modelos para dar cerveja não era verdade, confirmando que eram na verdade Rhonda Kalman e Sally Jackson.

Algumas cervejarias realmente contratavam mulheres bonitas para distribuir amostras de cerveja, como a Boulder Beer, a Chesbay e outras, mas não a Boston Beer, segundo Bradford. "Havia cervejarias que tinham vindo direto da NBWA [Associação Nacional dos Distribuidores de Cerveja] em Las Vegas, e também não sabiam o que estava acontecendo", relata.

Conta também que muitas o culpavam pelos supostos abusos, e ele levou as críticas para o lado pessoal na época – lembra, por exemplo, ter sido repreendido por um jornalista alemão da revista comercial *Brauwelt*.

"Você não sabe o que é levar bronca de um jornalista de uma revista alemã, em alemão", diz. "Provavelmente eu estava à flor da pele em relação ao assunto. Fui abordado nos corredores por cervejeiros prontos para me socar, porque achavam que eu era um impostor. Um deles enviou uma carta a todo mundo do ramo dizendo que eu era muito próximo de Koch. Literalmente, que eu tinha um caso com ele".[13]

---

[13] Daniel Bradford, entrevista para o autor, 29 mar. 2013, Washington, DC.

Jeff Mendel, que trabalhou com Bradford no festival, afirma que os supostos abusos nunca foram provados. "Nunca pensei em Jim [Koch] como um trapaceiro, mas ele certamente gostava de testar os limites. Se algo não estava expressamente proibido, então era OK. Algo como: peça perdão, em vez de permissão".[14]

Para lidar com as críticas, Papazian e Bradford estabeleceram uma degustação profissional às cegas das cervejas em 36 categorias de estilo. Michael Jackson ajudou a definir o sistema, um progresso importante para o desenvolvimento do GABF. Os jurados, muitos deles cervejeiros profissionais certificados, podiam premiar com medalhas de ouro, prata e bronze em cada categoria. O julgamento foi supervisionado por Jim Homer, codiretor do programa de Certificação Nacional de Juiz da Cerveja.

Hoje os jurados do Comitê do Teste Cego Profissional julgam 85 categorias – um testemunho da inovação da indústria da cerveja artesanal. O sistema é amplamente copiado e reconhecido internacionalmente como o padrão para as competições da indústria cervejeira. A batalha da enquete de preferência do consumidor é um excelente exemplo de como as microcervejarias estavam lutando nos primeiros anos para definir suas técnicas e desenvolver algo valioso e duradouro.

"No fim, foi bom para a indústria", explica Bradford. "Foi uma espécie de esclarecimento de valores. Muitos fabricantes olharam seriamente para a situação e disseram: 'Quem somos nós? Precisamos fazer isso da maneira certa'". Mendel acrescenta: "O teste cego protegeu a integridade do festival e dos prêmios".[15]

Outros críticos se concentraram na prática da produção sob contrato que ficou famosa por causa de Koch. "Um fabricante sob esse modelo deveria dizer a verdade e ser claro a respeito", disse Mark Carpenter da Anchor Brewing em 1986. "Se ele leva as pessoas a acreditarem que

---

[14] Jeff Mendel, entrevista por telefone ao autor, 26 ago. 2013.
[15] Entrevista com Bradford, 29 mar. 2013; entrevista com Mendel, 26 ago. 2013.

tem uma cervejaria quando na verdade não tem, vai ter muitos problemas quando o fato vier à tona".[16]

Embora Matthew Reich tenha prenunciado a era moderna da produção de cerveja sob contrato com sua New Amsterdam Amber Beer, fabricada na cervejaria Matt, depois que construiu sua cervejaria em Nova York, em meados dos anos 1980, tornou-se um crítico ferrenho do método. "Até você ser dono de uma fábrica de cerveja, não sabe o que é preciso para fazer o produto", declara. "Se um fabricante sob contrato quer vender cerveja, tem que mentir. Basicamente, ele tem que perpetrar a fraude".[17]

"Eu era o pária da produção sob contrato", Koch disse recentemente. Ele tem certa razão, mas a verdade é que estava vendendo cerveja aos montes na época. Em 1987, a Boston Beer Company vendeu 35 mil barris de cerveja, mais do que o dobro de seu competidor mais próximo, a Old New York Brewing Co. de Reich, que vendeu 15 mil. O bad boy estava em uma escalada que o levaria a 113 mil barris em 1990, muito além de seu concorrente mais imediato, uma posição suprema no mercado que ocupa até hoje.

Koch havia deixado sua marca na indústria da cerveja com seus ataques aos principais importadores e suas vendas crescentes. Também chamou atenção da Hambrecht & Quist, uma das empresas mais bem-sucedidas de capital de risco nos Estados Unidos, mais conhecida por investir em empresas de tecnologia na Califórnia. Koch disse que ficou surpreso e contente quando Bill Hambrecht disse a ele que seus investimentos favoritos eram em bens de consumo, como na Neutrogena e Chalone Vineyard. Ele investiu 7 milhões de dólares na Boston Beer Company, comprando uma participação de 20% da empresa. Isso deu a Koch uma cotação de 35 milhões, nada mal para uma empresa que havia iniciado as atividades dois anos antes, com um capital inicial de 300 mil. Sua ideia era construir uma fábrica de cerveja na antiga Haffenreffer

---

[16] BRADFORD, Daniel. "Contract brewing: the thorny issue". *The New Brewer*, p. 29, nov.-dez. 1986.

[17] *Ibid.*

Brewery em Jamaica Plain, uma área industrial decadente de Boston. Mas Koch sabia que Bill Newman estava fechando sua cervejaria em Albany, e que Reich batalhava em Nova York. Ele também calculou que uma grande cervejaria na cidade não poderia ser construída com apenas 7 milhões; custaria provavelmente o dobro disso. Comprou então o equipamento de Newman e reduziu seus planos para Jamaica Plain. Na mesma época em que Koch inaugurou sua cervejaria em Boston, Reich havia fechado a sua – contratou o mestre-cervejeiro dele, Andy Bernadette, para comandar a Boston Beer, o qual trouxe para o negócio Dave Grinnell, um ex-fabricante de cerveja da Old New York, por meio de um anúncio no *Village Voice*. Koch havia gasto apenas 200 mil dólares na empreitada. O restante dos 7 milhões iria para empreendimentos de risco, mas não sem atrair novas controvérsias.

A sua Samuel Adams Boston Lager estava ultrapassando todos os concorrentes. Em 1988, ano em que comecei a vender a Brooklyn Lager, ele vendia 40 mil barris por ano. Ali estava afinal um pequeno fabricante que sabia como fazer tanto uma boa cerveja como dinheiro de verdade. Foi o único microcervejeiro a usar propaganda de massa e ser surpreendentemente eficaz. Muitos de meus colegas o consideravam um mero trambiqueiro, mas poucos podiam negar que fazia uma excelente bebida, e todos subestimaram a determinação do cara brilhante de Cincinnati em restabelecer o lugar de sua família no negócio da cerveja norte-americana.

De certa forma, minha incipiente cervejaria artesanal foi pega pela guerra da cerveja, embora fôssemos tão pequenos que provavelmente nem sequer apareceríamos no radar do marketing. Em nosso primeiro ano de negócio no Brooklyn, vendemos 3 mil barris de cerveja. No ano seguinte, 5 mil, e, em seguida, em 1990, 7 mil. Foi uma caminhada difícil, mas estávamos orgulhosos de nosso progresso. Em 1989, ganhamos um evento de degustação de cerveja patrocinado por um bar em Manhattan chamado *riverrun*, em homenagem ao *Finnegans Wake* de James Joyce. O dono do bar, Don Berger, promoveu o evento e incluiu a New Amsterdam e a Samuel Adams e o batizou de Great American Beer Tasting [A Grande Desgustação da Cerveja Norte-americana]. Foi algo emocionante e encorajador para nossa empresa, que se esforçou tanto para ganhar a competição. Fizemos displays de mesa (aqueles de papelão em forma de A que enfeitam as mesas da maioria das redes de restaurantes) e ímãs de geladeira que anunciavam a Brooklyn Lager como a vencedora do Great American Beer Tasting – não eram páreos para a publicidade no rádio de Koch, mas foi o melhor que conseguimos. Quando dizíamos aos bebedores de cerveja sobre nosso feito, muitas vezes respondiam: "Pensei que a Sam Adams tinha ganhado o concurso".

Em 1992, no Grande Festival da Cerveja Norte-americana em Denver, a Brooklyn Lager ganhou a medalha de ouro e nossa Brooklyn Brown Ale, a de bronze. Nosso designer, Milton Glaser, fez um belíssimo cartaz mostrando as duas cervejas engarrafadas com fitas e medalhas penduradas no gargalo – o anúncio dizia "Primeiras Campeãs Nacionais do Brooklyn desde 1955", uma referência à única vitória dos Brooklyn Dodgers na World Series sobre o New York Yankees. Novamente, muitos de nossos clientes ficaram intrigados com a vitória no festival. Não foi a Samuel Adams que ganhou?

Em dezembro de 1992, poucos meses depois de nossas medalhas em Denver, eu estava presente na festa de fim de ano dos professores na escola pública em que minha esposa trabalhava em Manhattan. Forneci cerveja para a festa. Como de costume, os maridos estavam reunidos no bar e ali conheci um advogado alto de terno escuro e gravata chamado Robert Martin – sua companheira era professora. Puxou conversa sobre a Brooklyn Brewery, e falei a respeito da história da empresa e as recentes conquistas no festival da cerveja. Ele perguntou se eu tinha ouvido os anúncios no rádio dizendo que a Samuel Adams era a melhor cerveja do país e que a bebida ganhara o festival em Denver por quatro anos consecutivos. Expliquei a polêmica sobre a enquete da preferência dos consumidores, e que Koch não havia vencido a votação na sequência, mas em 1985, 1986, 1987 e 1989. Martin disse que uma propaganda alegava que você podia equilibrar uma moeda no colarinho de uma Samuel Adams Lager, e que tentara, sem êxito. Quando lhe perguntei sobre sua profissão, respondeu que era conselheiro adjunto do Departamento de Assuntos do Consumidor da cidade de Nova York. Dentro de alguns meses, a agência anunciaria que estava investigando a Boston Beer por violações do direito do consumidor da cidade de Nova York.

No dia 6 de maio de 1993, o caderno de negócios do *Boston Globe* publicou uma reportagem com a seguinte manchete "Briga de bar: cervejaria minúscula do Brooklyn Brewery supera a Sam Adams de Boston. 'É bajulação', diz Jim Koch'". De novo, os jornalistas não podiam resistir a mais uma guerra da cerveja. O artigo explicava então que o Departamento de Assuntos do Consumidor tinha enviado uma carta em 19 de abril a Koch afirmando: "A propaganda de sua cerveja diz que a Samuel Adams Lager 'ganhou o Grande Festival da Cerveja Norte-americana por quatro seguidos'. No entanto, nossa investigação preliminar indica que foi premiada em 1985, 1986, 1987 e 1990, e nunca por mais de três anos consecutivos".

O artigo citava a explicação de Charlie Papazian de que a enquete da preferência dos consumidores fora substituída por um julgamento mais objetivo, o Comitê do Teste Cego Profissional, por causa das reclamações das cervejarias rivais. "Estava se tornando um concurso popular, e a antiga forma de julgar não estava de acordo com nossa missão", Papazian disse ao repórter. O Departamento de Assuntos do Consumidor de Nova York escreveu que "há um claro potencial de engano dos consumidores quando você se refere a 'vencer' o Grande Festival da Cerveja Norte-americana sem ser específico quanto à natureza do que isso significa".

Sempre afiado nas palavras, Koch rebateu: "Eu costumava dizer que ganhamos quatro anos seguidos. Se no beisebol o rebatedor acerta a bola três vezes e faz uma corrida e, em seguida, uma quarta rebatida, não são quatro rebatidas consecutivas?".

O *The Wall Street Journal* deu sequência à história com um artigo intitulado: "Cervejeiros em disputa acirrada na publicidade". O *Newsday* publicou a matéria "O bafafá das cervejarias", e os jornais e informativos da indústria também vieram com suas histórias.

Mas a polêmica havia apenas começado. Papazian anunciara que a partir daquele 1º de julho de 1993, os cervejeiros que usassem os prêmios do festival na publicidade teriam de nomear o prêmio, o ano e a categoria em que venceram. Esses requisitos complicados tornaram difícil o anúncio comercial de "Vencedor do Grande Festival da Cerveja Norte-americana".

Koch desafiou as novas regras, insistindo em seu direito de usar o slogan "Melhor Cerveja dos Estados Unidos", com base na aparência daquilo que estava escrito nos certificados conquistados na enquete da preferência dos consumidores. Não concordo com a máxima de que vale tudo na publicidade, mas esta pequena briga, sem dúvida, ajudou a aumentar a consciência tanto da Brooklyn Brewery como da Boston Beer. Eu estava aprendendo algo sobre como o negócio da cerveja era percebido pela mídia. Ganhando ou perdendo, as guerras da cerveja geralmente são boas para sua empresa.

Estava determinado a fazer Koch respeitar as novas regras. Então, quando fui para o festival de Denver em 1993, levei uma petição que declarava que os signatários iriam boicotar o festival se todos os membros da Associação dos Cervejeiros (AOB) não cumprissem as regras da organização – a petição circulou na abertura do festival, um assunto que teve a contribuição de pequenos fabricantes de todo o país. Todos eram membros da AOB e participantes do festival. Enquanto circulava o requerimento, conheci cervejeiros como Larry Bell da Bell's Brewery, Bert Grant de Yakima Brewing and Malting Co., Gary Fish da Deschutes Brewery e Jerome Chicvara da Full Sail Brewing Company. Todos estavam em pé de guerra com o que consideravam um abuso do Festival. Mais de uma centena de fabricantes de sessenta empresas assinaram. O *The Wall Street Journal* citou Grant dizendo que a publicidade da Boston Beer era "horrível e repleta de mentiras". Koch chamou os que o estavam questionando de maus perdedores.[18]

Muitas pessoas que conheci naquele festival se tornariam bons amigos; talvez a maior oportunidade criada pela AOB foi a amizade entre os membros. Aprendi muito ao longo dos anos com meus com-

---

[18] GRANT, Bert; KOCH, Jim. "Brewers go head to head over beer ads". *Wall Street Journal*, 31 dez. 1993.

panheiros da indústria; em nossas degustações de cerveja no festival trocávamos histórias sobre nossos triunfos e erros. As palestras nas conferências anuais foram importantes e bastante informativas, mas beber cerveja informalmente com eles foi algo inestimável para mim, e acho que meus colegas concordariam comigo. Essas relações foram fundamentais para o sucesso da Brooklyn Brewery – de certa forma, devo muito a Jim Koch por ter me colocado no meio da polêmica.

No entanto, naquela época os cervejeiros estavam demonstrando cada vez mais descontentamento em relação a Papazian e à AOB. O que era a Associação afinal? Era realmente uma associação de fabricantes de cerveja? Uma associação comercial? Era uma editora? Uma organização que fazia eventos, como o Grande Festival da Cerveja e a Associação dos Produtores de Cerveja Artesanal? Era direcionada para cervejeiros caseiros ou pequenos fabricantes? Ou tudo isso ao mesmo tempo?

Depois de questionar Papazian, percebi que sua associação era uma corporação privada sem fins lucrativos dirigida por um conselho constituído por homens de negócio do Colorado – advogados e corretores de imóveis –, portanto era mais uma câmara de comércio do que uma associação de fabricantes de cerveja. Para lidar com os vários interesses, Papazian nomeou um conselho consultivo formado por pequenos fabricantes de cerveja e, por fim, nomearia John Hickenlooper, fundador da Wynkoop Brewing Company para a diretoria.

Papazian não gostou de minha petição. Quando falei a respeito do assunto com ele na abertura do festival, parecia que tinha levado um soco no estômago. Eu não era um membro do conselho e, depois disso, era improvável que seria. Mas Bert Grant, um fabricante iconoclasta e de uma arrogância encantadora, era membro, e não acho exagero dizer que odiava Jim Koch. A Russian Imperial Stout de Grant ganhara a primeira enquete da preferência dos consumidores em 1984 e ele estava furioso com o fato de Koch dominar a enquete desde então.

Grant sabia que eu tinha encabeçado a petição contra a Boston Beer e escreveu uma nota dizendo que não poderia comparecer à reunião do conselho consultivo agendada para o festival, indicando-me como seu representante.

Compareci, para consternação de Papazian e dos outros membros, e apresentei a petição. Koch também era membro do conselho consultivo. Como sempre, ele estava pronto para o confronto. Conforme expunha o caso, me interrompia brandindo meu ímã de geladeira de 1989 e alegava que a Brooklyn Lager já havia sido a vencedora da Grande Degustação da Cerveja Norte-americana. Exigiu então que a AOB me impedisse de usar aquele prêmio fictício. Protestei dizendo que os ímãs e os displays de mesa tinham sido usados apenas em 1989 e 1990, e nunca mais depois disso. Após apresentar a petição, saí da reunião e imediatamente comecei uma discussão aos gritos com Koch na entrada, no lado de fora da sala de reunião. Fiquei surpreso com sua reação à petição. Lembro-me dele gritando sem parar: "Você está tentando foder com minha empresa!". Não tinha qualquer coisa contra sua empresa; só queria que seguisse as mesmas regras que as outras. Fiquei impressionado com sua seriedade, embora ele parecesse um pouco transtornado, e com a forma que rebateu meus ataques. Koch vendeu 450 mil barris de cerveja naquele ano, muito mais do que os 10.200 barris da Brooklyn Brewery. A ideia de que minha pequena petição poderia de forma alguma atrapalhar a crescente popularidade da Samuel Adams era ridícula. Mas creio que ele conhecia melhor do que qualquer um de nós o perigo implícito na manchete do *Boston Globe* que, de uma hora para outra, atribuiu o papel de Davi à pequena Brooklyn Brewery e o de Golias à Boston Beer.

Em uma reunião particular com Koch e os advogados do conselho da diretoria da AOB, Papazian concordou em dar a ele um prazo para usar os materiais de marketing que já havia impresso divulgando suas vitórias na enquete. Koch concordou em cumprir as normas da AOB a partir de maio de 1994.

Papazian diz que não se recorda da petição, mas que os "quatro anos consecutivos" eram uma violação das regras. Ele sabia que teria de enfrentar o descontentamento dos outros fabricantes de cerveja. "Havia outras violações acontecendo, e estávamos cientes de que tínhamos que dar um jeito", diz. "E, naquele ponto, contávamos com um milhão de dólares de reserva e não ficamos com medo de gastá-lo em qualquer litígio, se fosse o caso. Então nos viramos sozinhos. Não tínhamos medo de confrontar os cervejeiros com as normas estabelecidas, porque sabíamos que, se perdêssemos o controle, a credibilidade do festival iria por água abaixo".[19]

Papazian não revela os detalhes da reunião a portas fechadas que levou ao acordo com Koch, mas sua referência ao litígio pode ser um indício de que o produtor da Samuel Adams ameaçou entrar com um processo para fazer valer seu direito de promover as conquistas na enquete dos consumidores. Em um artigo de 1994 na *The New Brewer*, a editora Virginia Thomas dizia: "A agitação engendrou maledicência e crítica que os cervejeiros consideraram negativas para a indústria em sua totalidade. Os defensores de Koch chamam atenção para o fato de que ele inicialmente estava autorizado a usar a frase 'quatro anos consecutivos' pela diretoria do festival: alegam que foi a inveja de seu sucesso com as cervejas Samuel Adams que motivou os detratores".[20]

Carol Stoudt, presidente da Stoudt Brewery, ajudou a divulgar a petição de boicote. Parte do problema, afirma, foi que "nós queríamos o cumprimento das normas do festival, sem exceção. Jim Koch foi pego de surpresa. O problema era o festival que não fazia cumprir as regras, mas acabou sendo um problema de todos. Felizmente, isso resolve tudo".[21]

John Hall, fundador e presidente da Goose Island, era vice-presidente do conselho consultivo do Instituto da Cerveja e dos Estudos de Fermentação. Ele afirma que a unidade era importante para uma indústria que se orgulhava de sua estreita relação com os consumidores. "Foi um pouco confuso, e a última coisa que queremos é confundir os consumidores. Temos problemas muito maiores do que ficar brigando entre nós mesmos".[22]

Amém. Mas esse não seria o último desafio para se alcançar uma unidade.

---

[19] Papazian, entrevista ao autor, 27 fev. 2013, Boulder, Colorado.

[20] THOMAS, Virginia. "GABF works for resolve: Great American Beer Festival and Boston Beer Co. reach agreement". *The New Brewer*, p. 48, jan.-fev. 1994.

[21] *Ibid.*

[22] *Ibid.*

4

A TURMA DE 88

A DÉCADA ENTRE 1984 E 1994 VIU UMA PROLIFERAÇÃO VERTIGINOSA DE cervejarias e fábricas-bares (ou bares-cervejarias) em todo o país. Escolhi 1988, ano em que Tom Potter e eu começamos a Brooklyn Brewery, para retratar muitas que começaram naquele ano e ainda estão operando em 2013. Poderia muito bem ter escolhido um ano antes ou depois, já que foi uma década decisiva, um período de expansão incrível para a revolução da cerveja artesanal. As empresas que surgiram nesse período não eram pioneiras no sentido de Fritz Maytag e Jack McAuliffe, Suzy Denison e Jane Zimmerman, mas foram os fabricantes que estabeleceram as bases do movimento, criando o segmento no mercado norte-americano. Os cervejeiros que vieram depois não tinham mais que explicar que estavam vendendo uma cerveja fabricada nos EUA que era tão interessante e boa quanto as importadas. O segmento da "cerveja microfabricada" ou "cerveja artesanal" passou a ser respeitado na indústria por causa de seus esforços.

As cervejarias artesanais hoje empregam 100 mil pessoas em todo o país e são responsáveis por mais de 10 bilhões de dólares em vendas anuais. Tiveram um impacto descomunal na economia e no crescimento das comunidades onde começaram, e representam uma boa distribuição geográfica. A Associação dos Produtores de Cerveja (BA) calcula que cada norte-americano vive hoje a pelo menos 16 quilômetros de uma cervejaria.

Nove das onze cervejarias cujos perfis são traçados neste capítulo começaram como fábricas-bares. Esse tipo de empreendimento, como a fabricação caseira, é parte importante dessa história. Bert Grant estabeleceu a primeira fábrica-bar em Yakima, Washington. Depois disso veio a Mendocino Brewing Company em Hopland, Califórnia; Bill Owen da Buffalo Bill's Brewery em Hayward, Califórnia, e a Manhattan Brewing Company no então bairro nascente do SoHo, em Nova York. A última a surgir foi a de Richard Wrigley, um britânico que também criaria a Commonwealth Brewing Company em Boston.

Muitos integrantes dessa Turma de 88 expandiram e se tornaram cervejarias de produção, como você vai ver, e todos atualmente distribuem suas bebidas para além de seus bairros. Incluo a Matt Brewing Company de Utica, Nova York. Matt é também um integrante da Turma. Sua família começou a produzir em 1888 e teve papel importante na revolução da cerveja artesanal. Como outras regionais, principalmente a DG Yuengling & Son de Pottsville, Pensilvânia, Matt Brewing se transformou em personagem do segmento artesanal.

Segue a Turma de 88 em ordem alfabética decrescente (não me sentiria bem em colocar a Brooklyn em primeiro lugar). Creio que cada uma, à sua maneira, ilustra o grande impacto positivo que esse tipo de cervejaria teve nas comunidades de todo o país.

WYNKOOP BREWING COMPANY, DENVER
130 funcionários
Estimativa de vendas em 2013: 4.500 barris
Os cervejeiros artesanais se orgulham de sua relação com suas cidades de origem. Nenhuma cervejaria artesanal simboliza tão bem esse comprometimento quanto a Wynkoop, de Denver. Um de seus fundadores, John Hickenlooper, natural da Pensilvânia, que se mudou para Denver para trabalhar como geólogo, concorreu e tornou-se prefeito da cidade em 2003. Foi eleito governador do Colorado em 2010 e tem sido apontado como um potencial presidenciável ou vice-presidenciável em 2016.

Hickenlooper, cervejeiro caseiro desde 1971, foi demitido de seu trabalho como geólogo em 1986 e nessa época visitou a Roaring Rocha Ale House (mais tarde rebatizada de Triple Rock Ale House), uma fábrica-bar de Berkeley, Califórnia. Ficou impressionado com a lotação do restaurante nas noites durante a semana. De volta a Denver, pegou um livro sobre planos de negócios em uma biblioteca e desenvolveu um projeto para uma fábrica-bar. Entrou em contato com Russell Schehrer, melhor cervejeiro caseiro do ano de 1985, eleito pela Associação dos Cervejeiros Caseiros dos Estados Unidos, e abriu a Wynkoop dois anos depois.

A incrível carreira política de Hickenlooper começou com sua decisão de estabelecer uma fábrica-bar em um bairro de alta criminalidade de Denver conhecido como LoDo (Baixo Centro da cidade). O distrito de armazéns degradados ficava no local do assentamento original de Denver, não muito longe do rio South Platte. Ele primeiro teve de pressionar o Legislativo do Colorado para permitir fábricas-bares – mudança que traria muitos benefícios, já que o estado desde então se tornou um dos mais importantes centros da cerveja artesanal dos Estados Unidos.

John Hickenlooper na corrida de porcos em Wynkoop. Imagem cedida pela empresa

Hickenlooper e seus sócios então compraram e restauraram o antigo JS Brown Mercantile Building, construído em 1899. A obra incluiu os pisos de madeira de lei do edifício, as grossas colunas também de madeira e o teto de estanho prensado – dá para imaginar como o lugar era antigamente frequentado por trabalhadores das minas, rancheiros e caubóis. O piso térreo é agora onde fica o bar principal e o restaurante. O amplo segundo andar tem 22 mesas de bilhar, jogo de dardos e outro bar. No ano em que a cervejaria abriu, a cidade havia denominado a área de Baixo Centro Histórico, tombando 127 prédios. Hickenlooper logo se mudou para um loft em um dos andares do edifício. Alguns anos depois, Leo Keily, diretor executivo da Coors, seria seu vizinho no Platinum Building, que fica nas proximidades.[1]

A Wynkoop foi a faísca que provocou a reurbanização do LoDo. Hoje a área tem a vida noturna mais vibrante de Denver. Em 1996, a valorização do bairro foi estabelecida pela construção do Coors Field, o estádio do Colorado Rockies nas Montanhas Rochosas, logo ao dobrar a esquina.

Conheço Hickenlooper há muitos anos, um homem de personalidade dinâmica, fala rápida e com uma impaciente atitude realizadora. Em certo ponto, em meados dos anos 1990, nós dois estávamos nos aproximando do investidor David Bruce, o lendário britânico desenvolvedor da rede de pubs. Almoçamos juntos com Bruce e sua comitiva tanto no Brooklyn com em Denver. Ele, um ex-fabricante de cerveja em Theakston, foi uma das primeiras presenças no Grande Festival da Cerveja Norte-americana (GABF) e nas conferências de microfabricação.

"Em meus 47 anos na fabricação de cerveja pelo mundo, John Hickenlooper se destaca como um verdadeiro pioneiro da revolução das fábricas-bares", Bruce escreveu. "Não só criou em 1988 a Wynkoop e depois a cadeia de fábricas-bares e microcervejarias, como também é um dos homens mais generosos e dinâmicos que alguém pode conhecer. Não me admira que ele tenha construído uma carreira na política de tanto sucesso".[2]

---

[1] John Hickenlooper, e-mail ao autor, 15 out. 2013.
[2] David Bruce, e-mail ao autor, 23 abr. 2013.

O plano de negócios original da Wynkoop projetava vendas de 1,6 milhões de dólares em cinco anos. A cervejaria fez sozinha 4 milhões no quinto ano. Mas Hickenlooper foi honesto sobre o começo difícil da Wynkoop em um artigo premiado que apareceu na revista *All About Beer* em 1998, quando sua empresa comemorou o décimo aniversário. "Não controlávamos as finanças", disse ele. Depois de seis meses no negócio, um contador lhe disse que sua cervejaria estava 45 mil dólares no vermelho e que a empresa não tinha dinheiro. "Eu perdia o sono à noite... trabalhávamos 60, 70 horas por semana".

Hickenlooper tinha de atravessar a fábrica-bar para chegar ao elevador que o levava até seu apartamento. Muitos empreendedores odiariam essa proximidade, preferindo viver o mais longe possível de seu trabalho, mas Hickenlooper adorava esse convívio com os clientes. "Minha tarefa favorita é manter as mesas ocupadas", diz como se estivesse na posição humilde de um lavador de pratos de um restaurante. "Você tem que falar com os clientes e ver o que pensam. Eles não têm ideia de quem você é".[3]

Como muitos cervejeiros artesanais, ele é um mestre das promoções criativas e de baixo custo. Em 1990, pegou emprestado uma dúzia de leitões de trinta quilos dos fazendeiros de East Lake County, que usavam as sobras dos grãos da Wynkoop para alimentar os animais. Organizou, então, a Corrida de Porcos, uma competição ao redor do quarteirão inspirada na Corrida de Touros em Pamplona, na Espanha, que ficou famosa por causa de Ernest Hemingway. Hickenlooper contratou celebridades da televisão local para conduzir os competidores de quatro patas. Uma colunista de Denver apelidou o evento de "Pamplona no Platte". Foi tudo muito divertido até o PETA* fazer um protesto em 1993. Sem temer a polêmica, Hickenlooper acabou comprando os porcos dos fazendeiros e criou um novo evento, a Libertação dos Porcos.

---

[3] HIERONYMUS, Stan. "The Class of '88". *All About Beer*, fev. 1998.

* *People for the Ethical Treatment of Animals*, grupo de defesa dos animais nos Estados Unidos. [N.T.]

Os animais se aposentaram e foram viver no *Loving Nature Ranch* do PETA.[4]

Ele empreendeu grande esforço em 1998 para levar o conceito da Wynkoop para outras cidades. Bruce e seus investidores britânicos financiariam o plano de estabelecer fábricas-bares em Green Bay, Wisconsin, Buffalo, Nova York, Lincoln, Nebraska, Rock Island, Illinois, entre outras. O objetivo era desenvolver 34 fábricas-bares e 11 pubs-satélites até o ano 2000. O projeto fracassou e os bares foram vendidos, mas Hickenlooper ainda tinha seu pub bem-sucedido em Denver.[5] Dois anos depois, decidiu se candidatar a prefeito após discutir a ideia com Papazian na barraca tipi* no quintal deste em Boulder.

"Qualquer um que já tenha entrado nessa barraca, que ficava em uma área isolada do nosso terreno, curtia o ambiente espiritual", explica Papazian. "Assim como os índios faziam, nós só andávamos no sentido horário em torno da fogueira. Durante um dos encontros até tarde da noite com cerveja e hidromel, David Bruce, John Hickenlooper e eu tínhamos uma regra de que só a verdade seria dita ali dentro. Além disso, tudo o que era conversado ficava dentro da barraca. Conversamos até o dia amanhecer. O que discutimos teve grande influência em nós três, em alguns aspectos muito pessoais, que não posso revelar. Aquele encontro preparou o terreno para quando John, sua futura esposa Helen e eu nos reunimos na tipi uma noite muitos anos depois. Ainda hoje, sempre que nos encontramos, John e eu rememoramos as conversas que tivemos. Naquela noite, John e Helen ainda estavam discutindo a decisão de ele se candidatar a prefeito de Denver. Ele já disse publicamente que a experiência tipi o ajudou a tomar sua decisão. Na tipi, até hoje, falamos apenas a verdade".[6]

---

[4] John Hickenlooper, entrevista por telefone, 24 abr. 2013.

[5] E-mail de Bruce, 23 abr. 2013.

* Tipo de barraca usada por índios norte-americanos, dentro da qual é possível fazer uma fogueira. [N.T.]

[6] Charlie Papazian, entrevista ao autor, 27 fev. 2013, Boulder, Colorado.

Hickenlooper afirma que sua experiência como fabricante de cerveja tem sido uma vantagem na carreira política. Segundo ele, parte fundamental de seu discurso de campanha dá destaque ao fato de que a cerveja artesanal representa menos de 10% do mercado da cerveja do Colorado, mas que equivale a 64% dos empregos criados na indústria do ramo no estado que é o lar das cervejarias AB InBev e MillerCoors. "Quando concorri para governador, visitei todos os 64 condados do Colorado, e realizamos eventos em fábricas-bares e microcervejarias em todo o estado. Tivemos muitos benefícios por causa disso, porque muitas vezes as cervejarias são parte importante da comunidade".[7]

Pelo desenvolvimento do negócio arriscado da Wynkoop Brewing Company, Hickenlooper e seus sócios receberam um prêmio de prestígio ligado ao desenvolvimento dos prédios históricos da cidade, da National Historic Foundation Trust, em 1997.[8]

VERMONT PUB & BREWERY, BURLINGTON

60 funcionários

Estimativa de vendas em 2013: 1.000 barris

Greg Noonan já escrevia sobre cerveja para a revista *The New Brewer* muito antes de abrir sua primeira fábrica-bar em Vermont, em 1988. É também o autor do *Brewing Lager Beer* (1986), uma das referências favoritas dos cervejeiros caseiros, e o primeiro livro publicado pela Brewers Publications de Charlie Papazian.

---

[7] *Ibid.*; entrevista de Hickenlooper, 24 abr. 2013.

[8] Marty Jones, e-mail ao autor, 8 jul. 2013.

Greg Noonan e Steve Polewacyk da Vermont Pub & Brewery

Noonan era um ávido produtor de cerveja caseira que trabalhava para uma empresa de papel e celulose em Massachusetts, quando decidiu criar a fábrica-bar em Vermont. Ele experimentou as bebidas de muitas cervejarias regionais dos EUA, quando viajou de carona pelo país na década de 1970. Conta que seu interesse pela cerveja caseira começou com a descoberta de uma produção artesanal da época da Lei Seca armazenada em uma adega de raiz subterrânea na Nova Inglaterra.

"Certa vez, estava numa festa no meio do nada em New Hampshire, e a cerveja tinha acabado", relatou à *Yankee Brew News* em 1996. "Enquanto juntávamos dinheiro para comprar mais, o dono da cabana disse que havia dois engradados no andar de baixo, na adega de raiz, que pareciam ser de cerveja. Descemos até lá e no chão empoeirado vimos o gargalo de algumas garrafas. Demos uma limpada e lá estavam dois engradados de uma fermentação caseira, com rolhas de cera, que pareciam estar ali desde sempre. Abrimos e foi muito legal beber aquela cerveja caseira, e fiquei pensando 'cara, essa coisa tem uns 50 anos'. Era muito boa. Tinha um sabor muito interessante, parecido com xerez, quase um sabor de uísque. Provavelmente não tinha álcool ali, devia ter evaporado depois de tanto tempo".[9]

"Abri minha cervejaria especificamente em Vermont porque era onde eu queria viver", Noonan disse a um repórter em 2007 (ele morreu dois anos depois, aos 58 anos). "Eu admirava a política em Vermont. Tinha 175 mil dólares, um orçamento muito apertado para a indústria, o equipamento é muito caro".[10]

O dinheiro veio de uma poupança e um plano de aposentadoria adiantado que ele negociou com seu empregador, que estava prestes a vender a empresa. Vermont é conhecida por suas políticas liberais e hoje é umas das mais vibrantes culturas da cerveja artesanal do país. Mas na década de 1980, o Vermont Banks recusou financiamento a Noonan. Ele insistiu – um ianque loiro cheio de determinação, de sorriso contagiante e personalidade enérgica. "Todos os bancos perguntavam, 'o que é uma fábrica-bar?', mas segui em frente mesmo assim com o dinheiro que tinha".[11] Ele pressionou o legislativo estadual por três anos antes de conseguir a aprovação para a microcervejaria.

Um amigo da faculdade St. Anselm College, em New Hampshire, Steve Polewacyk, o ajudou. Ex-consultor de banco de dados em Nova York, Polewacyk agora administra o Vermont Pub & Brewery, uma tradição na Nova Inglaterra. Como todos os outros membros da Turma de 88, o empreendimento batalhou muito em seus primeiros anos de existência. A cerveja artesanal não era muito conhecida na época.

"Foi um início pouco promissor", relembra Noonan. "Ganhamos a vida com dificuldade entre o inverno de 88 e 89, praticamente de mãos vazias, sem reservas de caixa... Era uma empresa de garagem durante os primeiros cinco anos, o que significa que estávamos lá o tempo todo, umas 80 horas semanais".

---

[9] Karen Kane, entrevista com Greg Noonan, *Yankee Brew News*, jan. 1996.

[10] FRANZ, Janet Essman. "Tap dancing". *Business People-Vermont*, fev. 2007.

[11] *Ibid.*

Polewacyk recorda as noites em que dormia numa barraca e acordava às seis da manhã para limpar os pisos e se preparar para mais um dia. Noonan e Polewacyk não descontaram um cheque de pagamento até 1990.[12]

O pub ficava na Church Street em Burlington em um armazém abandonado. Como muitas cervejarias artesanais em todo o condado, a Vermont Pub & Brewery plantou as sementes de revitalização em um centro urbano cada vez mais decadente. Ann Heath, a gerente da propriedade, conta que nunca tinha ouvido falar de uma microcervejaria, mas resolveu dar uma chance ao plano de Noonan mesmo assim. "Era diferente e inovador", diz ela. "Eles instigaram as pessoas com o produto, e isso expandiu o interesse e a vitalidade da cidade".[13] Noonan ganhou medalhas com suas lagers, cervejas de trigo e as ales fermentadas no porão, em uma sala de brassagem de 14 barris.

O restaurante servia comida ao estilo de um pub inglês, com queijos de Vermont, produtos sazonais e cafés torrados da região. "Queríamos um menu popular", explica Noonan. "Toda fábrica-bar da época servia a nova culinária americana. Nós queríamos uma comida gostosa e básica por um preço razoável".[14]

Ele continuou a escrever para publicações comerciais sobre cerveja artesanal e dar palestras em conferências; publicou *Scotch Ale* em 1990, *Seven barrel brewer's handbook: a pragmatic guide to homebrewing* em 1996, e *The new brewing lager beer* em 2003. Inaugurou a Seven Barrel Brewery em West Lebanon, New Hampshire, em 1994, e a Amherst Brewing Company em Massachusetts em 1997, mas afastou-se dos negócios quando sentiu que estava sobrecarregado.

"Gostava da emoção e do desafio de inaugurar um novo empreendimento", conta. "No entanto, decidi que não colocaria mais a mão na

---

[12] *Ibid.*

[13] *Ibid.*

[14] *Ibid.*

massa em um trabalho que não queria fazer. Os pubs estão indo muito bem sem mim".[15]

John Kimmich, ex-mestre-cervejeiro da cervejaria de Noonan em Burlington, abriu o Alchemist Pub and Brewery em Waterbury, Vermont, em 2001, com a ajuda de Noonan. "Greg é um dos principais motivos pelos quais o Alchemist é um sucesso", diz Kimmich. "Ele foi um mentor magnífico; combina conhecimento químico com o lado místico das coisas".[16]

Após a morte de Noonan, Alan Newman, cofundador da Magic Hat Brewing Company de Vermont, disse ao responsável pelos obituários do *Burlington Free Press*: "Ele esteve aqui no início. Sem muita dificuldade, pode-se dizer que é um dos pioneiros da fabricação de cerveja em Vermont. Não é possível falar de cerveja em Vermont sem falar de Greg, ele estava aqui desde o começo".

Noonan foi um homem que personificou o companheirismo que tem sido a marca inconfundível da revolução da cerveja artesanal e peça importante para a disseminação dessa cultura nos Estados Unidos. Era respeitado em toda a Nova Inglaterra e muito além. Não há maior prova da estima que seus colegas cervejeiros sentiam por ele do que uma cerveja comemorativa recentemente desenvolvida por Peter Egelston e sua equipe na Smuttynose Brewing Company – produziram uma black india pale ale e a batizaram de Noonan IPA, um tributo ao homem que inventou esse estilo, hoje muito popular. Não vou entrar no mérito da atribuição de autoria, mas fico feliz em comprar uma dessas cervejas-homenagem e brindar à memória de uma pessoa que tanto fez pela revolução da cerveja artesanal.

ROGUE ALES, NEWPORT, OREGON
305 empregados
Estimativa de vendas em 2013: 114 mil barris

---

[15] *Ibid.*

[16] *Ibid.*

Jack Joyce, o fundador da Rogue Ales, é um cara maroto. Não me refiro à primeira definição da palavra – "pessoa desonesta, fraudulenta; patife", mas à segunda – "pessoa divertida; travessa; pestinha".*

Brett e Jack Joyce da Rogue Ales

Você pode ficar louco ao trabalhar com Joyce. Ele é genioso e gosta de contrariar. Às vezes, você pensa, *Se eu for por este caminho, Jack certamente irá pelo outro.* Mas geralmente há uma razão para sua postura. Ele não banca o advogado do diabo; na verdade, é um homem sério, apesar de muito divertido.

Se você pedir uma cerveja artesanal em um bar, Joyce vai pedir uma longneck da Budweiser. Se perguntar, vai dizer que é apenas um advogado do interior. De fato, é advogado, e dos bons – aconselhou Phil Knight, fundador da Nike, por muitos anos. Joyce negociou a definição, à época sem precedentes, do patrocínio da Nike a Michael

---

* No original, os verbetes foram retirados do *Random House Webster's College Dictionary*. Nova York: Random House, 2000, p. 1143. [N.T.]

Jordan. Ele se lembra de certa vez ter dito *"just do it"* a Phil Knight, mas foi a agência publicitária Weiden & Kennedy que levou o crédito pelo famoso slogan.

Com seus colegas da Universidade do Oregon, Bob Woodell e Rob Strasser, foram abordados pelo contador de Bob, Jeff Schultz, um ambicioso cervejeiro caseiro, a respeito de abrir uma fábrica-bar. Eles gostaram da ideia e construíram uma em Lithia Creek, Ashland, no Oregon, para fazer uma amber e uma gold brew, inaugurando em outubro de 1988 e imediatamente indo à falência.

Implacável, Joyce perambulou por Newport, no Oregon, procurando um local para construir outra fábrica-bar Rogue. Dizem que, pego por uma tempestade de neve, ficou atolado na estrada próxima à orla. "Foi obrigado a andar pelas ruas, até que encontrou Mohave Niemi, fundadora do famoso Mo's Clam Chowder. Ela o levou para o restaurante Mo's original, deu a ele uma tigela de sopa de mariscos e contou sobre seu sonho de ter um bar, e como ela achava que tinha o local perfeito para a próxima Rogue".

Mostrou a ele a fachada de uma loja vazia e uma garagem que estava sendo usada para guardar carros antigos. "Mo ofereceu o espaço vago e a garagem a Jack por um preço bem generoso, sob duas condições: que uma foto dela nua na banheira ficasse sempre exposta no pub, e que a empresa ajudasse no desenvolvimento da comunidade local".[17]

Era uma oferta irrecusável para um cervejeiro artesanal de verdade.

O mestre-cervejeiro John Maier, da antiga Alaskan Brewing Company, se juntou à Rogue e começou a fermentar mais de 60 ales de excelente qualidade que eram engarrafadas em vasilhames de 650 ml com rótulos coloridos, e que hoje são vendidos em todos os EUA e em outros 32 países. A Rogue tem atualmente fábricas-bares no Oregon, Washington e na Califórnia, e gerencia destilarias em Portland e Newport. Maier fez uma cerveja especial com o apresentador do

---

[17] "About us: Rogue ales: The Creation", *Rogue*, [s.d.] http://rogue.com/about/about.php.

programa de culinária *Iron Man Chef*, Masaharu Morimoto, e uma com o jornalista Fred Eckhardt. Uma de suas bebidas de grande sucesso é a Rogue Dead Guy Ale, com a Rogue Yellow Snow Ale.

Eles expandem suas marcas da mesma forma que a Nike faz com os tênis. "Tentamos fazer quatro coisas: manter a qualidade de um grande produto, fazer sempre embalagens legais e nossa integração com as comunidades, além de ser fiel ao slogan *unique thunder*", explica Joyce.[18]

A Rogue planta seu lúpulo e cevada e continua a ter grande importância para as comunidades: ajudou a cidade de Newport a celebrar seu 125º aniversário com uma ale especial, faz doações para o Aquário de Oregon Coast e patrocina o Gathering Longboard Classic, um evento de surfe local.[19]

Hoje, quando ligo para Joyce, ele está sempre no Havaí, mas ainda continua ligado ao mundo da cerveja artesanal. A diferença é que agora a gestão diária da companhia foi passada para as mãos de seu filho Brett. Conheci-o anos atrás, quando ele estava fazendo marketing para a TaylorMade, a fabricante mais dinâmica dos clubes de golfe do mundo; não tem a insolência do pai e é um jovem sério.

Creio que o legado da Rogue está em boas mãos. Prova disso é a mais recente Rogue Ale, lançada por ele em abril de 2013: a Beard Beer [Cerveja Barba], uma cerveja feita com levedura colhida da barba do mestre-cervejeiro John Maier.

---

[18] Jack Joyce, entrevista por telefone ao autor, 21 fev. 2013.

[19] *Ibid.*

Nick R. Matt, quarta geração da família e o gerente de marca, Fred Matt, quarta geração e presidente, e Nick Matt, terceira geração e diretor executivo, na F. X. Matt Brewing Company Brewhouse. A empresa celebrou seu 125º aniversário em 2013. Imagem cedida pela empresa

MATT BREWING COMPANY, UTICA, NOVA YORK
130 funcionários
Estimativa de vendas em 2013: 220 mil barris

O membro mais venerável da Turma de 88 é a Matt Brewing Company, que celebrou seu 125º aniversário em 2013. Ao longo dos anos, tenho ouvido muitos veteranos da indústria ficarem admirados pela forma com que Matt persistiu durante os difíceis anos de consolidação, reinventou-se e surgiu como um dos líderes da revolução da produçao artesanal.

Como F. X. Matt Jr., que morreu em 2001, diria: – e eu tenho certeza de que Nick Matt, seu irmão e diretor executivo, e o filho de F. X., Fred, o presidente, concordariam – não foi fácil. A Matt Brewing Company, inaugurada em 1888, foi uma das muitas cervejarias criadas por imigrantes alemães no século XIX. A Matt, a D. G. Yuengling & Son of Pottsville, e a August Schell Brewing Company, todas sobreviveram à

Lei Seca e às consolidações no século XX e se transformaram para fazer parte da revolução.[20]

A Matt Brewery, originalmente batizada de West End Brewery, sobreviveu à Lei Seca produzindo uma linha de refrigerantes sob a marca Utica Club, assim como xaropes de malte, extratos, água destilada e malta. Os filhos de F. X. Sr., Walter e Frank, começaram na empresa após a Lei Seca. Eles expandiram a cervejaria e compraram novos equipamentos – Nick Matt diz que um dos ditados de F. X. Sr. era "uma empresa é como uma pessoa: você tem que alimentá-la para mantê-la viva", e isso se tornou um lema para a política do negóco de modernização contínua. Em 1951, aos 92 anos, F. X. nomeou seu filho Walter como presidente e F. X. tornou-se o presidente do conselho de administração, cargo que ocupou até sua morte, sete anos depois.

Na década de 1960, as vendas da cerveja Utica Club dispararam, e a produção atingiu recordes, graças a uma campanha publicitária de animação na TV que tinha as canecas de cerveja falantes Schultz e Dooley.

Mas as vendas das principais cervejas da Matt, a Utica Club Pilsener e a Matt's Premium, caíram na década de 1970 com a concorrência implacável das gigantes da indústria. Em 1982, Matthew Reich, seguindo os conselhos de Joseph Owades, foi à Utica e negociou com F. X. Jr. para fabricar sua New Amsterdam Amber. Esta bebida fez diferença em termos de volume adicionado no momento em que a cervejaria Matt mais precisava.

"Estávamos enfrentando uma concorrência muito difícil", conta Nick Matt. "De um lado, você tinha a Budweiser e a Miller, que foram reconhecidas na categoria premium como produtos nacionais de qualidade superior, com preços mais elevados e propaganda; de outro, você tinha, dessas mesmas empresas, a Milwaukee's Best, a Busch, uma categoria bem inferior, que eram vendidas a um preço inferior ao nosso custo de produção".[21]

---

[20] *Ibid.*

[21] Nick Matt, entrevista por telefone ao autor, 11 jul. 2013.

Em 1985, a Matt começou a mudar a forma como fazia sua cerveja. F. X. Jr. teve uma epifania durante uma visita a Duke of Baden Brewery na região da Floresta Negra na Alemanha, onde seu avô trabalhara antes de imigrar para os Estados Unidos.

"Dizem que F. X. estava dirigindo um Mercedes-Benz pela rodovia a 225 quilômetros por hora, e, de repente, ocorreu-lhe, 'por que não podemos fazer uma cerveja tão boa como este carro?'", relata Nick Matt. F. X. voltou a Utica, conversou com Owades, e criou a Saranac Adirondack Lager, uma "cerveja que era como a cerveja norte-americana costumava ser, diretamente do passado".[22] Na prática, isso significava uma bebida totalmente feita de malte, cabornatada naturalmente pela adição de mosto – uma mistura de água, cevada e lúpulos antes de ser fermentada para virar cerveja nos tanques de condicionamento.

A Saranac foi bem, mas não vendeu muito. No final dos anos 1980, alguns acionistas da família Matt demonstraram interesse em vender a cervejaria. Nick, presidente da divisão da Richardson-Vicks da Procter & Gamble, e Fred, gerente de contas na Grey Advertising em Nova York, comprou a parte dos membros dissidentes da família e foram trabalhar com F. X. na cervejaria.

"A Saranac representava um por cento das vendas quando voltamos à ativa em 1989", afirma Nick. Eles a inscreveram no GABF de 1991 e ganharam a medalha de ouro na categoria American premium lager. A cervejaria decidiu então se concentrar na Saranac em vez da Utica Club e da Matt's Premium, e Fred Matt pegou a estrada para angariar as vendas. "Hoje, a decisão parece óbvia, mas na época foi um pouco difícil. No entanto, funcionou", diz Nick. "A bebida duplicou as vendas durante quatro ou cinco anos seguidos, e isso mudou a essência da cervejaria".[23]

A família também expandiu suas relações contratuais, produzindo cerveja para a Brooklyn Brewery, Dock Street Brewing Co., Olde Heurich Brewing Co., Harpoon Brewery e a Boston Beer Company.

---

[22] *Ibid.*

[23] *Ibid.*

"Fomos o lugar onde um monte de cervejas artesanais da Costa Leste começaram", diz Nick Matt. "Tivemos um papel incomum na categoria. É parte importante da nossa história, nos importamos de verdade com as cervejas das outras empresas; seu sucesso foi o nosso sucesso".

Como presidente da Associação dos Produtores de Cerveja da América (BAA), F. X. Matt encorajou a participação da nova leva de cervejeiros artesanais na organização, que por muito tempo foi dominada pelas antigas cervejarias regionais que estavam passando por dificuldades.

O filho de Nick, Nick Jr., juntou-se aos negócios da família em junho de 2013. Ex-gerente de marketing na Procter & Gamble, ele hoje administra a marca Saranac e supervisionou a criação de uma nova embalagem para destacar o 125º aniversário da cervejaria em 2013. Ele e Fred são a terceira geração da empresa. E, de acordo com Nick, o filho de Fred, Telpy, está interessado em fazer parte da quarta – prova do quanto o negócio significa para todos os membros da família.

NORTH COAST BREWING COMPANY, FORT BRAGG, CALIFÓRNIA

110 funcionários
Estimativa de vendas em 2013: 67 mil barris
Mark Ruedrich nasceu no Bronx, Nova York, e cresceu próximo ao rio Hudson, em Poughkeepsie. Ele se lembra de visitar seus avós no Bronx umas duas vezes por mês e de nadar no Estuário de Long Island. Em 1973, graduou-se em zoologia no estado da Carolina do Norte e fez uma especialização em reações enzimáticas extracelulares.

Sonhava em ser fotógrafo ou escritor. Na juventude, vagou por San Francisco, onde trabalhou para Mel Novikoff, o empresário que criou o *Surf Theatre*, uma rede de cinema de filmes de arte de diretores como François Truffaut, Jean Luc Goddard, Akira Kurosawa e os neorrealistas italianos. Mark também administrou o Castro Theatre, que fazia retrospectivas dos grandes diretores do século XX. Ele se apaixonou por Merle Hilary, uma inglesa que morava em San Francisco, e se mudaram para Totnes, Devon, cidade de 5 mil habitantes no sudoeste da Inglaterra, perto de Dartmouth.

Mark Ruedrich e Tom Allen da North Coast Brewing Co. Imagem dos arquivos da NCBC

"Eu escrevia, absorvia o ambiente e a cultura da cerveja; nossos amigos ingleses começaram a me introduzir na arte da ale de verdade", lembra ele. "Pode-se dizer que viam certas deficiências em meu modo de apreciar a bebida. Os caras do local onde vivíamos levavam a coisa muito a sério". Eram defensores da Campanha por uma Ale de Verdade.

Mark Ruedrich e Hilary retornaram à Califórnia em 1979. Ele levou consigo uma edição do livro de Dave Line, o *Big Book of Brewing* – "Comecei a fazer minha própria cerveja em 1979, praticamente porque não havia boa bebida naquela época".

Eles acabaram em Fort Bragg, Califórnia, uma cidade ao norte de San Francisco, que era do tamanho de Totnes. Ruedrich trabalhava como carpinteiro e encarregado de construção para Joe Rosenthal, um empreiteiro que também era do Bronx. Com Rosenthal e um de seus clientes, Tom Allen, proprietário de um *bed and breakfast*,* Ruedrich e Hilary fizeram uma visita à Roaring Rock Brewery & Alehouse em Berkeley. A cerveja era fresca e saborosa; e o pub estava lotado de clientes satisfeitos. "Tivemos um momento de 'Our Gang' ['Sentir-se com sua turma']", diz Ruedrich, que teve a mesma experiência de milhares de empresários desde então. "Dissemos: 'Podemos fazer isso'". Afinal, Ruedrich era um cervejeiro caseiro e, de repente, viu-se colocando em prática o conhecimento sobre reações enzimáticas extracelulares.

Os sócios visitaram então a Buffalo Bill's Brewery em Hayward, ao sul de Oakland, guardaram bem o conselho gratuito de Bill Owens, um fotógrafo famoso de cabelo branco com corte escovinha e colete de algodão que se tornara um pioneiro das fábricas-bares. Foram também até à Santa Cruz Brewing Co. – onde ficaram maravilhados com os pequenos fermentadores abertos – e conheceram o pub da Mendocino Brewing Company em Hopland. "Don Barkley era um grande cara, muito aberto, e gostava de compartilhar, mas uma pessoa realista também", conta Ruedrich. Afinal, Barkley aprendera com a New Albion que era preciso mais do que paixão para construir um negócio.

Ruedrich, Allen e Rosenthal estiveram presentes na conferência de microcervejarias de 1986 em Portland, Oregon, no mesmo ano que meu sócio Tom Potter estava presente. Lá encontraram todos os pioneiros de uma indústria nascente, Fritz Maytag, Ken Grossman, Bill Owens, e alguns aspirantes como Dean Biersch, que fundaria a Gordon Biersch Brewing Company com Dan Gordon. A conferência era a inspiração que Ruedrich, Hilary e seus sócios precisavam para levar a sério a ideia de criar uma cervejaria em Fort Bragg.

Eles levantaram 200 mil dólares em uma proposta de sociedade limitada e começaram a restaurar um antigo necrotério no centro de Fort Bragg; importaram por navio um container com tanques Grundy

---

* Tipo de serviço de hospedagem em que o visitante se hospeda na casa de um habitante da região, que, por sua vez, lhe oferece o café da manhã (incluso na diária). [N.T.]

da Inglaterra. Um construtor de barcos local fez uma caldeira e um tanque de brassagem de acordo com as especificações de Ruedrich. Eles abriram a fábrica-bar no dia 17 de agosto de 1988, com a Red Seal Ale, a Scrimshaw Pils e a Old No. 45 Stout saindo das torneiras de chope. O pub estava repleto de clientes felizes desfrutando de cerveja, comida e música de qualidade.

Desde o início a North Coast Brewing Company apoiou os músicos de jazz locais, e o interesse pelo estilo musical tornou-se algo muito maior – em 2012, a cervejaria doou cerca de 60 mil dólares para o Monterey Jazz Festival e o Festival de Música Mendocino, além de 80 mil dólares em cerveja para festivais e shows e 120 mil para o Thelonius Monk Institute of Jazz, em Washington, DC.

"Isso é algo que está na essência do nosso negócio", explica Ruedrich. "Nenhum de nós pensava em ficar rico. Mas queríamos apoiar bons projetos em nossa comunidade. Cerca de cinco anos atrás, paramos de gastar com publicidade. Você ganha muito mais ao doar para boas causas do que com anúncios em publicações de pouca expressão que ninguém vai ver".

Eles construíram outra cervejaria para produção do outro lado da rua em 1994 e hoje comercializam a Red Seal Ale, Old Rasputin e outras bebidas em 47 estados. A North Coast é a maior geradora de empregos em Fort Bragg, uma cidade fabril que já foi uma grande extratora de madeira das florestas de sequoias do norte da Califórnia. Ruedrich diz que o governo local finalmente reconheceu o valor que a North Coast tem para a economia local e espera obter apoio para colocar a cervejaria nos dez acres de promontório na costa que é propriedade da Georgia Pacific, para que possa expandir a empresa.

Hilary administrou o restaurante por muitos anos e então passou a bola para um jovem gerente. Ela era também responsável pela loja de varejo, mas agora está semiaposentada. Mark Ruedrich está com 61 anos e, como muitos empresários da Turma de 88, se preocupa com o futuro da North Coast. Ele quer ficar em Fort Bragg, ainda que uma pessoa de negócios mais realista preferisse um local mais prático. Fort Bragg está a 4 horas da rodovia interestadual mais próxima, porém faz parte de seu charme. Ele pretende criar um plano de propriedade de ações para os trabalhadores da cervejaria, já que muitos deles estão na faixa dos quarenta e poucos anos e têm um futuro em Fort Bragg.

Como muitos membros da Turma de 88, ele não é rico, mas tem desfrutado de uma boa vida e está orgulhoso do que conquistou. "Sinto-me afortunado por ter participado da mudança em algo tão importante como a cultura da cerveja neste país", diz ele. "É ótimo ter tido impacto na indústria dessa bebida que faz parte da vida diária das pessoas".[24]

GRITTY MCDUFF'S BREW PUB, PORTLAND, MAINE

180 funcionários
Estimativa de vendas em 2013: 10 mil barris
Quando o mercado de ações caiu na segunda-feira negra em outubro de 1987, Richard Pfeffer, um corretor da bolsa, estava sentado a sua mesa em um banco de investimentos em Portland, no Maine, sonhando em abrir uma fábrica-bar.

"Eu já estava inclinado a seguir nessa direção, então liguei para David Geary [da D. L. Geary Brewing Company, a primeira microcervejaria do Maine] e disse, 'Estou pensando em construir uma fábrica-bar, posso ir aí falar com você?'. Ele disse que sim, então fui até lá e ele me disse, 'A primeira coisa que você tem que fazer é conseguir o dinheiro".

Aquela segunda-feira tirou Pfeffer de sua vida confortável para a qual ele havia se preparado com uma especialização em economia na Universidade de Rochester. Estava no setor financeiro há 8 meses, mas não tinha desistido de sonhar com a ideia plantada por um amigo australiano no Havaí.

---

[24] Mark Ruedrich, entrevista por telefone ao autor, 5 abr. 2013.

Richard Pfeffer e Ed Stebbins da Gritty McDuff's Brewpub

"Antes de me formar na universidade, estava indo para Nova York fazer entrevistas de emprego. Enquanto saía de uma na Salomon Brothers ou seja lá o que fosse," recorda. "Pensei comigo mesmo, 'não estou pronto para isso'. Então caí na estrada, saí da faculdade e fui de moto (uma Yamaha Seiko 750) até o Canadá, pela Costa Oeste. Subi num barco e naveguei de San Diego até às Marquesas, ilhas Tuamotu, Societies, em direção a Samoa.* Tive de descer do barco e acabei no Havaí, onde trabalhei por cerca de seis meses em outra embarcação. Foi quando decidi que era hora de voltar para casa. Estava conversando com um colega australiano com quem trabalhava e disse 'Vou voltar para o Maine e abrir um pub', e ele: 'Você deveria abrir uma fábrica-bar. Há uma em Brisbane [Austrália] que está detonando'. Não sabia o que era uma fábrica-bar. Isso foi na primavera de 1986".

---

* Arquipélagos da Polinésia Francesa. [N.T.]

Quando trabalhava no banco, Pfeffer tinha visto Richard Wrigley abrir a Commonwealth Brewing Company em Boston – Wrigley foi o britânico arrojado que também abriu a Manhattan Brewing Company no SoHo. Então, Pfeffer viu Geary abrir uma cervejaria de produção em um parque industrial fora de Portland, Maine, tendo o cervejeiro Alan Pugsley como sócio. A primeira cerveja artesanal que Pfeffer provou foi a pale ale de Geary. Eu também a experimentei naquele mesmo verão enquanto passava as férias no Maine; tinha uma lagosta no rótulo e combinava perfeitamente com lagosta fresca.

Depois de conversar com Geary, Pfeffer começou a arrecadar dinheiro; contratou Geary e Pugsley como conselheiros para a formação de sua equipe e para ajudá-lo a comprar os equipamentos para fabricação de Peter Austin, fundador do Ringwood Brewery na Grã-Bretanha.

"Imaginava que ia custar entre 250 mil e 300 mil dólares, e creio que, tendo em conta os erros e as duras lições aprendidas, saiu por 400 mil antes que estivesse tudo pronto, uma quantia bem grande de dinheiro para um cara de 24 anos", conta Pfeffer sobre a Gritty McDuff's Brew Pub.

"Quando comecei a trabalhar nisso tinha 23 anos. Nessa idade, você pode fazer o que quiser, não tem nada a perder, e não conhece muito bem as coisas a ponto de sentir medo. Você fica lá a noite toda até terminar. Consegue trabalhar 24 horas por dia".

Quanto ao nome, Gritty McDuff's: "Eu inventei", afirma Pfeffer. "Fiz todo tipo de pesquisa geográfica, os nomes dos pubs ingleses... Queria um toque de Reino Unido e algo divertido, não muito sério, com atitude. No geral, o nome funciona, temos uma marca decente".

O sócio de Pfeffer, Ed Stebbins, era amigo de um dos colegas de faculdade de Pfeffer. Stebbins estava trabalhando em uma livraria em Portland, em 1986. "Ficamos amigos logo de cara, e ele estava procurando algo para fazer", disse Pfeffer. "O Stebbins cresceu na Inglaterra e estava familiarizado com a CAMRA [Campanha por uma Ale de Verdade], as verdadeiras ales, os pubs e todo aquele estilo de vida. Ele apareceu bem na época em que abrimos a cervejaria; entrou com o dinheiro, mas também trabalhava no pub. Ed ficou responsável pela fermentação logo no início. Praticamos na cervejaria Geary com o Alan durante uns meses, Ed mais do que eu, porque estava trabalhando para conseguir o restante do dinheiro para a empresa. Ele ainda é o cervejeiro, agora supervisiona todo o processo".[25]

A maior parte dos 400 mil dólares veio de amigos e familiares. Eles abriram com quatro sócios, Pffefer, Stebbins, um gerente e um contador pau para toda obra. Escolheram um local no centro de Old Port, outrora um distrito decadente de armazéns e hoje um próspero centro comercial.

Atualmente contam com quatro fábricas-bares no Maine, duas em Portland, uma em Auburn e outra em Freeport, sede da L. L. Bean.* Todas trabalham com sistema de fermentação de Peter Austin – as duas em Portland funcionam no esquema de sete barris e a de Freeport com quatorze. Eles fazem cervejas ao estilo inglês e uma stout suave ao estilo irlandês. A cervejaria de Freeport fabrica todo o chope e as garrafas de 650 ml que são vendidas no atacado na Nova Inglaterra, em Nova York, Nova Jersey e Pensilvânia. Geary começou a produzir as longnecks da Gritty em 1994.

Será que Pfeffer gostaria de ter continuado como um corretor da bolsa? "Meu Deus, não", diz sem hesitar. "A melhor decisão que já tomei na vida foi entrar no negócio da cerveja, e penso em tudo o que as pessoas já fizeram nessa carreira ao longo dos anos. Veja só o Alan Pugsley. Fui essencial para Fred Forsley e Alan [fundadores do Shipyard Brewing Co.] e me sinto orgulhoso de todo o desenvolvimento em torno de nós. Gosto muito da posição que ocupamos".

Conta que ele e seus sócios desviaram o rumo com um negócio paralelo há alguns anos; decidiram entrar no ramo da destilaria artesanal, que estava apenas começando em alguns locais. "Uma coisa levou a outra, e acabei comprando fécula de batata de uma fábrica no Maine – imagine só", diz. "Gastei os últimos seis anos trabalhando basicamente

---

[25] Richard Pfeffer, entrevista ao autor, 27 mar. 2013, Washington, DC.
* Empresa norte-americana de vendas no varejo pela internet. [N.T.]

nisso... Aprendi uma grande lição – *foco*. A destilaria nos distraiu da administração da fábrica-bar".

Ele e seus sócios também pensaram em construir uma cervejaria grande e expandir a produção e distribuição de suas garrafas em vez das fábricas-bares – queriam muito fazer as duas coisas, mas não sabiam se seria possível, já que os canais de distribuição atendem a muitas marcas artesanais e mais de mil novas empresas do ramo estão operando.

"Quanto à embalagem, era para nós praticamente uma questão de marketing, porque temos pouco dinheiro para investir nisso", explica. "Mas divulga o nosso nome e cria empregos. Temos meia dúzia de pessoas trabalhando nisso, basicamente na promoção da Gritty's, mas a única maneira de realmente lucrar é triplicar, quadruplicar o tamanho, construir nossa própria cervejaria".

Mas há, segundo ele, uma vantagem no negócio da fábrica-bar. "Sei que o mercado vai ficar mais saturado", diz. "A fábrica-bar cria fluxo de caixa e nunca fica cheia de gente. Você tem o controle e está mais no negócio do entretenimento do que em qualquer outra coisa. É nisso que somos bons, daí minha decisão de concentrar a atenção nas fábricas-bares".[26]

GREAT LAKES BREWING COMPANY, CLEVELAND

200 funcionários

Estimativa de vendas em 2013: 160 mil barris

De todos os membros da Turma de 88, a Great Lakes Brewing Company, primeira cervejaria artesanal de Ohio, talvez seja aquela que mais se destacou por seus programas de sustentabilidade, que ajudaram a inaugurar uma nova era em Cleveland, uma cidade do Cinturão da Ferrugem, que já foi famosa pelos incêndios nas águas contaminadas do rio Cuyahoga e hoje é mais conhecida como o lar do Rock and Roll Hall of Fame.

---

[26] *Ibid.*

Pat e Dan Conway da Great Lakes Brewing Company. Fotografia cedida pela empresa

Nascidos em Cleveland, os irmãos Pat e Dan Conway abriram as portas de sua fábrica-bar na Market Avenue com uma produção anual de mil barris e, rapidamente, mas com cautela, expandiram os negócios para uma cervejaria e engarrafadora em seis edifícios que na década de 1870 serviam de estábulos e tanoaria para a antiga L. Schlather Brewing Company, uma das muitas cervejarias que abasteciam o norte de Ohio.

"Compramos o edifício com o objetivo de crescer gradualmente ali, o que tem sido feito ao longo do tempo", Daniel Conway contou ao *Crain's Cleveland Business* em 2010. Pat Conway acrescentou: "Fomos cuidadosos e pacientes. Não queremos comprometer nossa qualidade. Diria que foi uma boa estratégia nas últimas duas décadas".[27]

---

[27] CARR, Kathy Ames. "Growth on tap at Great Lakes Brewing Co.". *Crain's Cleveland Business*, 27 set. 2010.

Desde o primeiro dia, a Great Lakes seguiu a missão de incluir sustentabilidade nos negócios:

> A Great Lakes Brewing é uma empresa socialmente consciente, centrada em princípios de respeito ao meio ambiente e comprometida em produzir cerveja e comida frescas, de alta qualidade e saborosas para o prazer de nossos clientes. Nos empenhamos para manter nosso *status* de cervejaria artesanal premier na região dos Grandes Lagos, além de garantir nossos padrões de serviço, melhoria contínua e orientação inovadora aos consumidores.

Pat Conway contou ao blog *Renovating the Rust Belt* [Renovando o Cinturão da Ferrugem] em 2009 que os irmãos questionaram a si próprios no início – "o que podemos fazer com o desperdício?" Começaram com a reciclagem de papel, plástico, metal e da sobra de grãos.

"Era uma mudança cultural, porque nossa empresa, assim como a cidade e sua cultura, não pensava em termos de reciclagem no contexto geral", disse Pat Conway. "Separar os resíduos foi complicado no início, mas agora faz parte do DNA da empresa". A missão original evoluiu para o desperdício zero e a filosofia da "linha de base tripla" para desenvolver os negócios em termos ambientais, sociais e financeiros.[28]

A Great Lakes administra a Fazenda Pint Size Farm em Hale Farm & Village, em Bath, Ohio, e faz o cultivo de hortaliças, ervas e flores orgânicas para uso na fábrica-bar. O que a cervejaria não pode plantar, compra de fazendeiros e fornecedores ambientalmente responsáveis. Os funcionários da empresa também trabalham na fazenda.

Desde 2002, realiza o Burning River Fest, uma referência ao incêndio em 1969 no Cuyahoga, que foi um momento difícil para a cidade, mas ponto de convergência para a mudança na responsabilidade ambiental. O festival tem exposições educativas de grupos ambientais

---

[28] EPPIG, Marianne. "Great Lakes Brewing: A Cleveland ecosystem". *Renovating the Rust Belt* (blog), 1 out. 2009, http://renovatingtherustbelt.wordpress.com/?s=pat+conway+great+lakes+brewing&submit=Search.

locais, alimentos das fazendas e restaurantes da região e música ao vivo. Parte do arrecadado no evento vai para a Burning River Foundation, que faz doações a grupos responsáveis pela limpeza das hidrovias de Ohio.[29]

Os caminhões e outros veículos da Great Lakes são movidos a óleo vegetal reciclado; os grãos usados na fermentação são enviados a agricultores e padeiros locais, e alguns são utilizados na alimentação das minhocas que fertilizam as plantações na fazenda Pint Size. No inverno, o ar gelado de Cleveland esfria os fermentadores da cervejaria, claraboias e sensores de luz maximizam a eficiência energética, e uma dúzia de painéis solares geram eletricidade para a fábrica-bar. As ales engarrafadas Edmund Fitzgerald Porter e a Christmas são utilizadas em sopas, linguiças, sabão e até mesmo por um fabricante de sorvetes da região.[30]

A Great Lakes completou sua expansão de 7 milhões de dólares – 3 milhões financiados com isenção de impostos pelas obrigações do desenvolvimento industrial do Cuyahoga County e outros 3 milhões em títulos para recuperação de zonas, parte da Lei de Recuperação e Reinvestimento do governo federal, criada para incentivar o investimento econômico em áreas com dificuldades financeiras.

"Estamos fazendo algo para ajudar nossa comunidade e o planeta", contou Pat Conway ao *Renovating the Rust Belt.* "Fazemos isso com sucesso, esperando – como num trabalho de formiga – que as alianças continuem a crescer mais e mais, que mais restaurantes adotem essas ideias, e que individualmente as pessoas façam o mesmo em suas vidas. É um processo lento, um passo de cada vez".[31]

---

[29] *Ibid.* "Sustainability: Burning River Foundation". *Great Lakes Brewing,* [s.d.], http://www.greatlakesbrewing.com/sustainability/burning-river-foundation.

[30] Carr, "Growth on Tap at Great Lakes Brewing Co.". A cervejaria tem uma diretoria de programas ambientais que envia aos interessados um Relatório de Sustentabilidade pelo site da empresa.

[31] Eppig, "Great Lakes Brewing."

GORDON BIERSCH BREWING COMPANY, SAN JOSE, CALIFÓRNIA

2.400 funcionários

Estimativa de vendas em 2013: 155 mil barris

Com 36 fábricas-bares nos Estados Unidos e em Taiwan, a Gordon Biersch Brewing Company é a maior empregadora da Turma de 88, com uma história incrível de dois caras determinados a fazer seu negócio crescer com capital próprio.

Nascido em San Jose, Dan Gordon graduou-se em economia na Berkeley e foi um cervejeiro caseiro que levou sua arte a um novo nível, com uma formação na prestigiada Technical University de Munique. Nativo de San Francisco, Dean Biersch conseguiu, aos 15 anos, seu primeiro trabalho em um restaurante limpando fritadeiras e trabalhou em restaurantes até se formar na San Francisco State College. Participou de um programa de gerenciamento de hotéis da rede Hilton antes de se tornar o gerente do serviço de alimentação da Hornblower Day Yachts.*

Biersch visitou a fábrica-bar da Mendocino Brewing Company em Hopland no início dos anos 1980 e começou a sonhar com uma que servisse comida excelente e ótimas cervejas ao estilo alemão. Amigos em comum os apresentaram e descobriram que tinham talentos e interesses complementares.

"Passamos uma semana em volta da piscina dos meus pais nos conhecendo", contou Gordon ao *Business Journal*.[32] Essa reunião inicial iria dar início a uma montanha-russa de parcerias empresariais e captação de recursos, que culminou no império de fábricas-bares que conhecemos hoje. Gordon era diretor da produção de cerveja da Gordon Biersch Brewing Company, e Biersch, o diretor de operações do restaurante do Gordon Biersch Brewery Restaurant Group.

Os dois sócios desistiram de controlar diretamente as operações logo no início. Em 1995, ganhavam 20 milhões de dólares por ano com

---

* Dan Gordon, e-mail ao autor, 22 ago. 2013. A Hornblower Day Yachts é uma empresa de iates e cruzeiros dos EUA. [N.T.]

[32] DINGER, Ed. "Gordon-Biersch Restaurant Group Inc.". *Gale Directory of Company Histories*, www.answers.com.

as cinco unidades. Fizeram então uma parceria com Lorenzo Fertitta, um operador de cassino de Las Vegas, que investiu 11,2 milhões de dólares no plano de inauguração de mais vinte fábricas-bares e uma cervejaria de produção. Fertitta também comprou um montante de ações de pequenos acionistas por 7 milhões, assumindo o controle da companhia.

Dan Gordon e Dean Biersch da Gordon Biersch

Dan Gordon falou sobre o assunto em um estudo de caso da Stanford Business School intitulado "Gordon Biersch: new challenges and opportunities" ["Gordon Biersch: novos desafios e oportunidades"].

"Foi uma decisão muito fácil naquela noite, no restaurante em San Francisco", diz. "Os Fertitta têm experiência com comida e bebidas, e trouxeram expertise e valor agregado... eles tinham uma reputação fora de série em Las Vegas, além de serem investidores completos e sofisticados que forneceram 'capital paciente'. Acho que a maior diferença entre capital de risco e financiamento de capital privado é o nível de paciência do investidor. Você bobeia uma vez com o capital de risco, e há grande chance de não lhe perdoarem".[33]

Fertitta, Gordon e Biersch abriram a cervejaria em San Jose em 1997, além de seis novas fábricas-bares na Califórnia, Washington e Arizona. Em 1998, uma mudança na lei da Califórnia autorizou a venda de bebidas alcoólicas nos pubs. A Gordon Biersch obteve licenças para suas fábricas-bares na Califórnia, mas a associação dos atacadistas de cerveja do estado logo conseguiu mudar a lei para restringir as licenças a empresas que vendessem menos de 60 mil barris por ano, e a nova cervejaria da Gordon Biersch em San Jose colocava a companhia acima desse limite.

Os três sócios decidiram vender os restaurantes para a Big River Breweries de Chattanooga, Tennessee, em 1999. Gordon e Biersch fazem relações públicas para ambas as empresas, e produzem cerveja para a rede de supermercados Trader Joe's.

Em 2010, a Centerbridge Partners fundiu a rede de restaurantes da Gordon Biersch Brewery com o grupo Rock Bottom Restaurants and Breweries para criar a CraftWorks Restaurants & Breweries, que também é dona da rede Old Chicago Pizza & Taproom e outros restaurantes. A Craftwork Foundation se dedica à luta contra a fome nos mercados em que atua.[34]

GOOSE ISLAND BEER COMPANY, CHICAGO
150 funcionários
Estimativa de vendas em 2013: 320 mil barris
Em entrevista à revista *All About Beer*, em 2010, Greg Hall falou sobre a decisão de seu pai em deixar o mundo corporativo e abrir uma cervejaria quando Greg ainda estava na Universidade de Iowa, fazen-

---

[33] HOLLOWAY, Charles; HIGUERA, Andrea. "Gordon Biersch: new challenges and opportunities", Dan Gordan, entrevistado para um estudo de caso da Gordon Biersch, Stanford Business School, caso nº E-122, 2002, revisado em 14 fev. 2011.

[34] *Ibid.*

do especialização em inglês e escrita criativa (é notável a quantidade de graduados em Letras na área da cerveja artesanal). "Meu pai trabalhava no negócio de embalagens de papel, muito bom por sinal, mas era a coisa menos excitante do mundo", conta Greg Hall. "E estava na área financeira, a parte menos chamativa ainda. Em meados dos anos 1980, a empresa foi comprada por um concorrente e ele podia se mudar para outra cidade ou aceitar o plano de aposentadoria antecipada. Ele tinha a idade que tenho hoje. Eu estava indo para a faculdade e minha irmã estava no colégio. Mesmo sendo um cara conservador, decidiu correr o risco e abrir uma cervejaria e um restaurante, ao mesmo tempo, sem qualquer experiência na área".[35]

Greg trabalhou na cervejaria durante o verão e então decidiu entrar no Siebel Institute para aprender sobre a produção de cerveja. Ingressou na empresa em 1991 como mestre-cervejeiro. As pessoas em Chicago adoraram as bebidas do pub, então ele e o pai construíram uma cervejaria e engarrafadora na Fulton Street, inaugurada em 1995. Greg diz que trabalhavam bem juntos.[36] "Bem, muitas vezes não concordávamos, mas o bom é que ele se sente bem atrás de uma mesa analisando planilhas o dia todo", conta. "Algo que pra mim seria enlouquecedor... Ele não é um cervejeiro técnico e não se sente muito confortável diante de um monte de gente, então fico responsável por essa parte".

Ter uma fábrica-bar permitiu que os cervejeiros em Goose Island experimentassem diversas cepas de leveduras e estilos de cerveja. E estar em Chicago possibilitava o contato com muitos cervejeiros talentosos que frequentaram o Siebel Institute; entre eles, Matt Brynildson, agora na Firestone, que é famoso na cervejaria artesanal por seu conhecimento e uso do lúpulo.

---

[35] JOHNSON, Julie. "Full pints-pull up a stool with Greg Hall". *All About Beer*, set. 2010.

[36] *Ibid.*

John e Greg Hall da Goose Island

"Matt era um rapaz muito inteligente, magro, com um pouco mais de cabelo do que tem agora e um cavanhaque ainda maior", conta Greg Hall. "Ele estava na Kalamazoo Spice Extraction Co. e entrou no Siebel. Christopher Bird, que havia trabalhado para nós durante anos na fábrica-bar, na época era arquivista da Siebel e me chamou, dizendo: 'Esse garoto é brilhante. Você tem que contratá-lo antes que alguém o faça'. Nós o trouxemos, e dentro de oito ou dez meses era nosso mestre-cervejeiro, porque esmiuçava cada coisa que fazíamos e nos ajudou a estabelecer muito daquilo que temos hoje".

A venda da Goose Island Beer Company para a Anheuser-Busch (AB) InBev em 2011 por 38 milhões de dólares foi um choque para a indústria da cerveja artesanal. O fundador John Hall e seu filho Greg tinham sido figuras de destaque na fabricação artesanal – John trabalhava na diretoria da BAA e Greg era um mestre-cervejeiro respeitado, que tinha ajudado a criar o processo pioneiro de envelhecimento do barril.

Quando Greg anunciou que deixaria a empresa logo após a venda ser anunciada publicamente, até seu pai ficou surpreso por ter sido uma decisão conjunta. John afirmava que a venda seria a melhor maneira de garantir que a Goose Island continuasse a crescer e tirar proveito da fundação que os Hall tinham construído. Desde então, Greg abriu uma empresa produtora de cidra chamada Virtue.[37]

---

[37] John Hall, entrevista por telefone ao autor, 5 maio 2013.

Segundo a imprensa, a Goose Island foi vendida por 38 milhões de dólares, mas nunca saberemos o quanto desse dinheiro foi parar nas contas bancárias da família Hall. Ter um negócio é complicado. É preciso muito jogo de cintura para arrecadar o dinheiro necessário para a construção de uma fábrica de cerveja e mantê-la em crescimento. Você nunca sabe o quanto os fundadores foram justos a menos que você os conheça muito bem.

John conta que não acreditava que Greg se adaptaria à estrutura de uma empresa grande como a AB InBev. "Ele é um cara muito criativo", afirma. "E eu sou apenas um homem de negócios que ama cerveja". Ainda são donos de duas fábricas-bares Goose Island em Chicago, incluindo a primeira a ser inaugurada. John trabalha no comitê consultor da área da cerveja artesanal da AB InBev.

Conheci John Hall em um almoço em Chicago há alguns anos, logo depois da venda de 40% da cervejaria para a Liga dos Cervejeiros Artesanais (CBA), grupo do qual fazem parte hoje a Kona, de origem havaiana, a Redhook de Seattle, e a Widmer Brothers Brewing Company de Portland, Oregon. A AB InBev detém 32,5% das ações da CBA e toma conta da distribuição de todos os produtos. O conceito da CBA está justamente fora da definição de cervejeiro artesanal adotada pela BA.

John disse que o acordo permitiu que a Goose Island consolidasse sua distribuição pela rede AB InBev. Essa tinha sido uma dor de cabeça desde o início da Goose Island. "Não conseguíamos um bom distribuidor de cerveja, então fizemos um acordo com um de vinhos", relata. Mais tarde, desfazer as relações com o distribuidor foi algo difícil e muito caro.

John Hall não estava feliz com o acordo com a CBA, mas me disse que fez isso para conseguir pagar os investidores originais. É compreensível. Também tive de fazer sacrifícios similares. Ele tinha quase 70 anos à época, e, para muitos empresários, vender o negócio é a única maneira de se conseguir fechar o caixa.

Deixou o cargo em 2012. Andy Goeler, um dos gerentes de vendas mais bem-sucedidos da AB, agora comanda a cervejaria. A AB InBev fabrica atualmente bebidas Goose Island em suas cervejarias por todo o país, e um de seus executivos pretende torná-la uma marca de um milhão de barris dentro de cinco anos. Vai ser algo interessante de se ver.[38]

A cerveja carro-chefe da Goose Island é a Honker's Ale, e a cervejaria faz uma de trigo deliciosa chamada 312 Urban Wheat Ale. A empresa ganhou muitos prêmios no GABF e é famosa por suas cervejas envelhecidas no barril, principalmente a Bourbon County Stout.

DESCHUTES BREWERY, BEND, OREGON

400 funcionários
Estimativa de vendas em 2013: 285 mil barris
Sei que falo por todos os cervejeiros artesanais quando digo que um dos maiores benefícios de trabalhar nesta indústria são os amigos que você faz nesta área. Gary Fish, fundador da Deschutes Brewery, é um de meus melhores amigos, assim como Kim Jordan, da New Belgium Brewing Company. Nós três trabalhamos juntos durante anos na diretoria de antigas e novas associações de fabricantes de cerveja. Fazíamos parte da equipe que fundiu a BAA e a AOB para criar a BA.

Sinto como se conhecesse a empresa de Fish tão bem quanto a minha. Durante todo esse tempo, aprendemos muito um com o outro. Da Turma de 88, ele é o membro com a maior produção anual. Começou as atividades em 1988 com uma fábrica-bar, a Deschutes Brewery & Public House, em Bend, uma cidade fabril no centro do Oregon, com cerca de 15 mil habitantes. Cresceu na baía de San Francisco – seu pai era um produtor de uva, e Fish começou a trabalhar lavando pratos em um restaurante quando tinha 16 anos e como garçom durante os estudos na Universidade de Utah. Depois de conquistar o diploma em economia, trabalhou em restaurantes por quinze anos e foi um dos proprietários e gerente de um restaurante em Salt Lake City.

---

[38] *Ibid.*

Gary Fish da Deschutes Brewery

"Eu e meu pai conversávamos sobre o que estava acontecendo na indústria cervejeira em meados dos anos 1980, e com sua experiência no negócio do vinho e o que eu tinha aprendido sobre o negócio de cerveja decidimos entrar na fabricação da bebida", contou à revista *Oregon Business* em 2008. "Vendi minha parte no restaurante do qual fazia parte em Salt Lake e voltei para a Califórnia com meus pais para ajudar um amigo que estava abrindo uma fábrica-bar em Sacramento; iria aprender sobre o lado prático da coisa".[39]

Seus pais eram do Oregon e sugeriram Bend, uma cidade pequena muito bonita, cercada por montanhas e situada às margens do rio de água cristalina Deschutes. Com o apoio de sua família, ele abriu o negócio.

No primeiro ano, a cervejaria vendeu 310 barris de cerveja e, quatro anos depois, as vendas subiram para 3.954 barris. "Os primeiros anos foram de trabalho árduo", lembra. "Havia pessoas no negócio da

---

[39] "Q&A: Gary Fish, founder and CEO, Deschutes Brewery". *Oregon Business*, 1 out. 2008.

microfabricação que sabiam aonde queriam chegar. Admito que eu não tinha ideia para onde estava indo". As cervejas fabricadas por seu mestre-cervejeiro, John Harris, impulsionaram o negócio. Harris seguiu em frente com a Full Sail Brewing Company no começo dos anos 1990 e abriu sua própria fábrica-bar em Portland, Oregon, a Ecliptic Brewing.[40]

"Recebemos um telefonema de um amigo distribuidor, Jim Kennedy da Admiralty Beverage Co., dizendo que alguns donos de bar de Portland tinham feito uma visita ao nosso pub em Bend e estavam interessados em nossa cerveja", disse Fish à *Oregon Business*. "Tínhamos a cerveja e poderíamos usar o fluxo de caixa. Consertamos uns velhos barris de metal amassado e os enviamos a Portland em uma carga de papelão reciclado, e foi assim que crescemos. Havia fabricação de cerveja na fábrica-bar, e usávamos um pequeno prédio como armazém; você não viveu nada até ter que dirigir uma empilhadeira ladeira abaixo com uma carga de barriletes em um estacionamento, no meio do inverno".[41]

Fish recorda com gratidão de clientes como Don Younger do Horse Brass Pub de Portland e os irmãos McMenamin com seus peculiares bares-cervejarias-restaurantes. Os McMenamin agora são donos de 65 fábricas-bares no noroeste do Pacífico, muitos com teatros, palcos e hotéis.[42]

Em 1993, Fish construiu uma sala de brassagem de cinquentas barris na cidade do outro lado do rio Deschutes. A cervejaria de 1.500 metros quadrados tinha capacidade para mais de 100 mil barris. Ele a expandiu em 2004, adicionando outra sala de brassagem para aumentar a produção em mais de 500 mil barris. Em maio de 2008, inaugurou uma bela fábrica-bar com 265 lugares no badalado Pearl District de Portland e, em 2013, a Deschutes era vendida em vinte estados. Durante todo o ano, saem Deschutes das dezoito torneiras do pub, além das cervejas sazonais e experimentais.

---

[40] *Ibid.*

[41] *Ibid.*

[42] "McMenamins Pubs", McMenamins, www.mcmenamins.com/pubs. Acesso em: 19 nov. 2013.

Fish acredita que há um mercado para suas bebidas na Costa Leste, mas reluta em enviar sua cerveja pelo país por causa do alto custo do transporte – custa cerca de 4 dólares por engradado levá-la da Costa Oeste para a Leste. Ele considera a possibilidade de fabricar em parceria no Leste, caso encontre o lugar certo.

"A questão é que temos que produzir do nosso modo", afirma. "Temos peculiaridades em nossa fabricação para atingir o sabor da Black Butte Porter ou da Mirror Pond Ale. Começamos a conversar sobre o assunto. Há novos modelos de negócio surgindo o tempo todo. E haverá algum que ninguém ainda tenha pensado? Pessoas inteligentes e criativas vão encontrar maneiras de resolver problemas de forma inovadora".[43]

Ele tem hoje 56 anos e recentemente estabeleceu um plano de ações da bolsa para os funcionários que representa 8% do negócio, para dar uma chance de compra a eles e oferecer a seus investidores, muitos deles parentes, uma maneira de recebê-las em dinheiro. A Deschutes Brewery é um pilar central da comunidade do Oregon; durante 23 anos realizou um evento de cerveja, comida e golfe, o Sagebrush Classic, que arrecadava mais de 3 milhões de dólares para instituições de caridade locais, até que a recessão forçou a cervejaria a acabar com o evento.

Fish contratou um bom diretor operacional, Michael Lalonde, e excelentes equipes da área administrativa, fabricação de cerveja, de vendas e marketing para acalmar a situação. Porém ainda é muito mais um diretor executivo de orientação prática. A cidade de Bend e os arredores tiveram um crescimento explosivo nos últimos anos e hoje contam com mais de 100 mil pessoas e um centro com lojas e restaurantes luxuosos, além de ser uma incubadora de cervejarias artesanais – a área agora tem mais vinte. Não é exagero dizer que a Deschutes teve um papel transformador na cidade que antes era apenas uma pacata região fabril.

Fish é ex-presidente do Greater Bend Rotary Club, da Câmara de Comércio, Bend Downtowners e da Associação dos Cervejeiros do Oregon Brewers. Ele também foi da presidência da BAA e é o atual

---

[43] Gary Fish, entrevista ao autor, 25 mar. 2013, Washington, DC.

vice-presidente da BA; sua cervejaria recebeu muitos prêmios de excelência na fabricação e de cidadania.[44]

THE BROOKLYN BREWERY CORP.
82 funcionários
Estimativa de vendas em 2013: 220 mil barris
Após seis anos cobrindo guerras e assassinatos no Oriente Médio para a Associated Press, voltei em 1984 para Nova York com minha esposa e dois filhos. Em meu último trabalho, no Cairo, tinha de conhecer Jim Hastings, funcionário da Agência dos Estados Unidos para o Desenvolvimento Internacional, que trabalhou três anos na Arábia Saudita, onde as bebidas alcoólicas foram proibidas pela lei islâmica.

Eric Ottaway, Garret Oliver, Steve Hindy e Robin Ottaway da Brooklyn Brewery

Hastings começara a fabricação caseira em sua viagem por Riad e continuou a produzir no Cairo porque sua cerveja era muito melhor do

---

[44] Ibid.

que uma local chamada Stella, conhecida por ter certa quantidade de formaldeído.

Minha família fixou residência desde o início no Brooklyn. Eu trabalhava na edição de notícias estrangeiras do *Newsday* e comecei a fazer cerveja em casa no meu tempo livre. Ser editor não era tão emocionante quanto correspondente estrangeiro, e logo comecei a ficar impaciente. Lia sobre as pequenas cervejarias que estavam abrindo no Oeste e acompanhei como Matthew Reich havia construído sua cervejaria em Manhattan. Descobri que o Brooklyn já tinha sido um grande centro de fabricação, com 48 cervejarias na virada do século passado, e eu estava ansioso para começar minha própria cervejaria; queria que meu vizinho de baixo, Tom Potter, um bancário júnior, se juntasse ao negócio. Por fim o convenci a participar da Conferência dos Cervejeiros Artesanais de 1986 em Portland, no Oregon. Na volta, Potter concordou em abrir uma cervejaria comigo: arrecadamos 500 mil dólares com a família e amigos. Seguindo o conselho de uma vizinha, Sophia Collier, fundadora de uma empresa chamada SoHo Natural Soda, decidimos adiar a construção e, em vez disso, fazer um contrato de produção de nossa cerveja com a Matt Brewing Company. Collier, que estava vendendo sua empresa à Seagram por 22 milhões de dólares, dizia que a distribuição era essencial para o negócio de bebidas em Nova York e que um distribuidor estabelecido nunca iria fazer o trabalho duro de criar uma nova marca. Para ter sucesso, tínhamos que distribuir nossa própria cerveja.

Levamos a sério seu conselho, comprei uma van, pintei nosso logo na lateral, e saímos vendendo a Brooklyn Lager pelas ruas de Nova York. Dentro de alguns anos estávamos vendendo 50 mil engradados por ano, e começamos a chamar atenção dos grandes distribuidores. Mas aprendemos que muitas outras pequenas marcas, cervejas norte-americanas e importadas, estavam à procura de distribuição. Por isso, começamos a trabalhar com outras, como a Dock Street, Sierra Nevada, a linha Merchant du Vin, Chimay, Duvel e muitos outras. O *World Guide to Beer* de Michael Jackson era nosso referencial – se Jackson aprovava a cerveja, nós a aceitávamos.

130 ● A REVOLUÇÃO DA CERVEJA ARTESANAL

Sem muita modéstia posso dizer que construímos a base da indústria artesanal em Nova York, com o apoio de muitos importadores e cervejarias artesanais norte-americanas para as quais fazíamos a distribuição. Foram incontáveis promoções e jantares regados a cerveja, e nos aproximamos da imprensa local para explicar o mundo da cerveja saborosa. Jackson falou sobre nós em 1995, em um anúncio publicitário da Associação dos Cervejeiros Artesanais no *Ale Street News*:

> Para os amantes de cervejas com personalidade, Nova York, que já foi decepcionante nesse quesito, hoje é um verdadeiro deleite. Alguns dos melhores produtos das microcervejarias de todo os EUA estão aqui, assim como as mais peculiares da Grã-Bretanha, Bélgica e Bavária. O que provocou essa metamorfose? Creio que fui, em parte, responsável por isso, mas alguém tinha de torná-las disponíveis no mercado, e foi a Brooklyn Brewery que fez a mágica. A noção dessa cervejaria de distribuir as cervejas de seus concorrentes, além de sua própria, foi uma jogada de mestre. Sou grato a eles por essa transformação mágica.[45]

Em 1996, o prefeito Rudy Giuliani cortou a fita de inauguração de nossa cervejaria de 25 barris em Williamsburg, no Brooklyn. Depois de o apresentar aos repórteres ali reunidos, ele me colocou ao seu lado e disse: "Quero que todos vocês olhem para este homem. Ele era um jornalista como vocês e hoje tem uma vida honesta". Os repórteres riram, e o prefeito distribuiu cerveja para os presentes. Garrett Oliver se juntou a nossa equipe como mestre-cervejeiro em 1994 e fez sua primeira cerveja na Brooklyn, a Brooklyn Black Chocolate Stout, o maior lote de imperial stout já fabricado no hemisfério Ocidental. Sua próxima obra-prima foi a Brooklyn East India Pale Ale, uma IPA bem equilibrada, com cerca de 7% de álcool. Oliver escreveu *The good beer guide* [O guia da boa cerveja] em 1996 e o *The brewmaster's table* em 2003, e tornou-se editor-chefe do *The Oxford Companion to Beer*

---

[45] "Propaganda da Brooklyn Brewery", *Ale Street News*, set.-out. 1995, quarta capa.

em 2011. Ele é reconhecido como um dos maiores especialistas do mundo da história e cultura da cerveja.

Nosso bairro floresceu com a cervejaria. No primeiro dia em que começamos as entregas, Teddy's, um bar de 110 anos, que em outros tempos já pertenceu a Peter Doelger Brewing Co., foi um de nossos primeiros cinco clientes.

Durante vários anos, Teddy's foi nosso único cliente em Williamsburg. Hoje a região tem literalmente centenas de bares, restaurantes, hotéis e clubes excelentes. O bairro foi transformado, e o prefeito Michael Bloomberg, em um prefácio para o livro que Tom Potter e eu escrevemos, *Beer school: bottling success at the Brooklyn Brewery* [Escola da cerveja: engarrafando sucesso com a Brooklyn Brewery], reconheceu o papel importante que a cervejaria teve neste renascimento do Brooklyn.

Com um logotipo criado por Milton Glaser, o homem por trás do I ♥ NY, a Brooklyn tornou-se uma marca internacional. Vendemos cerveja em 25 estados e exportaremos 25% da nossa produção de 2013. Estamos construindo uma cervejaria em Estocolmo com a Carlsberg, a quarta maior do mundo. Enquanto escrevo, planejamos expandir nossas operações no Brooklyn e em Utica.

Um de meus melhores amigos, dos meus dias no Oriente Médio, David Ottaway se aposentou como jornalista do *Washington Post*, investiu em nosso negócio e, por fim, comprou as ações de Tom Potter. Hoje trabalho com seus dois filhos, Eric e Robin, que estão na empresa desde 1996. Eric, gerente-geral, e Robin, gerente de vendas, serão a próxima geração da diretoria da Brooklyn Brewery.

5

A FABRICAÇÃO ARTESANAL E OS NEGÓCIOS MILIONÁRIOS

1994-2000

1994: *537 cervejarias artesanais*
37 cervejarias não artesanais de âmbito regional e nacional
2000: *1.509 cervejarias artesanais*
29 cervejarias não artesanais de âmbito regional e nacional;
AB, Miller e Coors: 81% do mercado

NOS FRENÉTICOS ANOS ENTRE 1994 E 2000, NO MUNDO DA MICROFABRICAÇÃO houve grandes sucessos, fracassos retumbantes e outras guerras da cerveja que chegaram ao público. Encorajada por uma década de crescimento anual relevante, entre 1984 e 1994, a indústria da cerveja artesanal viu a construção de uma centena de novas cervejarias, a assinatura de muitos contratos de produção e a expansão ousada de muitas já estabelecidas. O crescimento foi de cerca de 50% entre 1994 e 1995, e depois despencou. Alguns pioneiros faliram, assim como muitos sob os contratos de produção, mas surgiram recém-chegados inovadores.

Anos depois, alguns empresários discutiriam a ocorrência de uma crise. Um bom número de microcervejarias abriu o capital, ganhando milhões de dólares. Foram os anos do boom da internet, quando *startups* torraram bilhões de dólares em capital de risco, na esperança de vender de tudo, desde música, vinho, cerveja, hambúrguer, até cachorro-quente e pipoca on-line. Alguns da primeira geração de cervejeiros artesanais se aliaram aos gigantes da indústria, a Anheuser-Busch (AB) e a Miller Brewing Company, sendo contestados por sua falta de coerência com o movimento artesanal. Além disso, uma grande cervejaria e destilaria da Índia entrou na briga, querendo incorporar algumas das artesanais norte-americanas ao seu império.

Depois de ignorar esse mercado alternativo por anos, talvez pensando que fosse algo passageiro, a AB, Miller e Coors investiram em algumas microcervejarias e lançaram suas imitações com nomes como Red Wolf, Red Dog, Rio River Valley Red Lager e George Killians Irish Red. E vermelho não era a única cor. A Coors também lançou uma white ale belga chamada Blue Moon, criada pelo mestre-cervejeiro Keith Villa na Sandlot Brewery, na Coors Field de Denver. A Matt Brewing Company produzia a Blue Moon sob contrato. As grandes fabricantes de cerveja pareciam finalmente levar o negócio artesanal a sério, depois de anos de tentativas tímidas de lançar marcas ao estilo microfermentado (ver a cronologia no Apêndice).

Líder furioso da AB, August Busch III desencadeou uma guerra espinhosa contra o diretor executivo da Boston Beer Company, Jim Koch, e sua produção sob contrato, que tinha alcançado a incrível marca de 700 mil barris em 1994. Busch estava farto das alfinetadas de Koch nas grandes cervejarias, de seu comentário de que elas desperdiçavam mais cerveja do que aquilo que Koch produzia em um ano. "Nós não fazemos isso", certa vez um executivo da AB resmungou em particular.

Em 1996, Busch exigiu que seus atacadistas, a rede de distribuição de cerveja mais bem cotada nos Estados Unidos, dedicassem "100% de *share of mind*"* dos produtos da AB em seus portfólios.[1] Teoricamente e de acordo com a lei, os distribuidores eram empresas independentes, imunes ao controle das grandes cervejarias. Mas, na prática, muitos da AB estavam comprometidos exclusivamente com as marcas da gigante – apenas alguns trabalhavam com cervejas importadas e outros produtos que não fossem do grupo. Como resultado da imposição da política

---

* Termo do marketing que se refere à conquista da memória do consumidor em relação à determinada marca. [N.T.]

[1] GAINES, Sallie L. "Under probe, Busch defends its marketing". *Chicago Tribune*, 3 out. 1997.

de "100% de *share of mind*", muitos tiraram as marcas importadas e artesanais de seu estoque. Pouco tempo depois, Busch conduziu a diretiva da casa, apresentando os chamados contratos de capital próprio aos seus atacadistas, esquematizando os incentivos financeiros que davam forma à política imposta.

Quatro microcervejarias da Califórnia – Anderson Valley Brewing Company, El Toro Brewing Co., Lake Tahoe Brewing Co. e St. Stans Brewing Co. – moveram ações privadas contra essa iniciativa no Departamento de Justiça da Divisão Antitruste, mas o governo não tomou qualquer providência contra a AB.[2]

Fred Bowman, cofundador da Portland Brewing Company, disse que a política de *share of mind* levou vários distribuidores da AB no sul da Califórnia a deixarem de trabalhar com sua cervejaria. Era um grande problema, porque ele precisava da distribuição em todo o estado para vender nas principais redes nos estados que mais consumiam a bebida do país. Fred teve de procurar alternativas contratuais com outros distribuidores para que pudesse vincular as cervejas Portland a um distribuidor de vinhos que cobria a região. Os gastos relativos a essa operação foram um dos muitos motivos que obrigaram a Portland a ser vendida à Pyramid Breweries.[3] Muitos outros cervejeiros artesanais foram forçados a deixar os distribuidores da AB por causa da nova política.

Em 1996, o conselho consultivo de Papazian no Instituto da Cerveja e dos Estudos de Fermentação – onze pequenos fabricantes e fornecedores da indústria – propôs uma definição sutil de cervejeiro artesanal que aprovava a produção sob contrato e excluía as empresas com 25% de posse de cervejeiros não artesanais ou cujas receitas tivessem mais de 10% de milho ou arroz. Foi um golpe certeiro para microcervejarias como a Redhook e a Widmer, que tinham vendido parte do negócio para cervejarias maiores. Elas protestaram contra sua exclusão da

---

[2] SORINI, Marc E. Sorini. "Legal monitor: antitrust and fair trade". *The New Brewer,* p. 81, nov.-dez. 1997.

[3] Fred Bowman, entrevista ao autor, 30 mar. 2013, Brooklyn, Nova York.

136 A REVOLUÇÃO DA CERVEJA ARTESANAL

categoria dos cervejeiros artesanais em uma polêmica que ainda causa grandes discussões.

A Associação dos Cervejeiros (AOB) estava adotando políticas de defesa de direitos, suscitando dúvidas entre muitos membros a respeito de sua liderança. Como uma organização fundamentalmente dedicada à instrução e administrada por um conselho profissional de diretores – advogados, homens de negócio e corretores de imóveis da área de Boulder – poderia definir uma agenda política para a revolução da cerveja artesanal? Era uma associação comercial ou não? Descontentes, muitos membros se voltaram para a antiga Associação dos Produtores de Cerveja da América (BAA) em busca de orientação quanto às questões políticas e governamentais. A BAA era, por definição, uma associação comercial, gerida por um conselho administrativo eleito pelos sócios.

A primeira microcervejaria a ser negociada publicamente foi a Mendocino Brewing Company de Hopland, Califórnia. Mendocino era primo de Jack McAuliffe, da pioneira New Albion Brewing Company, e usava a mesma levedura utilizada antes nos tanques de 200 litros reaproveitados da Pepsi e da indústria de laticínios. Em 1994, quando começou a vender ações ao público em uma oferta limitada, a Mendocino produzia apenas 13.600 barris por ano. No comando, estavam os fundadores Michael Laybourn, Michael Lovett e Don Barkley, ex-mestre-cervejeiro da New Albion.

Em maio de 1997, a Mendocino foi vendida para a United Craft Breweries, uma divisão da bilionária indiana United Breweries Group de Vijay Mallya, responsável pela Kingfisher, a cerveja mais vendida na Índia e uma das favoritas nos restaurantes indianos estadunidenses. Segundo a imprensa, Mallya tinha o controle da Mendocino pelos 3,5 milhões de dólares investidos na empresa. Ele também anunciou que compraria a Humboldt Brewing com 1,75 milhão em dinheiro; depois, Mallya comprou uma participação de 45% nas ações da Nor'Wester Brewing Co., do Oregon. Jim Bernau, fundador da cervejaria, tornou-se o presidente da United Craft Breweries.[4]

---

[4] SHIPMAN, Paul. "Looking to the future". *The New Brewer*, jul.-ago. 1997.

A FABRICAÇÃO ARTESANAL E OS NEGÓCIOS MILIONÁRIOS ● 137

Em 1998, a Brooklyn Brewery também chegou a cogitar um acordo com Mallya, um homem ostentoso que adorava se autopromover. Depois de herdar a Kingfisher Brewery de seu pai, Mallya expandira significativamente as ações da empresa. Ele tinha sido piloto da Fórmula 1 na juventude e patrocinava uma das equipes. Sua empresa de bebidas na Índia era a segunda em tamanho apenas considerando a gigante internacional de destilação Diageo, produtora da Guinness – além disso, era dono de diversas empresas químicas na Europa. Ele deixou bem claro que pretendia incorporar outras cervejarias artesanais norte-americanas ao seu grupo. Navegava no porto de Nova York com seu iate, o Indian Achiever, com uma tripulação de 24 moças e rapazes atraentes, todos britânicos, numa espécie de vingança colonial. A embarcação tinha cerca de 6 metros a mais que a de propriedade de Malcolm Forbes – editor bilionário da famosa revista que leva seu sobrenome – e ficava atracada no Chelsea Piers, perto da empresa de Mallya. Ele deu uma festa no barco e convidou alguns cervejeiros artesanais de Nova York. Fui à festa, bebi sua cerveja e comi canapés, numa espécie de fuga da rotina do trabalho na Brooklyn Brewery. Mallya estava interessado em nossa cervejaria, porque nossa sede era em Nova York, onde ele tinha um apartamento duplex em um dos arranha-céus de Donald Trump. Também estava interessado em minha empresa de distribuição, a Craft Brewers Guild.

Depois de alguns dias, compareci a uma reunião com ele e seu círculo exclusivo de conselheiros em um extravagante almoço com peixe fresco no India Achiever. Ele vestia um agasalho esportivo de poliéster, tinha correntes de ouro no pescoço e o cabelo negro chegava até o colarinho. Contei-lhe a história da Brooklyn Brewery e ele, por sua vez, a da Kingfisher, além de seu plano de reunir um grupo forte de cervejarias artesanais norte-americanas e conseguir uma fatia grande desse mercado específico nos Estados Unidos.

A certa altura, durante a longa refeição, a discussão voltou-se para o golfe. Contei que, na minha época de colégio, ganhara alguns torneios, mas larguei a equipe de golfe da faculdade, na Universidade de Cornell, porque o handicap de corte, que era 2, estava perigosamente próximo da minha média, 1,9.

"Hindy, você já jogou golfe na Escócia?", Mallya me perguntou.

"Não", eu disse. "Seria um sonho ir para a Escócia e jogar naqueles campos tão grandes".

"Você não quer ir neste verão?", perguntou. "Sou membro do Gleneagles Country Club. Já ouviu falar? Você pode levar sua família e ficar no meu castelo. É perto do campo de golfe".

"Seria ótimo", respondi, pensando, "sim, sensacional!" Gleneagles é um dos clubes clássicos de golfe do país e local de muitos campeonatos.

Mais tarde, durante a refeição, Mallya disse: "Hindy, vou ligar para minha secretária e marcar a sua viagem". Então, no verão daquele ano, levei minha esposa e meus dois filhos para a Escócia, verdadeiras férias do estresse da cervejaria. Ficamos no castelo Keillour, na verdade uma mansão de pedra de quatro andares construída no local de um antigo castelo na confluência de dois grandes desfiladeiros. A mansão estava decorada com armaduras, espadas e outros artefatos medievais e era cercada por hectares e mais hectares de bosques e jardins preservados, uma reserva ecológica para a caça de faisões e outras terras cultivadas. Tínhamos um chofer, um cozinheiro e uma equipe completa só para cuidar de nós. Vinte pessoas trabalhavam na área todos os dias. Ficamos duas semanas e aproveitamos para conhecer as aldeias ancestrais dos antepassados escoceses de minha esposa – no castelo era oferecido jantar para o fazendeiro que cultivava a cevada nas terras de Mallya e para os pais (que eram professores) de Ewan McGregor, o famoso ator escocês. Viviam na casa de pastoreio na propriedade de Mallya, e o pai de McGregor era o organizador dos Highland Games em uma cidade vizinha chamada Creiff. Nós assistimos aos jogos, sentados na área VIP, e fomos apresentados ao público como visitantes de honra – um dia de arremesso de martelos e toras e cabo de guerra que culminou com a grande atração, uma disputa entre monster trucks. Ser o "senhor" da casa foi muito legal.

Depois que voltamos a Nova York, Mallya me convidou para jantar no iate. Reunimo-nos em particular no convés superior, e eu disse a ele que não tinha interesse em vender a cervejaria. Mallya não queria comprar diretamente nossa empresa. Propôs que considerássemos as ações de uma subsidiária sediada nos Estados Unidos do seu grupo United

Breweries. Eu sabia que meu sócio Tom Potter e meus investidores nunca aceitariam esse tipo de negócio, e eu mesmo tinha pouco interesse.

Tínhamos contrato de fabricação da nossa Brooklyn Pilsner com a cervejaria de Mallya em Saratoga Springs, Nova York (uma das ex-cervejarias Nor'Wester), e eu não estava feliz com o fato de ele ainda ter instalado um laboratório de controle de qualidade. O responsável pela fermentação em Saratoga era um ex-cervejeiro da AB que sabia como fazer uma excelente pilsner, mas eu me preocupava por não haver relatórios sobre a qualidade da cerveja que eles estavam produzindo.

Também sabia que a Ten Springs, o novo nome da cervejaria e marca que Mallya divulgava, não estava indo bem. Disse a ele que sabia como a cervejaria em Nova York enfrentava dificuldades e que gostaria de comprar parte do controle acionário da empresa, se ele quisesse vender. Mallya explodiu. "Você acha que não sei o que estou fazendo com a United Craft Breweries?", disse enfurecido. "Você está insinuando que minha estratégia está errada?".

"Não", respondi. "Isso é só entre você e eu; estou apenas querendo ajudar".

Mallya foi para o convés principal ainda muito bravo e disse a seus homens que eu estava tentando roubar sua cervejaria. Era hora de abandonar o barco. Foi o fim da minha amizade com o bilionário indiano. Um dos executivos da Ten Springs, que mais tarde foi demitido, diria: "Pelo menos você ganhou uma viagem à Escócia. Eu não ganhei coisa alguma".[5]

Outras quatro cervejarias abriram o capital em 1995.

A REDHOOK FOI A PRIMEIRA, POR 17 DÓLARES A AÇÃO. ATÉ O FIM DO ANO, AS ações da empresa estavam sendo negociadas a 25,25 dólares, numa capitalização de mercado de 224 milhões de dólares. A empresa

---

[5] Executivo anônimo da Ten Springs, entrevista ao autor.

comprometeu-se a usar parte do dinheiro para pagar a cervejaria de 30 milhões que estava construindo em Portsmouth, New Hampshire, um compromisso decisivo para sua expansão em todo o país e para estabelecer um ponto de apoio na Costa Leste.[6]

Paul Shipman, cofundador e diretor executivo da Redhook, também assinou um acordo de distribuição com a AB, que daria a ele acesso à rede nacional de distribuidores da AB, vista como a melhor do país. Shipman foi figura-chave no mundo da fabricação artesanal desde o início da década de 1980 até seu fatídico discurso na Conferência de Produtores de Cerveja Artesanal em Seattle, em 1997. Depois disso, ele praticamente desapareceu.

Shipman vestia terno e gravata escuros e tinha certa semelhança com o presidente e diretor executivo de uma empresa da lista das 500 da *Fortune*.* Encontrei-o apenas uma vez, em 1999, em um piquenique no feriado de 4 de julho em Seattle. Estava lá com George Hancock, então diretor executivo da Pyramid Brewery, em Seattle. Não resisti e reclamei a Shipman o fato de que seu distribuidor em Nova York vendia barriletes a 65 dólares (os nossos estavam cotados a 100 dólares). Rebateu meu comentário dizendo que era ridículo, porque 65 dólares era o valor que ele vendia a seus distribuidores.

No início, em seus discursos, Shipman gostava de fazer declarações arrebatadoras e previsões. Certa vez, previu que as importadas iriam desaparecer do mercado nacional e seriam substituídas por cervejas artesanais norte-americanas. Em sua fala de abertura para a Conferência de 1997 em Seattle, começou dizendo que seu tema seria "unidade e artesanato". No entanto, não demorou muito para que mudasse o foco para dois segmentos da indústria: fabricantes que estavam batalhando para sobreviver, como a Matt Brewing Company,

---

[6] COONS, Jeffrey. "Look here, Wall Street! Four specialty brewers went public in 1995". *The New Brewer*, jan.-fev. 1996.

* *Fortune 500* é a lista anual publicada pela revista *Fortune* que elenca as 500 maiores empresas dos Estados Unidos. [N.T.]

e os cervejeiros sob contrato. Primeiro, disse que iria perscrutar "com profundidade o futuro".

Ele previa uma consolidação contínua da indústria cervejeira e afirmava que o futuro pertencia às "grandes cervejarias e, depois, às pequenas especializadas". De uma só tacada, ele estava jogando na lata do lixo cervejarias históricas como a DG Yuengling & Son, a mais antiga do país, a August Schell, a Matt Brewing Company, a Rainier Brewing Company e a Genesee Brewing Co., enquanto muitos de seus executivos estavam sentados na plateia.

"E isso, de fato, acaba com tudo", disse. "Existem algumas cervejarias que ainda atuam no meio do processo, mas elas estão condenadas. Não acho que desempenham um papel positivo e, na verdade, acho que seria melhor que saíssem do negócio, já que esse é o curso natural das coisas".

Shipman disse que a briga entre as cervejarias destruiu a confiança dos consumidores na indústria artesanal. Reconhecia que ele mesmo tinha participado dessas discussões e acrescentava: "Na verdade, vou continuar a fazer isso hoje", sem se dar conta da contradição de seu discurso, e assegurou que "não era amigável em relação à produção sob contrato". Segundo ele, era um modelo que confundia os clientes. "A atenção voltada para as cervejarias sob contrato e a questão da garantia da qualidade têm minado a credibilidade da nossa indústria... Essas cervejarias não constroem suas fábricas, ou, se o fazem, são muito pequenas".

Ele não citou nomes. Mas claramente estava se referindo a líderes da indústria como a Boston Beer, então sob contrato com a Hudepohl--Schoenling e Blitz-Weinhard, e a Pete's Brewing Company, então com a Stroh's. Minha empresa também trabalhava nesse modelo, mas provavelmente não era grande o suficiente para estar na lista de Shipman. Além de confundir os clientes, essa categoria de fabricantes, continuou ele, ajudava "cervejarias que de outra forma entrariam em falência. São cervejarias antigas – vocês sabem a quem me refiro – cuja existência está condenada e cujo fechamento abriria uma nova era em nossa indústria, a das grandes e pequenas cervejarias. É algo que vai acontecer e está sendo adiado".

Shipman contou ainda que sua visão futurística o levara a viajar a St. Louis para buscar uma parceria com a AB. "Chegando lá, solicitei a parceria que tornaria seus distribuidores acessíveis aos produtos Redhook. Essa relação funcionou muito bem".[7] De fato, naquele ano a Redhook cresceu 45%, produzindo 224.578 barris. Mas depois de mais alguns anos de aumento nas vendas, a empresa começaria a cair. Em 2012, as vendas foram de 191.000 barris.[8] Muitos da área começaram a evitar a cerveja, chamando-a de "Budhook".* A parceria com a AB não funcionara bem para a Redhook.

Se há uma lição para se aprender com a Redhook é que a humildade é uma virtude. Shipman fora um importante líder e porta-voz no mundo da fabricação artesanal até aquele discurso. Mas isso marcou o início do fim de sua liderança. Sua palestra imediatamente gerou a réplica de Fred Bowman da Portland Brewing Company, que atuava no conselho consultivo do Instituto da Cerveja e dos Estudos de Fermentação. "Acho que foi uma declaração muito estranha, que as cervejarias regionais deveriam encolher e desaparecer", Bowman disse à *The New Brewer*. Ele acrescentava que um dos benefícios da produção sob contrato é que isso ajudava a preservar e redirecionar as cervejarias históricas. "A Blitz-Weinhard Brewery no coração de Portland é um belo edifício. Eu odiaria vê-la desaparecer".[9]

A Boston Beer e a Pete's Brewing Company também abriram o capital. Ambas estavam sob contrato e tinham experimentado um crescimento meteórico, além de utilizar meios de comunicação de massa – anúncios no rádio, no caso da Boston, e na televisão, no caso da Pete's. A utilização desses meios – veículos testados e comprovados pelas cervejeiras nacionais – distinguia esses dois fabricantes no grupo.

---

[7] SHIPMAN, Paul. "The beginning of the end for imports; the end of the beginning for micros". *The New Brewer*, jan.-fev. 1992.

[8] *The New Brewer*, annual industry reviews, maio-jun. 1997, 56; maio-jun. 2013.

* O apelido é em função de a Redhook pertencer, assim como a Budweiser, à gigante Anheuser-Busch (AB), daí a junção dos nomes. [N.T.]

[9] KITSOCK, Greg. "Flavor reigns in Seattle". *The New Brewer*, maio-jun. 1997.

A FABRICAÇÃO ARTESANAL E OS NEGÓCIOS MILIONÁRIOS   143

Por produzir sua bebida em grandes cervejarias regionais, os fabricantes sob contrato foram capazes de aumentar a produção para atender à demanda criada pela publicidade de massa. Microcervejarias como a Sierra Nevada estavam sempre limitadas pela pequena capacidade de produção; para expandir eles teriam de adquirir novos equipamentos e contratar pessoal em uma área que exige muito investimento. A agilidade dessas empresas sob contrato de produção aumentou ainda mais o desprezo das outras microcervejarias por elas.

A Boston Beer, de longe a maior cervejaria especializada, vendia 948 mil barris em 1995 e subiu o faturamento para 86,1 milhões de dólares, vendendo 4,6 milhões em ações em uma oferta que colocou a empresa na prestigiada bolsa de valores de Nova York. Koch abriu mão de quase 40% das ações e 100% das ações com direito a voto. Isso significava o controle da diretoria e da empresa. Ele também irritou os investidores institucionais, oferecendo aos consumidores 33 ações de 15 dólares cada, com um cupom impresso na parte inferior do pacote com seis cervejas. As primeiras ações foram cotadas a 20 dólares cada e abriram a 27.[10]

Koch se lembra de ter recebido 65 milhões de dólares na oferta no pacote de cerveja, mas que teve de devolver 50 milhões, porque tinha concordado em limitar essa parte da oferta em 15 milhões.[11] Estava claro que os bebedores da Samuel Adams estavam dispostos a investir em suas cervejas favoritas. Para Koch foi a melhor e a pior época. Não muito tempo depois de sua triunfante oferta pública, a AB lançou uma campanha na mídia contra a Boston Beer Company, alegando que Koch fazia pose de microfabricante quando, na verdade, produzia sua bebida em grandes cervejarias industriais em todo o país. Na noite de domingo, em outubro de 1996, o repórter da NBC, Stone Philips, falou sobre Koch no *Dateline NBC*, um programa de jornalismo inves-

---

[10] Jim Koch, entrevista ao autor, 29 jan. 2013, Conferência dos Produtores de Cerveja Artesanal, San Antonio, Texas.

[11] *Ibid.*

tigativo que competia com o *60 Minutes* da CBS, programa de grande audiência e de longa data.

Parte do programa apresentava Koch, que contou a história de sua família na indústria cervejeira. Destacou suas medalhas no Grande Festival da Cerveja Norte-americana, seu sucesso no estabelecimento da marca Samuel Adams Boston Lager nas grandes cidades de todo o país. Um repórter do *Dateline* visitou a pequena cervejaria que Koch tinha comprado de Bill Newman e mudado para os antigos edifícios da Haffenreffer Brewery em Jamaica Plans, Massachusetts. E então o jornal mudou o tom:

> Mas há um pequeno problema com a situação: pelo menos 95% da Samuel Adams não são fabricados aqui, ou em qualquer lugar próximo a Boston, por sinal. Ela é fabricada aqui, na Stroh's Brewery em Lehigh Valley, Pensilvânia; aqui na Genesee em Rochester, Nova York, e em várias outras grandes cervejarias industriais do país. E embora possa ser feita artesanalmente, um lote por vez, como diz a garrafa, cada lote é fermentado em uma caldeira que pode armazenar entre 100 e 200 mil garrafas de cerveja. Isso mesmo – a Sam Adams que você compra na loja é provavelmente fabricada no mesmo lugar que marcas mais humildes e mais baratas como a Old Milwaukee, Stroh's ou a Little Kings. E ela não está sozinha. Muitas das cervejas caras e especializadas que se promovem como "artesanais" e "microfabricadas" são na verdade feitas em cervejarias comerciais de grande porte como esta; é a chamada produção sob contrato.[12]

Koch respondeu às críticas: "Se a Julia Child* vai até sua casa, leva seus próprios ingredientes e receita, e prepara o jantar na sua cozinha para você, quem fez o jantar, você ou a Julia Child?"

---

[12] PHILIPS, Stone. "Brew HaHa". *Dateline NBC*, 13 out. 1996.

* Autora de livros de culinária e apresentadora da televisão norte-americana. [N.T.]

A FABRICAÇÃO ARTESANAL E OS NEGÓCIOS MILIONÁRIOS ● 145

Francine Katz, um executivo da AB, foi quem esteve à frente do caso contra a Samuel Adams e outras cervejas sob contrato no relatório do *Dateline*. "Isso se resume à honestidade e verdade no rótulo… Tudo o que estamos dizendo é: 'Pessoal, vamos seguir algumas regras básicas de honestidade e ser sinceros em nossos rótulos'".

Muitas microcervejarias em todo o país também eram veementemente contra o contrato de produção e algumas adoraram o problema criado para Koch. A indústria cervejeira adora um *schadenfreude** pelo que as desgraças dos cervejeiros muitas vezes representam em tempo real no comércio e na grande imprensa. Os cervejeiros artesanais do Oregon ficaram particularmente raivosos com a decisão de Koch de vender uma bebida sob contrato no estado com o rótulo da Oregon Ale and Beer Company. Um segmento do *Dateline* mostrou imagens da Deschutes Brewery em Bend, Oregon, e entrevistou o fundador da Deschutes, Gary Fish.

> *Dateline*: Como as pessoas aqui no Oregon envolvidas na fabricação de cerveja artesanal reagem quando olham para uma garrafa da Oregon Ale e leem "microfabricada" no rótulo?
> Fish: Acho que elas se sentem muito ofendidas.[13]

As cervejeiras do Oregon se juntaram à AB em uma petição no Departamento de Álcool, Tabaco, Armas de Fogo (ATF), que regulamenta a indústria e exige que as cervejarias digam em seus rótulos quem é o fabricante e onde foi feita. O ATF não fez coisa alguma, mas a Boston Beer Company começou a divulgar as informações exigidas.

A AB também veiculou anúncios no *Boston Globe* e em outros jornais da Nova Inglaterra perguntando: "Qual dessas cervejas é fabricada na Nova Inglaterra?" e a legenda abaixo de uma garrafa de Samuel Adams dizia: "Esta não é"; e na garrafa de Michelob: "Esta é". A Michelob era

---

* Termo em alemão que se refere ao sentimento de satisfação diante do infortúnio de alguém. [N.T.]

[13] *Ibid.*

fermentada na fábrica da AB em New Hampshire. Esta também fez um anúncio nacional no rádio na época do Halloween no qual o fantasma da Samuel Adams confrontava um ator interpretando Jim Koch. "Hora de parar de enganar os bebedores de cerveja, Jim", dizia o fantasma. "Você está destruindo minha reputação e eu não vou apoiar isso". Ao som de trovoadas ao fundo, o fantasma explicava que a Samuel Adams era feita nas mesmas fábricas onde se produziam a "Schlitz, Schaefer e Old Style... cervejas que custam a metade do que lhe é cobrado". A figura interpretando Koch gaguejava, dizendo que estava muito ocupada fazendo comerciais em vez de produzir e engarrafar sua própria bebida.

O destemido Koch não recuou, mas parecia defensivo em seus anúncios repetindo a analogia com Julia Child. Um deles agradecia à AB pela preocupação com a qualidade de sua cerveja. Acrescentava que escolhia a dedo as cervejarias com as quais trabalhava e sempre com "nossos ingredientes próprios e os mais caros". E ainda provocou: "Vocês da Budweiser ainda não alcançaram o padrão da Sam Adams".[14]

A Pete's Brewing também abriu o capital, aumentando o faturamento para 62,1 milhões dólares e com a promessa de construir uma cervejaria em local não revelado no sul da Califórnia. A Pete's tinha vendido 347.800 barris em 1995. O cálculo para a construção de uma fábrica com capacidade anual de 250 mil barris era de 30 milhões de dólares. Mas não seria assim. A Stroh Brewing Co., que estava produzindo para a Pete's, tinha 1,1 milhão em ações, ou 10% das ações emitidas em circulação, e um executivo da Stroh estava na diretoria. Após a oferta, o cofundador da Pete's, Pete Slosberg, um entusiasta da tecnologia, tinha 5,6% da empresa de capital aberto.

Ele abrira a empresa com Mark Bronder, um abstêmio que havia trabalhado com ele na empresa de tecnologia californiana ROLM. Bronder tinha deixado o emprego na década de 1980 para iniciar um investimento de capital de risco. Ele sabia que Slosberg era um cervejeiro caseiro e sugeriu que começassem uma microcervejaria "para entrar

---

[14] KITSOCK, Greg. "Brew News: put up your dukes". *The New Brewer*, p. 98, jan.-fev. 1997.

em uma indústria em crescimento". A ideia agradou Slosberg – a IBM tinha comprado a ROLM, e ele não estava muito interessado na arregimentação corporativa pela qual a Big Blue* era famosa.[15]

Eles planejavam chamar a empresa de Mark e Pete's Brewing Co., inspirados pelo nome da famosa fábrica de sorvete Ben and Jerry's. Mas Bronder percebeu que o fato de ser abstêmio não seria muito bom para a história da empresa, então optaram por Pete's Brewing Co. Mark ligou para Bob Stoddard, dono da Palo Alto Brewing Co., uma das pioneiras, e perguntou se podia fazer cerveja para a Pete's.

"Bob era uma pessoa agradável e nos encorajou a seguir em frente com a ideia", Slosberg escreve em seu livro de memórias, *Beer for Pete's Sake*.

> Isso nos poupou de muito planejamento e burocracia. Não tivemos que gastar muita energia decidindo qual equipamento comprar, a capacidade de construção, onde localizar a fábrica, ou como conseguiríamos o montante de capital necessário. Nossos cálculos aproximados indicaram que poderíamos começar a empresa com muito menos dinheiro do que tínhamos previsto. Quem diria? Você não tinha que ter sua própria cervejaria para fazer uma grande cerveja! Creio que algumas pessoas gostam de abraçar seu maquinário todos os dias para se sentir bem, mas esse não era um requisito para nós.[16]

Por fim, os dois empresários decidiram produzir uma brown ale ao estilo da Nut Brown Ale, uma cerveja escura maltada, da inglesa Samuel Smith Old Brewery. Um amigo fez o esboço de um Pete barbudo que usariam no rótulo, mas acharam que o desenho parecia o de "um terrorista do Oriente Médio", e desistiram da ideia em favor do retrato do cão de Pete, Millie, uma bull terrier, na embalagem.

---

* Apelido da IBM por causa da cor azul usada em seu logo. [N.T.]

[15] SLOSBERG, Pete. *Beer for Pete's sake*. Boulder, CO: Siris Books, 1998, p. 62-64.

[16] *Ibid.*, p. 66-67.

"Na minha opinião, Millie era a cachorra mais bonita do planeta", escreve Slosberg. "Mark, pelo contrário, achava que era uma cadela com cara de boba. Juntos, pensamos que colocar uma bull terrier inglesa no rótulo certamente iria chamar atenção das pessoas, odiando ou amando os cães". Eles a nomearam de Pete's Wicked Ale após Bronder ouvir um comediante stand-up usar o adjetivo *wicked* repetidamente.[17] Este foi o tipo de brainstorming de mesa de cozinha que havia criado muitas cervejarias artesanais e cervejas durante três décadas. O rótulo tinha aquele sentimento caseiro que, anos mais tarde, os gurus do marketing chamariam de autenticidade.

Pete tinha uma aptidão natural para relações públicas. Em uma entrevista, mencionou a Duff Beer, a bebida favorita de Homer Simpson, e isso gerou um convite para participar de um episódio do programa.

Ele conheceu o ator e diretor Quentin Tarantino, fã da cerveja Pete's Wicked, e lhe presenteou com uma jaqueta da cerveja; fez o mesmo com o então governador da Califórnia, Pete Wilson, além de organizar um passeio à TOPGUN em Fallon, Nevada, onde os pilotos de caça são treinados. Todos eles eram fãs da cerveja, portanto foi algo bem fácil para Slosberg realizar o evento.

Infelizmente, os gênios do marketing muito bem pagos da AB já tinham registrado um bull terrier inglês como mascote da Budweiser, a cerveja mais vendida no mundo. A AB exigiu que Pete parasse de usar o rótulo com a cadela Millie. O uso do animal no rótulo pela Pete's Brewing Company antecedia o da AB, mas Pete havia registrado a marca somente na Califórnia.

"O melhor que poderíamos esperar seria proibir o Spuds Mackenzie [cão da Budweiser] em comerciais na Califórnia", diz Slosberg em seu livro. "Não havia garantias de que este seria o resultado final. No mínimo, poderíamos perder nossa empresa com gastos em processos judiciais. Queríamos estar na área jurídica ou no negócio da cerveja? Tínha-

---

[17] *Ibid.*, p. 68-71.

mos registrado a ideia primeiro, mas o que importava era quem tinha mais recursos financeiros".[18]

A Pete's fez então uma série de anúncios de televisão na qual Slosberg está sentado à mesa em uma rua de San Francisco e se oferece para dar autógrafos ou posar para fotos com os transeuntes. Claro que muitos nunca tinham ouvido falar dele e, embaraçados, recusavam suas propostas. Os anúncios encerravam com o slogan: "Ainda não mundialmente famosa". Foi um sucesso, e o *New York Times* colocou a campanha na lista das dez melhores de 1994.[19]

A campanha publicitária, feita pela Goodby, Silverstein & Partners de San Francisco, e o espaço na mídia custaram à cervejaria 1 milhão de dólares. Após o *Times* ter listado a propaganda da Pete's, a AB abordou a agência com um contrato de 31 milhões dólares para fazer a campanha da Budweiser Ice Beer, e a Goodby Silverstein caiu fora.

Três anos após a oferta pública inicial da Pete's, a empresa foi vendida para a Gambrinus Co., proprietária da Bridgeport Brewing Co. e importadora da Corona da Modelo Brewery. Sob a administração de Carlos Alvarez, diretor executivo da Gambrinus, a Pete's entrou em declínio, e a marca acabou desaparecendo em 2012. Slosberg diz que Gambrinus fez pouco uso do tipo de marketing habilidoso que fora a marca do fundador nos dois anos em que promoveu a marca. Os dois principais eram a Califórnia e Massachusetts, mas a Gambrinus divulgou mais a cerveja em Kentucky e Mississippi, estados que não são conhecidos por seus mercados de cerveja artesanal. Alvarez falhou com a Pete's, mas teve grande sucesso com a Corona. Ele tinha também comprado a Spoetzl Brewery em 1989 e fez de sua Shiner Bock uma das cervejas especiais mais vendidas no país.[20]

A última das ofertas públicas foi a da Hart Brewing Co., mais tarde renomeada para Pyramid Brewery. O diretor executivo George

---

[18] *Ibid.*, p. 135.

[19] *Ibid.*, p. 137.

[20] Pete Slosberg, entrevista ao autor, 26 mar. 2013, Conferência dos Produtores de Cerveja Artesanal, Washington, DC.

Hancock, ex-contador da Coopers & Lybrand que ganhara dinheiro com uma empresa de tecnologia antes de comprar a Hart, conseguiu 49,4 milhões de dólares com a oferta. Ele tinha planos de pagar as dívidas, construir uma nova cervejaria no norte da Califórnia e, logo depois, uma grande em Berkeley.[21] Quando os lucros da Pyramid caíram, as ações da bolsa despencaram, o que aconteceu com muitas ofertas públicas de cervejarias, o que acabou fechando as portas das ofertas públicas para a indústria.

Hancock diz que o dinheiro que a Boston Beer Company adquiriu para sua oferta pública inicial era irresistível. "Todo mundo viu o quanto a Sam Adams conseguiu, e não poderíamos perder esse tipo de oportunidade", conta. "Foi simples assim. Pensa que preferiria dirigir uma empresa de capital privado? De jeito nenhum. Mas conseguimos muito dinheiro e construímos uma grande fábrica em Berkeley".

Hancock também pretendia comprar cervejarias artesanais menores e juntá-las à sua empresa de capital aberto, que estava produzindo 117 mil barris por ano, quando abriu as ações ao público. Ele veio até nós e falou em comprar a Brooklyn Brewery, mas queríamos o mesmo valor que ele tinha conseguido e Hancock não estava disposto a pagar esse dinheiro pela nossa empresa, que era pouco rentável.

A nova cervejaria em Berkeley não aumentou o potencial de produção da Pyramid tão rapidamente quanto Hancock planejara. Ele disse que, logo após a conclusão da oferta pública inicial, a empresa não atingiu a meta do lucro trimestral. Um grupo de acionistas descontentes contratou um advogado e processou a empresa. "Bem-vindo ao mundo das empresas de capital aberto", Hancock ironizou.

Nos anos seguintes, a Pyramid aumentou a produção para mais de 200 mil barris, porém ainda não estava crescendo tão rapidamente como uma empresa desse tipo precisava. Hancock se aposentou e deixou o cargo de diretor executivo em janeiro de 2000, e a cervejaria ficou nas mãos de seu diretor operacional Martin Kelly, ex-executivo de

---

[21] *Ibid.*, p. 66; COONS, "Look here, Wall Street! Four specialty brewers went public in 1995".

vendas da Miller Brewing Company. Hancock tornou-se presidente do conselho administrativo.

"Creio que nos perdemos nesse ponto", diz. "Acho que realmente não entendemos o impacto que essas mudanças têm na cultura da empresa... Tem a ver com o que eu disse sobre isso ser um movimento, uma espécie de culto religioso. Tem que ser administrado como um negócio, mas a coisa funciona melhor quando todo mundo adere à missão. Eles se apaixonam pelas marcas, cervejas e a equipe. E podem fazer coisas espetaculares. Foi o que a Pyramid fez nos anos 1990. Tínhamos uma grande equipe e competimos no noroeste com os irmãos Widmer. Estávamos focados em nossas cervejas de trigo".

Hancock acabou demitindo Kelly. Alan Newman, da Magic Hat Brewery, em Vermont, o contratou. Em 2008, a Magic Hat comprou a Pyramid e esta voltou a ser privada e de capital fechado, naquilo que parecia ser a vingança pela demissão de Kelly. A equipe mudou os nomes das cervejas da Pyramid – a cerveja carro-chefe, a Pyramid Hefeweizen, passou a se chamar Haywire, e diziam que a mudança era para transformar a marca em "um estilo de vida". Mas as vendas despencaram, e a Magic Hat/Pyramid foi vendida para a North American Breweries em 2010, cuja âncora foi a Genesee Brewing Co.

Hancock contou que teve de tornar a empresa privada depois que o escândalo da Enron* trouxe uma nova onda de regulamentações para as empresas públicas, na forma da Lei Sarbanes-Oxley, de 2002. "Gastávamos muito dinheiro todos os anos para ficar em conformidade com a Sarbanes Oxley, pagando consultores que trabalharam para os culpados pelo escândalo da Enron. Eles estavam fazendo milhões com a limpeza. Basicamente, o pequeno modelo de empresa pública tornou-se inválido naquele momento, muitas tiveram de voltar a ser privadas. Se eu pudesse, teria feito o mesmo. Para o bem dos acionistas, todos os acionistas,

---

* A Enron faliu e levou os fundos de pensão dos funcionários e investidores, gerando um rombo de cerca de 1,5 bilhão de dólares e uma dívida de 13 bilhões. A empresa maquiava os balancetes, escondendo prejuízos e exagerando os lucros. [N.T.]

você tem que tomar uma decisão mais imparcial, e a decisão certa foi vendê-la naquele momento".

Hancock diz que a única cervejaria que tinha o tamanho necessário para cumprir as obrigações de uma empresa pública era a Boston Beer Company de Jim Koch. "A estratégia da produção sob contrato de Jim deu-lhe o dinheiro para investir em marketing e criar uma empresa de crescimento rápido que não estava limitada por tijolos e argamassa, para que pudesse expandir o negócio muito mais rápido do que os cervejeiros artesanais tradicionais. No final, ele venceu a batalha. Pulou fora rápido, investiu os dólares em marketing para criar a marca. É um dos caras mais brilhantes da indústria e mais motivado para o sucesso".[22]

Outras cervejarias de pequeno e grande porte se uniram neste momento. Em 1995, a Miller Brewing Company comprou a Celis Brewery com sede em Austin, Texas, a cervejaria belga fundada por Pierre Celis.[23] O rótulo da Celis White Beer tinha um caubói laçando um bezerro. A Miller também comprou uma participação de 50% na Shipward Brewing Co. de Portland, Maine, em 1995. Fred Forsley, cofundador da cervejaria, anunciaria a compra de volta em 1999.[24] Bert Grant vendeu sua empresa, a Yakima Brewing and Malting, à Stimson Lane Ltda., proprietária da Chateau San Michel, Columbia Crest Wines e US Tobacco, em 1995.[25]

O ano de 1997 foi estontente e de muita ansiedade para a indústria da cerveja artesanal. Charlie Papazian abriu a Conferência dos Produtores de Cerveja Artesanal de 1997 em Seattle com a observação de que as

---

[22] George Hancock, entrevista ao autor, 15 abr. 2013, Phoenix, Arizona.

[23] O impecável cervejeiro belga tinha renascido o estilo white beer com a marca Hoegaarden da sua terra natal. Anos antes, Celis vendera a Hoegaarden à gigante belga InBev e abraçara sua nova vida na América.

[24] SMITH, Aaron. "Shipyard sails into union with Miller". *Bangor Daily News*, 24 nov. 1995; entrevista com o presidente da Shipyard Fred Forsley, 26 out. 2012, www.journeytothebeerstore.blogspot.com

[25] SUNDE, Scott. "Microbrewery pioneer Bert Grant led Northwest beer revolution," *Seattle Post Intelligencer*, 1 ago. 2001.

cervejarias que operavam nos Estados Unidos ultrapassaram o número de 1.200, mais do que em qualquer outro país do mundo, incluindo a Alemanha. Mas não era bem assim. Hancock, diretor executivo da Pyramid, conta que os canais de distribuição foram tomados por uma enxurrada de novos produtos. "O principal desafio era produzir cerveja em quantidade suficiente", disse ele. "Agora é vender cerveja o bastante".[26]

Quando penso nesse período vertiginoso de crescimento, declínio e mudança, um momento profético me vem à mente: o discurso do cofundador da Full Sail, Jerome Chicvara, na Conferência dos Produtores de Cerveja Artesanal de 1997. Na minha opinião, continua a ser um dos discursos mais cativantes proferidos na Conferência. Começa com uma homenagem à Meca da fabricação de cerveja artesanal, o grande Noroeste; o produto tinha uma participação de 10% no mercado do Oregon e em Washington. Ele lembrou ao auditório lotado que o lema do estado era "as coisas parecem diferentes aqui".

Passou então a explicar que seu discurso padrão sobre o movimento artesanal era a "crença em tijolos e argamassa" e chamou esse tipo de filosofia de "Se você construir, eles virão", frase tirada de um drama chamado *Field of Dreams*,* sobre um sonhador que constrói um estádio de beisebol no meio de um milharal. "Não consigo pensar em outra maneira de queimar tanto dinheiro como construir cervejarias ou estádios de beisebol", disse Chicvara. "Nunca fiz um estádio, mas acho que a construção de uma cervejaria seria um bom passo inicial nesse sentido. Talvez eu tente isso numa próxima carreira. A premissa é simples. Se você construísse, eles viriam: os bebedores, os entusiastas e os clientes viriam aos montes para o seu santuário da cerveja atrás de seu produto, tudo em troca de ser como a Nike: o '*just do it*'".[27]

---

[26] Greg Kitsock, "Flavor reigns in Seattle", *The New Brewer*, p. 72, maio-jun. 1997.

* Filme de 1989 dirigido por Phil Alden Robinson, lançado no Brasil como *Campo dos Sonhos*. [N.T.]

[27] Jerome Chicvara, "If you build It, they will come", discurso na Conferência dos Produtores de Cerveja Artesanal, 24 mar. 1997, Seattle, Washington, transcrito pelo autor a partir de gravação em fita.

Ele mostrou slides de antigos e novos estádios de beisebol, do Ebbets Field ao Camden Yards, e, em seguida, slides das grandes cervejarias que estavam sendo construídas pela Sierra Nevada, Grants, Redhook, Pyramid, Full Sail e Deschutes. Mas, segundo ele, as coisas tinham mudado desde o ano anterior, quando tinha feito um discurso otimista. Em 1997, o tema de seu discurso seria "Se você construir, será que eles virão?" Ou, melhor ainda, "Por que e para quem estou construindo isso?"

"É hora de focar sua visão para 1997 e além", disse na conferência. "O século XXI será o céu ou o inferno para a cerveja artesanal?" Chicvara falava que a aliança da Redhook com a AB e o capital levantado com as ofertas públicas iniciais armaram o cenário para as guerras da cerveja artesanal ou para uma comoção financeira há muito profetizada na indústria. Seguiu então com um trecho do primeiro filme Star Wars, que mostrava a Estrela da Morte, a estação bélica espacial do tamanho de uma lua, aniquilando outras naves espaciais. Como se aquilo não fosse o suficiente, acrescentou: "A grandona é a Redhook".

Antes de usar a metáfora do *Star Wars*, ele se referiu à nova confusão na indústria da cerveja artesanal. Até aquele ponto, o inimigo tinha sido sempre as grandes cervejeiras nacionais e as importadas. "Eu não sei quanto a vocês, mas ainda estou tentando decidir quem são meus concorrentes. E aqui estão algumas pistas para refletirmos sobre quem são os atores neste drama. Perdoem-me a hipérbole. Se você for um membro do elenco na minha sátira, será divertido".

Chicvara então mostrou imagens do filme *Jurassic Park*, com um *Tyrannosaurus rex* feroz devorando dinossauros menores. Era uma referência nada sutil à AB e sua política de 100% de *share of mind*; mostrou também outro trecho de *Star Wars*, com Darth Vader como um construtor de impérios. "Se você não pode vencê-los, compre-os", disse Chicvara, fazendo novamente outra referência à AB e à Redhook.[28]

Darth Vader: Qual é a ordem, meu senhor?
Imperador Palpatine: Há uma grande perturbação na força.

---

[28] *Ibid.*

A FABRICAÇÃO ARTESANAL E OS NEGÓCIOS MILIONÁRIOS 155

Darth Vader: Eu senti.

Imperador Palpatine: Temos um novo inimigo: Luke Skywalker.

Darth Vader: Sim, meu senhor.

Imperador Palpatine: Ele poderia nos destruir.

Darth Vader: É apenas um menino. Obi-Wan não pode mais ajudá-lo.

Imperador Palpatine: A força está com ele. O filho de Skywalker não pode se tornar um Jedi.

Darth Vader: Se ele se transformasse, poderia se tornar um poderoso aliado.

Imperador Palpatine: Sim, sim. Ele seria um grande trunfo. Podemos fazer isso?

Darth Vader: Ele vai se juntar a nós ou vai morrer, senhor.[29]

A partir daí discutiu como a concorrência no segmento da cerveja artesanal poderia ser "muito maldosa". Exibiu outro clipe do T-Rex destroçando um desafiante, clara alusão ao ataque na mídia da AB a Jim Koch e à Boston Beer Company. "Jim, você está aí?", gritou para o público. "Grande Jim. Você está vivo, certo? Isso ainda não aconteceu. Minhas desculpas pela natureza indigna desta metáfora particular, mas é bastante sugestiva, não acha?" Koch não estava na plateia.

Chicvara passou a descrever os perigos de ser notado pelos grandes atores da indústria e de se tornar um empecilho na disputa por uma fatia do mercado. Com o *Star Wars*, detalhou as tentativas de Darth Vader para atrair Luke Skywalker a seu destino, "o lado negro". Foi mais uma referência não muito sutil a Paul Shipman e August Busch III. "Sabe, até certo ponto, creio que é válida essa coisa de oferta irrecusável", disse ele. "Mas cuidado com o lado obscuro de um negócio bem-sucedido".

Podia ser uma referência às taxas e outras restrições que faziam parte do contrato de distribuição da Redhook com a AB. Na época em que foi feito, parecia um grande negócio, até a AB pressionar com seu programa de 100% de *share of mind* e forçar os distribuidores a

---

[29] *Star Wars Episode IV: a New Hope,* dirigido por George Lucas, Los Angeles, Califórnia, 20th Century Fox Pictures, 1977.

abandonarem as marcas que não estavam ligadas a ela. "Todos os casamentos exigem confiança", dizia Chicvara. "E implicam concessões. Mas, em alguns casamentos, um cônjuge pode ser, digamos, mais persuasivo do que o outro?"

Outro trecho do filme apresentado naquele dia ecoa na minha mente desde então. É uma cena envolvendo Darth Vader e Lando Calrissian, ex-aliado de Skywalker que decidiu fazer um acordo com Vader.

> Darth Vader: Leve a princesa e o Wookiee para minha nave.
> Lando Calrissian: Você disse que eles iriam ficar sob minha supervisão.
> Darth Vader: Estou mudando nosso acordo, e reze para eu não alterá-lo mais ainda.[30]

Chicvara estava ilustrando um perigo implícito em qualquer acordo entre duas partes desiguais: a parte mais forte podia mudar os termos do acordo. De acordo com ele, o sucesso em 1997 era simplesmente uma questão de sobrevivência. "Você só pode dizer que teve sucesso se você estiver na conferência do próximo ano, na minha opinião", disse. Comparou as guerras da cerveja de 1997 às da década de 1880. "Em 1889, uma cervejaria britânica – ouçam essa – ofereceu 16 milhões de dólares para a Schlitz, Pabst e Blatz. São 16 milhões em dinheiro em 1890. Nessa época, os cervejeiros de pequeno porte começaram justamente a se consolidar como resposta a essa oferta, e, em 1892, o preço da cerveja nos Estados Unidos caiu 50%. Seria uma grande briga. As cervejarias maiores começaram a mostrar um claro interesse na categoria de cervejas especiais e sofisticadas, tanto na produção quanto na distribuição". Para sobreviver, aconselhava, os cervejeiros deveriam manter o negócio no pequeno porte e não atrair a atenção das grandes fabricantes. Ele defendia os mercados regionais e seus pequenos nichos.

"Não tente ser tudo para todos", disse. "Coisas estranhas acontecem. Vejam só o caso do meu amigo Bert". Ele mostrou um papelão

---

[30] *Ibid.*

em tamanho real com a figura de Bert Grant com um kilt escocês feito pelos novos proprietários da Grant Ales para os displays nos pontos de venda em supermercados. Aquele que tinha na mão estava exposto no saguão do hotel da conferência. "Bert tem belas pernas para usar um *kilt*", disse Chicvara para finalizar. "Se você continuar como um negócio pequeno, nunca terá que se submeter a este tipo de absurdo".[31] Era uma avaliação que dava o que pensar num momento muito difícil da revolução.

Fritz Maytag ofereceu conselhos semelhantes na Conferência dos Produtores de Cerveja Artesanal de 1998, em Atlanta: "Tenho paixão por coisas pequenas", disse então.[32] Eu me lembro de ter ouvido isso e pensado: "É fácil para você dizer. Sua produção é de 100 mil barris naquela bela cervejaria de pequeno porte, naquela bela cidade na costa do Pacífico. E eu aqui em um bairro do Brooklyn lutando para chegar acima dos 30 mil barris. Quando eu alcançar 100 mil barris, verei se é tão bonito assim um pequeno negócio".

Minha empresa e centenas de outras ainda estavam crescendo, apesar da crise geral. A ascensão da líder do segmento, a Boston Beer Company, estava a pleno vapor com pouco mais de 1 milhão de barris por ano. A Pete's Brewing Company tinha começado a perder terreno. Muitas pequenas cervejarias achavam que as marcas Nor'Wester, as cervejas de produção sob contrato como a Rhino Chasers e a maré vermelha de cervejas das grandes cervejarias estavam confundindo o consumidor. Algumas culpavam as divisões entre os cervejeiros artesanais pela recessão.

Na Conferência dos Produtores de Cerveja Artesanal de 1996, em Boston, David Geary da Geary's Brewing Company em Portland, no Maine, tinha censurado as brigas internas na indústria e aplaudido Jim Koch por ensinar a todos como vender cerveja. O discurso de Geary foi vaiado pela plateia quando criticou as tentativas de excluir

---

[31] Chicvara, "If you build, they will come".

[32] Greg Kitsock, "The 1998 Craft-Brewers Conference and Trade Show", citando o discurso de abertura de Fritz Maytag, *The New Brewer*, p. 47, jul.-ago. 1998.

a Boston Beer da categoria dos cervejeiros artesanais. "Então quer dizer que Jim Koch não é um cervejeiro artesanal? O homem que nos ensinou tudo sobre vender cerveja? Ridículo!", Geary explodiu.[33] Iconoclasta como sempre, também elogiou a AB por fazer uma ótima cerveja, uma de qualidade. Mais vaias. Sua fala era controversa, mas acho que, na verdade, exemplificava uma das grandes forças da revolução da cerveja artesanal: que a indústria é composta de empresários obstinados, pessoas que estão acostumadas a remar contra a maré, que não seguem o caminho mais fácil, e por aquelas que se regozijam em lhe dizer a verdade do processo. Ao longo da história, as pessoas da indústria fizeram muitos discursos como o de Geary e acho saudável esse tipo de discordância – cervejeiros artesanais não se importam em arriscar. Às vezes, eles estão errados, como Paul Shipman estava em Seattle. Mas frequentemente trazem à tona uma verdade que muitos não querem enfrentar; isso nos impede de ficar apegados demais a uma ortodoxia dominante, de acreditar em nosso próprio papo furado. E essa é uma grande força.

Tendo dito isso, não concordo com a declaração de Geary de que Koch tinha nos ensinado como vender cerveja. Koch o fazia da mesma forma que os grandes fabricantes, com anúncios no rádio e na TV. Assim como Pete Slosberg. Eu e outros tantos cervejeiros artesanais não vendíamos daquela maneira. Talvez eu devesse; Koch e Slosberg lucravam muito mais que minha cervejaria.

A defesa de Koch feita por Geary veio em um momento perigoso. Como já mencionei, Koch tinha começado um contrato de produção chamado de Oregon Ale and Beer Co. – com uma marca do Oregon que era produzida no noroeste pela Saxer Brewing Co. Chicvara, o presidente da Associação dos Cervejeiros do Oregon, pedia a expulsão de Koch da AOB. A associação tinha criado um selo para colocar nas embalagens de seus membros para diferenciar seus produtos dos de Koch,

---

[33] David Geary, discurso na Conferência dos Produtores de Cerveja Artesanal de 1996, Boston, Massachusetts, transcrito na *Modern Brewery Age*, p. 7, 20 maio 1996.

feitos pela Oregon. Chicvara também tinha um plano para atrair as manchetes jogando caixas da Samuel Adams Boston Lager de um navio no porto de Boston, uma espécie de Festa da Cerveja de Boston, em analogia à Festa do Chá da cidade.

PARECIA QUE ESSA RIXA COM A OREGON ESTAVA FICANDO FORA DE CONTROLE e ameaçando a unidade do movimento. Será que realmente fazia sentido isolar o principal ator do segmento, alguém que tinha feito muito para divulgar a cerveja artesanal, mesmo que seu único objetivo fosse vender a Samuel Adams Boston Lager e agora a Oregon Ale?

Durante a conferência de 1996 em Boston, peguei o número do telefone da casa de Koch e liguei para perguntar se ele iria participar de uma reunião com os fabricantes de cerveja do Oregon. A última vez que tinha falado com ele foi durante a discussão aos gritos que tivemos por causa de suas propagandas enganosas inspiradas nas suas vitórias na enquete de preferência dos consumidores. Não éramos exatamente amigos. Para minha surpresa, ele concordou. Dirigiu de sua casa no subúrbio de Boston até o hotel da conferência no centro da cidade.

Chicvara recorda que na reunião estavam presentes Gary Fish, da Deschutes Brewery; Jack Joyce, da Rogue Ales; Jamie Emmerson e Irene Firmat, da Full Sail Brewing Company; Fred Bowman, da Portland Brewing Co.; e Mike Sherwood, o diretor executivo da Associação dos Cervejeiros do Oregon.[34]

As cervejarias locais se revezaram no esfolamento de Koch por sua falsa cerveja artesanal. "Fish tinha alguns comentários francos e substanciais", lembra Chicvara. "Jamie e Irene disseram a ele que aquilo beirava a fraude, e ele estava desnudando o valor de uma verdadeira cerveja artesanal da Oregon – embora a cerveja fosse feita na Blitz Weinhard

---

[34] Jerome Chicvara, e-mail ao autor, 11 fev. 2013.

and Saxer e não fosse ruim. Era válido. O objetivo da discussão era minar a proposta de valor/preço das cervejas artesanais da Oregon. Ninguém gostava muito disso".

Koch ouviu atentamente, às vezes rodopiando uma mecha de cabelo acima da orelha esquerda, do jeito que costumava fazer em situações estressantes. "Ele disse pouco – 'Caramba, minha nossa, por que todo esse fuzuê?'", conta Chicvara. "O cara metido a MBA em Harvard queria nos fazer crer que era igual a nós. Sua *persona* à la Will Rogers não convencia. E não funcionou com os membros da Associação dos Cervejeiros do Oregon".

Lembro que ele concordou em desistir de sua Oregon Ale and Beer Co., o que acabou fazendo alguns anos mais tarde. Chicvara acha que o selo da Associação do Oregon ajudou a desmascarar Koch como um oportunista, e foi por essa razão que Koch desistiu. "Os consumidores descobriram que a Oregon Ale and Beer era uma enganação", diz Chicvara.[35]

No entanto, o encontro evitou qualquer tentativa de expulsar Koch da AOB ou de encenar uma Festa da Cerveja de Boston. E deixou Koch cara a cara com alguns de seus piores detratores. Sempre foi um solitário na indústria. Muitos de nós tínhamos nossa panelinha de amigos cervejeiros com quem saíamos para beber em conferências anuais. Por exemplo, Gary Fish e eu raramente perdemos uma oportunidade de jogar golfe quando nos encontramos. Enquanto curtimos um dia no campo de golfe, Koch, sempre muito ambicioso, provavelmente está visitando clientes ou em uma reunião com seus distribuidores.

Mais tarde, Koch se lembrou da reunião em Boston como um ponto de virada em suas relações com os outros personagens da indústria. "Quando você estendeu a mão para mim, aquilo foi um divisor de águas que abriu um novo futuro", me disse Koch. "Não foi muito divertido ser atacado por todo mundo o tempo todo. Era uma maneira

---

[35] *Ibid.*

A FABRICAÇÃO ARTESANAL E OS NEGÓCIOS MILIONÁRIOS ● 161

de me juntar e ser respeitado por meus colegas, um grupo de pessoas muito capazes e bons concorrentes".[36]

O final do século XX foi um período tumultuado para os cervejeiros artesanais, e muitos analistas disseram que a área estava passando por uma crise.[37] David Edgar da AOB falou sobre o assunto na edição de maio-junho de 1998 da *The New Brewer*. Ele apontou para uma definição no dicionário de crise como "uma eliminação de empresas, produtos etc., como resultado da queda nas vendas ou aumento dos padrões de qualidade".

Mostrou então que a quantidade de cervejarias especializadas regionais tinha aumentado de 395 para 451 entre 1996 e 1997; as fábricas-bares subiram de 691 para 851 no mesmo período. No geral, 317 negócios na indústria cervejeira abriram em 1996, ao passo que 36 tinham fechado; em 1997, abriram 231, fecharam 61. "Uma crise de verdade pode ainda acontecer, mas não em 1997 e não é provável em 1998", escreveu. "A indústria está amadurecendo. Muitos empresários acordaram para a dura realidade de que você não pode simplesmente colocar um nome inteligente em um pacote bonitinho – e não pode chamar sua empresa de fábrica-bar – e esperar o sucesso. Há muitos detalhes importantes na definição dos conceitos, alguns dos quais só podem ser aprendidos pela experiência".[38]

---

[36] Entrevista de Koch, 29 jan. 2013. Mais tarde, Koch se juntou ao conselho da Associação dos Produtores de Cerveja como membro geral e teve papel importante no desenvolvimento da organização. Treze cervejeiros são eleitos para o conselho da associação e dois são nomeados pelo grupo como membros gerais.

[37] STAPINSKI, Helen. "3100 gallons of good beer down a drain". *The New York Times*, 7 maio 1997; FRYER, Alex. "Redhook: Craft Beer shakeout due". *The Seattle Times*, 22 maio 1997; SHARP, David. "Specialty beers still too special to become a market force". *The Associated Press*, Portland, Maine, 21 maio 2000; ACITELLI, Tom, "The great shakeout, 1996-2000". *The audacity of hops*. Chicago: Chicago Review Press, 2013.

[38] *Webster's Encyclopedic Unabridged Dictionary*; EDGAR, David. "1998 Industry in review". *The New Brewer*, p. 18-19, maio-jun. 1998.

MAS NINGUÉM PODE NEGAR QUE ALGUMAS FALÊNCIAS FORAM DRÁSTICAS.

A Red Bell Brewing Co., da Filadéfia, começou a fabricar a Red Bell Blonde Ale em 1993 na Lion Brewery, em Wilkes-Barre, na Pensilvânia, que por sua vez eram donos da Stegmeir Beer, cerveja distribuída na região. O corretor da bolsa James Bell e seu parceiro, o engenheiro Jim Cancro, lançaram a Red Bell com outdoors sugestivos que diziam: "A Filadélfia está colocando loiras atrás das grades".* Eles conseguiram vender a cerveja no Veterans Stadium na Filadélfia e um ano depois construíram uma sala de brassagem de quarenta barris no antigo bairro de Brewerytown, que já foi o local de muitas cervejarias pré-Lei Seca, como a Schmidts e a Ortleib's. Naquele mesmo ano, Bell e Cancro inauguraram uma fábrica-bar no CoreStates Center, ginásio poliesportivo, casa do Philadelphia Flyers e Philadelphia 76ers. Bell e Cancro abriram o capital da empresa em 2002, mas estavam perdendo rios de dinheiro desde o começo. As ações despencaram e o estado revogou a licença de fabricação da cervejaria por causa dos impostos não pagos relativos à folha de pagamento – pecado terrível em qualquer negócio. A Red Bell fechou ainda naquele ano.

Steve Mason, um ex-professor de educação física, e o empresário de Vermont, Alan Davis, junto de outros amigos, criaram a Catamount Brewing Co. em White River Junction, Vermont, em 1986. Mason tinha sido um aprendiz numa cervejaria em Hertfordshire, em 1983, e voltou para os Estados Unidos com planos de abrir uma microcervejaria. Montou sua sala de brassagem a partir de um tanque de fermentação recuperado da Stroh Brewery, em Detroit, sua cidade natal, e comprou tanques de acondicionamento da JV Northwest, fornecedor das microcervejarias.

A Catamount Gold, uma golden ale lupulada, ganhou medalha de ouro no Grande Festival da Cerveja Norte-americana em 1989.

---

* Trocadilho com a palavra *bar*, que em inglês significa tanto "bar" como "grade", "barra". [N.T.]

A empresa também fazia amber ale, pale ale, uma oatmeal stout e algumas cervejas sazonais. A produção estava em 12 mil barris por volta de 1993. Davis, o homem das vendas, queria investir mais no marketing da empresa, contratar vendedores e desenvolver materiais mais sofisticados para os pontos de venda. Porém Mason queria expandir a produção e impulsionar a premiada Catamount Gold. O conselho administrativo ficou ao seu lado, e Davis deixou a empresa naquele ano.

Mason encontrou um novo local para a cervejaria em um parque industrial em Windsor, Vermont, cerca de 25 quilômetros ao sul de White River Junction. A cervejaria de 5 milhões de dólares, financiados com empréstimos bancários, abriu em 1997. A *Inc. Magazine* citou o especialista em marketing Paul Ralston, dizendo que a nova cervejaria era "uma bela instalação, um verdadeiro Cadillac". Mas sua inauguração foi no ano em que o crescimento da indústria artesanal sofreu uma ligeira queda e a empresa nunca conseguiu vender o bastante para saldar a dívida pesada que assumira para a construção.

"Mason achava que se fizesse um produto excelente, os clientes surgiriam", conta Jack Shea, proprietário da Capitol Distributors Inc. "Quando se está desenvolvendo uma marca, é preciso presença de rua. Você precisa de uma força de vendas que engrandeça o produto. A Catamount chegou tarde demais no jogo para fazer isso".

O obituário que a *Inc.* fez para a Catamount em outubro de 2000 falava em "marketing fraco e expansão prematura" como as causas da falência.[39] Antes do fim do ano, a Harpoon Brewery comprou a Catamount.

Entre 1995 e 1998, mantive na parede atrás da minha mesa no Brooklyn uma lista das cervejarias que faliram. Gostaria de ainda tê-la. Lembro-me de que tinha aumentado para mais de quarenta nomes, incluindo uma dúzia de fábricas-bares e cervejarias de produção que surgiram em Nova York. A Manhattan Brewing Company, onde

---

[39] ROSENWEIN, Rifka. "OBIT: Why Catamount Brewery closed". *Inc.,* 1 out. 2000.

nosso mestre-cervejeiro Garrett Oliver se profissionalizou com Mark Witty, que já tinha trabalhado para a Samuel Smith, faliu com três proprietários diferentes. Muitas fecharam as portas em toda a cidade. Parecia que todas tinham problemas em montar equipes capazes de fazer refeições e cervejas de qualidade. Talvez tivessem subestimado a quantidade de dinheiro necessário para contratar um chef e um mestre-cervejeiro de primeira linha.

Em 1995, John Bloostein, ex-executivo de Wall Street, inaugurou a Heartland Brewery na Union Square. A comida e a cerveja eram excelentes. Até que enfim uma fábrica-bar de Manhattan parecia conseguir sucesso. Mas quando Bloostein decidiu expandir para outros locais de Manhattan, começou a produzir sua cerveja sob contrato na Greenpoint Beer Works do Brooklyn, estratégia que usa até hoje. Bloostein percebeu que o mercado imobiliário de Manhattan era muito caro para manter o negócio de uma microcervejaria. A única fábrica-bar Heartland que ainda fabrica no local em Manhattan é a Chelsea Brewing Company, no complexo Chelsea Piers no West Side.

O fracasso mais retumbante da cidade foi o da Zip City Brewing Co., na 5ª Avenida com a West Eighteenth Street. Zip City é a cidade fictícia que Sinclair Lewis descreve em seu romance *Babbit*, uma sátira dos empresários de pequenas cidades. Em Nova York, a Zip City era uma bela fábrica-bar. Os tanques revestidos de cobre ficavam expostos no centro de um grande salão, com um bar oval ao redor. O mestre-cervejeiro, Jeff Silman, um fabricante caseiro veterano, fazia lagers ao estilo alemão e cervejas de trigo muito boas. Durante seis anos, o pub expandiu sem parar, mas desabou no sétimo, e o proprietário Kirby Shyer teve de fechá-lo.

Infelizmente, para piorar ainda mais a situação do movimento artesanal, Shyer deixou que o *New York Times* o testemunhasse despejando pelo ralo quase 12 mil litros de cerveja que não tinham sido vendidos. A matéria descrevia a indústria artesanal perdendo terreno para as cervejas baratas. "Não vou mais a microcervejarias como antes", disse Mark Conrad, analista financeiro de uma empresa de Wall Street e ex-cliente da Zip City. "Bebo cerveja barata, as mais baratas". Ele ex-

A FABRICAÇÃO ARTESANAL E OS NEGÓCIOS MILIONÁRIOS ● 165

plicava que a novidade das microfermentadas tinha passado e que agora frequentava apenas bares locais ou levava para casa um pacote com seis da Ballantine.[40]

O artigo tinha declarações de Jim Parker, da AOB, que via o fenômeno como um retrocesso. "Parte do problema é nossa culpa, do pessoal da indústria artesanal", contava ao repórter. "Alguns lugares cobram 6 ou 7 dólares por uma cerveja que não vale tanto… Ou alguém se decepciona com uma cerveja ruim da primeira vez e não dá outra chance".

Os comentários de Parker se encaixavam perfeitamente na tese da jornalista do *Times* de que a indústria artesanal era meia-boca e o modismo chegara ao fim. No entanto, os fatos não confirmavam esse pessimismo. A reportagem relatava um crescimento de 26% da indústria em 1996, mas assinalava 50% nos dois anos anteriores.

Esse artigo iria assombrar a indústria artesanal por muitos anos. Quando tem uma pauta a cumprir, a maioria dos jornalistas vai direto nos arquivos em busca de histórias recentes sobre o assunto. Portanto, qualquer um que fosse escrever sobre o negócio da microfermentação certamente saberia sobre o fim da Zip City. A gafe de Parker era uma experiência que serviria de aprendizado para o pessoal da AOB. Fico muito feliz de informar que a equipe de marketing da BA, sucessora da AOB, é muito mais hábil em manter a atenção da imprensa nos aspectos positivos da indústria.

O breve surto de ofertas públicas não se repetiu. Apenas a Boston Beer Company teria os resultados financeiros que agradava o pessoal em Wall Street. As outras empresas de capital teriam que continuar na luta. Muitas não conseguiram, mas outras tantas usando uma nova abordagem de microfabricação surgiram e plantaram as sementes para o boom que aconteceria na primeira década do novo século.

---

[40] STAPINSKI, Helene. "3,100 Gallons of good beer down a drain: microbrews are giving way to cans of cheap beer". *New York Times*, 7 maio 1997.

6

A SEGUNDA GERAÇÃO
INOVAÇÃO

APESAR DOS FRACASSOS MONUMENTAIS DE ALGUNS CERVEJEIROS ARTESANAIS nos anos 1990, minha empresa e muitas outras continuaram a crescer. Daniel Bradford, então diretor da Associação dos Produtores de Cerveja da América (BAA), explica pacientemente que nenhuma crise ocorrera, que o núcleo da indústria estava progredindo no mesmo ritmo que alguns anos atrás. O que se testemunhara eram apenas alguns fracassos retumbantes.

"Steve Manson [que criou a Catamound com Alan Davis] era um grande cara, mas, sabe, eles não conseguiram administrar o negócio", diz Bradford. "E a Rhino Chasers: dá para entender o marketing deles? Ela já era a marca de uma prancha de surfe, então por que raios pôr um rinoceronte em cima de uma?" E acrescenta, em relação a Jim Bernau, da Nor'West, e a Vijay Mallya, o bilionário indiano da United Brewers: "Existiam muitas pessoas na época, nos anos 1990, que tentaram um aumento de vendas nacionais… mas o problema é que a maioria eram banqueiros, caras dos negócios, e não da cerveja."[1]

Fazendo uma retrospectiva, não consigo acreditar que a mídia estava tao equivocada. Durante a chamada crise digamos entre 1994 e 2000 – o número de cervejarias artesanais cresceu em mil.

O período poderia seria mais bem caracterizado como uma nova onda de inovação, uma ressurreição da cerveja artesanal. Em Fort Collins, Colorado, a New Belgium estava apenas começando, com Kim Jordan e seu marido Jeff Lebesch apostando suas vidas na fabricação de bebi-

---

[1] Daniel Bradford, entrevista ao autor, 29 mar. 2013, Washington, DC.

das ao estilo belga no porão de casa. Em Rehobeth Brach, Delaware, Sam Calagione, que havia trabalhado em um bar de Nova York e como modelo masculino, inventou cervejas fortemente lupuladas com ingredientes nada ortodoxos; Burkhard Bilger, em artigo para a *New Yorker*, classificou-as como "cervejas extremas". Em Sonoma, Califórnia, Vinnie Cilurzo e sua esposa Natalie faziam experiências com o envelhecimento de cerveja em barris de vinho, com a temível levedura *Brettanomyces*, que rendeu surpreendentes sabores azedos.[2] O próprio Garret Oliver, da Brooklyn, começou uma série de colaborações com cervejeiros britânicos, belgas e germânicos depois de ter criado uma boa black imperial stout chamada Brooklyn Black Chocolate Stout. Dale Ketechis começou a fábrica-bar Oscar Blue em Lyons, Colorado, em 1997 e, após cinco anos, começou a vender a Dale's Pale Ale em latinhas, introduzindo um novo conjunto de opções de embalagem para os cervejeiros artesanais. Enquanto isso, Jim Koch desafiava os limites com produtos de alto teor alcoólico.

Muitos da primeira geração eram adeptos fervorosos da Lei Germânica de Pureza de 1516, a *Reinheitsgebot*, que restringia a fermentação a quatro ingredientes – água, grãos, lúpulo e levedura –, mas a segunda não se sentia limitada por ela. Tomme Arthur, mestre-cervejeiro da Pizza Port em Solana Beach, Califórnia, escreveu na *The New Brewer* em 2000: "Como cervejeiro, cada um tem suas ideias e filosofia. E como os escritores pertencem à comunidade dos artistas, nós também pertencemos a essa comunidade. Nossas receitas, como a prosa, existem no papel, embora, em última instância, vivam e respirem no copo do consumidor. A poesia pode ser feita com palavras em uma página, mas só ganha vida quando é recitada. Se é assim, então nossas receitas não são apenas palavras em uma página. Elas são obras de arte líquidas que evoluem ao longo dos tempos e provocam discussões que fazem pensar."[3]

---

[2] *Brettanomyces*, ou *brett*, como é mais conhecida, é considerada uma ameaça à qualidade pela maioria das cervejarias e vinícolas.

[3] ARTHUR, Tomme. "Inventing styles for a Brave New World". *The New Brewer*, jan.-fev. 2000.

Tomme Arthur, da Pizza Port and the Lost Abbey de San Diego. Fotografia cedida pela empresa © John Schultz

A primeira cervejaria a basear suas bebidas nos estilos peculiares da Bélgica foi a New Belgium. Jeff Lebesch era um cervejeiro caseiro premiado que trabalhava para uma firma de engenharia em Fort Collins, Colorado. Nessa época, as mais exóticas disponíveis no Colorado, lar da Coors Brewing Company, eram fabricadas pela Watney's, Samuel Smith Old Brewery e a Sierra Nevada Brewing Co. Em 1985, seu trabalho o levou à Europa, onde passeou pela Bélgica de bicicleta visitando diversas cervejarias artesanais incríveis no pequeno país. "Jeff ficou encantado com todas aquelas cervejas maravilhosas da Bélgica", conta Kim Jordan.

Kim Jordan e Jeff Lebesch, da New Belgium Brewing Company, nas fundações da cervejaria pioneira, com os filhos Zack and Nick

"Ele voltou à Bélgica em 1988 e foi até o famoso bar em Bruges, o Café Brugs Bertj'e numa quarta-feira", diz ela. "O local geralmente fechava às quartas, mas era feriado, o Dia da Procissão do Sangue de Cristo, e abriu naquele dia às quatro da tarde. O bar estava vazio e ele se sentou e bateu um papo com Jahn de Brunah, dono do bar, e sua esposa, Daisy Claeys. Jahn estava de bom humor, coisa que não é muito comum. Estava fascinado pela ideia de um norte-americano apaixonado por cervejas belgas, então pegou algumas especiais do estoque da adega, cervejas da Liefmans e das Trappists, algumas lambic e outras. Ele discutiu sobre os ingredientes e as fábricas. Experimentaram muitas de cabo a rabo e Jeff ficou empolgado com a hospitalidade de um Cavaleiro da Cerveja Belga."[4]

Lebesch voltou a Fort Collins e começou a pensar na ideia de abrir uma cervejaria com bebidas ao estilo belga. "A experiência com Jahn foi fundamental para a criação da New Belgium", conta Jordan (na verdade, a empresa ainda leva seus funcionários para a Bélgica, aluga quartos no Brugs Bertj'e e recria o início de tudo). Jordan conheceu Lebesch em 1988 numa festa em Fort Collins, e eles começaram a namorar. "Como Jeff é um cara prático, achou que eu era a pessoa certa para ajudá-lo", diz Jordan. "Eu seria a comissão de frente, fazendo o marketing e as vendas. E ele ficaria responsável pela produção."

Na época Jordan era assistente social e orientava famílias de baixa renda. Ela e Lebesch se casaram em 1990 e compraram uma casa de 80 metros quadrados em Fort Collins. Em março, começaram a construção de um anexo de 30 metros quadrados à casa e uma adega. "O motivo da expansão era porque queríamos abrir a cervejaria", conta Jordan. A cervejaria ficava dentro da nova adega. Jeff mudou seu expediente para apenas um dia na firma de engenharia; Jordan passou a trabalhar 4 dias por semana com serviços sociais. Seu filho Zack estava na primeira série. Ela carregava a van com caixas da New Belgium, pegava Zack na escola e fazia as entregas à tarde. Chegava em casa por volta das seis, fazia o jantar, punha o filho para dormir e então ia até o Kinko's para fazer displays de mesa e cópias dos rótulos para fazer pôsteres. Eles vendiam cinco variedades: Fat Tire, Abbey, Triple, Sunshine Wheat e Cherry. "Pensávamos que a Abbey seria nosso carro-chefe, mas a Fat Tire se saiu melhor", diz ela. "Fez muito sucesso logo de cara."

Como muitos cervejeiros artesanais antes deles, Lebesch e Jordan estavam apendendo sobre o negócio da maneira mais difícil. Jordan recorda transportar um carregamento de caixas até a loja de bebidas Aggie Liquors em Fort Collins e ouvir a pergunta do dono: "Qual é seu nível

---

[4] Kim Jordan, entrevista por telefone ao autor, 12 fev. 2013. "Cavaleiro da Cerveja Belga" trata-se de título honorário concedido pela Associação dos Cervejeiros Belgas.

de preço?" "Eu pensei, 'que diabos significa nível de preço?', mas não queria parecer idiota. Então imaginei que devia ser o preço do atacado; foi o que disse a ele e tudo ocorreu bem. Não queria estragar as coisas."[5] No começo a maior parte das vendas era por pagamento contra entrega, porque os clientes perceberam que eles precisavam de dinheiro vivo. Mas alguns insistiam em pagamento a crédito em 30 dias, de acordo com a lei do Colorado.

A cervejaria funcionou no porão por 14 meses; depois eles compraram um velho armazém de carga nos arredores de Fort Collins em agosto de 1992 e começaram a reformá-lo para abrigar a nova sala de brassagem. As áreas para cargas na nova propriedade ficavam ao norte do prédio, um design muito ruim para uma região como o nevado Colorado. Lebesch criou um sistema para canalizar o vapor das caldeiras de fermentação em um sistema de aquecimento, a fim de manter as docas sem neve. Eles inscreveram suas bebidas no Grande Festival da Cerveja Norte-americana em 1992, na competição do teste cego. Jordan estava no nono mês de gestação, mas serviu cerveja no festival na quinta, na sexta e no sábado. "Na quarta-feira da outra semana tive meu bebê Nick, e na segunda-feira seguinte levei-o junto comigo para a cervejaria, arrumei o moisés e fui trabalhar. Não sei se teria a mesma energia para isso hoje. Mas, você sabe, é isso o que os empresários fazem – não têm outra escolha. São coisas que você precisa fazer no início." Durante os três primeiros anos que participaram do Festival, não havia a categoria do estilo belga. A New Belgium não foi nem ao menos julgada.

Todo engarrafamento feito no armazém era manual, usando um preenchedor que Lebesch havia criado. Seu tubo era conectado a uma bomba peristáltica que funcionava ligando-se dois eletrodos ao mesmo tempo. "Você tinha que ligar os fios certinhos para conseguir que a bomba enchesse as garrafas no nível correto", conta Jordan. Depois, um rolo de vime aplicava os rótulos. "Você colava na garrafa e esticava com a mão", relembra. "Era uma loucura." A filtração e enchimento das garra-

---

[5] *Ibid.*

fas eram feitos por meio de um tubo de aço inoxidável preenchido por tecido. Jordan o costurava perto de uma das extremidades e inseria dentro do tubo. "Havia um pouquinho de levedura no fundo das garrafas", diz.[6]

No começo dos anos 1990, o mercado da cerveja artesanal em Fort Collins era altamente segmentado. Outra cervejaria artesanal, a Odell's, estava fabricando barriletes; a CooperSmith's era uma fábrica-bar e a New Belgium produzia cerveja engarrafada e tinha o monopólio do negócio fora dos estabelecimentos comerciais. Um de seus primeiros clientes em Fort Collins foi o Town Pump, bar administrado por J. B. Shireman, que mais tarde se tornaria empregado da New Belgium.

"Do nada surgiu esse cara, que não era muito conhecido na área e fazia essas cervejas ao estilo belga no porão", diz Shireman sobre Lebesch. "Quando Kim e Jeff começaram, o Town Pump e um bar do outro lado da rua cujo dono era Jim Parker, chamado de Mountauin Tap, decidimos trabalhar com as cervejas. Acho que, para começar, ficamos com a Abbey e a Fat Tire, e então logo compramos a Sunshine Wheat, Old Cherry e a Triple. Era uma série bem diversa para a época."

Shireman conta que nem ele nem seus clientes haviam provado cervejas ao estilo belga, muitos nem ao menos tinham ouvido falar. Fort Collins praticamente não tinha um movimento de cervejarias desse tipo e nenhuma cerveja do tipo estava disponível no mercado. "Eles tinham que explicar para a gente as cervejas da New Belgium", diz ele. "Tinham esses nomes esquisitos – a Fat Tire com uma bicicleta das antigas no rótulo, a Abbey, você sabe que eu sou do Sul e, para mim, aquele cara no rótulo parecia um padre. Não sabia do que se tratava, mas depois que me explicaram foi muito bom, pois enriqueceu a experiência e passamos a explicar a outras pessoas. A base era a autenticidade, e considero isso essencial para qualquer marca."

Ele ficou impressionado com a paixão com que Jordan falava sobre suas cervejas e pelo compromisso de Lebesch com a qualidade. "Creio que foi o primeiro lote que Jeff lançou da Old Cherry", diz Shireman. "Não tinha ficado exatamente do jeito que ele queria. Eles produziam

---

[6] *Ibid.*

no porão na Frey Street e não podiam se dar ao luxo de jogá-la fora, então acho que foram ao Kinko's, ou seja lá onde for, e imprimiram os pequenos rótulos, colocaram-nos nas garrafas e basicamente disseram, 'olha, não há nada de errado com essa cerveja. Ela não vai te fazer mal. Não é horrível, dá para tomar. Continuem comigo e o próximo lote será melhor', algo desse tipo. E me lembro de ver aquilo e pensar, 'poxa vida, esse cara está realmente comprometido com o que sabe fazer e isso é admirável. Ou ele é um grande marqueteiro', e, pelo que conheço de Jeff, sei que não é o caso. Ele foi incrivelmente honesto e comprometido com a qualidade desde o começo. Eu pensava, 'isso é algo realmente singular. Essa indústria é muito legal, e está movimentando as coisas'. Havia cervejas muito interessantes, e ali estava alguém que meio que deu uma grande tacada, arriscando tudo com o estilo belga.'"[7]

Shireman tornou-se sócio do Town Pump em 1992, abandonando o posto em 1995 para se juntar à New Belgium. Naquele tempo, a empresa vendia 20 mil barris por ano no Colorado e parte do Wyoming. A New Belgium tinha enviado cerveja para Minnesota e Washington, DC, onde viviam os pais de Jordan, mas essas empreitadas não deram certo e eles recuaram. Shireman queria sair das cidades muito povoadas do Front Range das Montanhas Rochosas, e Jordan o contratou para vender nas áreas de esqui na parte ocidental do Colorado.

"A Fat Tire decolou, fez muito sucesso", conta Shireman. Por volta de 1998 eles tinham vendido o equivalente a um milhão de caixas no Colorado, Arizona, Novo México, Kansas e Wyoming, a maior parte no Colorado e Arizona. A companhia não podia bancar um representante de vendas em cada estado, então organizava viagens de equipes – esforços de venda semanais nos quais 4 ou 5 membros do pessoal de vendas trabalhavam com os representantes de vendas dos distribuidores. "A equipe foi construída com o tempo", diz ele. "Ficamos cada vez maiores, e o lado não produtivo do negócio se dividiu em vendas, marketing, atribuição de marca, eventos, Tour de Fat e a área de qua-

---

[7] J. B. Shireman, entrevista ao autor, 7 maio 2013, Brooklyn, Nova York.

lidade. Todas elas, com exceção da atribuição de marca, foram ótimas oportunidades para mim."

O Tour de Fat foi um festival de ciclismo com trajes extravagantes que entrou para o *Guinness Book of World Records* por ser o maior desfile de bicicletas. Acontecia em grandes cidades de estados onde a New Belgium vendia seus produtos, e o dinheiro arrecadado ia para instituições de caridade locais.

"Quando fomos para o noroeste do Pacífico; o estado de Washington era bastante fiel às cervejas regionais, e o Oregon era bastante provinciano também", diz Shireman.

J. B. Shireman, ex-gerente de vendas da New Belgium, atual vice-presidente do First Beverage Group, firma de investimentos da área da indústria cervejeira. Fotografia cedida por Angela Shireman

"Exceto a Sierra Nevada, que fazia alguns progressos, pelo que eu saiba nenhuma cervejaria de fora do estado teve impacto significante nesses mercados como a New Belgium teve. Na Califórnia, vendemos milhões com poucos pedidos e não tínhamos distribuição total no estado. Não estávamos presentes na rede varejista o suficiente para conseguir anúncios e displays, e também não tínhamos parceria com grandes lojas." As grandes redes de supermercados dominavam o negócio na maioria dos estados da Costa Oeste, mas a lei no Colorado proíbe a venda de cerveja nesses locais. "A gente não fazia ideia do que eram essas redes", conta Shireman. Mas ele abriu o caminho para a New Belgium e aprendeu como lidar com esse tipo de negócio. Por fim, a bebida chegou a 26 estados. "Jeff era bom em permitir que as pessoas assumissem o controle", diz Shireman. "Kim estava sempre à frente e tinha papel central, não importa quem estivesse ao seu redor, e parece que é assim até hoje."[8]

Foi uma época de ouro para a New Belgium, o que gerou a difícil questão de quão rapidamente se deve expandir. "Havia a discussão do 'crescimento *versus* não crescimento na cervejaria'", diz Shireman. "Alguns diziam 'temos que aproveitar o momento. Vamos seguir em frente, conquistar a Costa Leste e dobrar o faturamento'. E outros diziam 'olha, mal estamos conseguindo lidar com as coisas como estão'. E por meio dessa discussão desenvolvemos a estratégia de mercado que iria cruzar o rio Mississipi, em direção a leste, nos cinco anos seguintes. Começamos a abastecer alguns estados centrais… Começamos com Nebraska e outros… Arkansas… e isso preparou o terreno para Chicago. Permitiu que criássemos a infraestrutura necessária para lidar e gerenciar o negócio na Califórnia, lidar com a competividade que estava surgindo no Noroeste e para continuar no Colorado, onde até hoje a empresa se mantém firme e forte."[9]

Shireman explica que foi a favor de uma abordagem mais lenta porque havia muito o que aprender em cada novo estado em que a New Belgium entrava. E também muitos distribuidores de bebida nos mercados já existentes da empresa estavam se consolidando. Muitos distribuidores trabalhavam com essa cervejaria em diversos locais e estavam sendo comprados por distribuidores de cerveja. Uma delas estava

---

[8] *Ibid.*

[9] *Ibid.*

expandindo rapidamente – a Reyes holding comprou muitas distribuidoras menores de cerveja pelo país. Shireman conta que, em certo momento, mais de 70% do negócio da New Belgium estavam mudando. "Comprávamos nossa marca de distribuidores de bebida e passávamos para choperias, ou elas compravam umas das outras, e fomos pegos no meio dessa fusão... Foi uma época muito conturbada", conta. Como, então, a New Belgium sobreviveu?

"Sempre digo que prefiro ter sorte do que ser bom... Mas não acho que foi apenas sorte", diz ele, que atribui a sobrevivência da New Belgium à combinação de uma cerveja acessível, nome interessante e um rótulo colorido com uma bicicleta pintada a mão por um vizinho. "E cerveja é algo tão emotivo, uma compra tão pessoal, que você olha para o rótulo e lembra 'eu tinha uma bicicleta igual a essa'. Quem não gosta de andar em uma bicicleta antiga legal?"

No começo da empreitada, Jordan e Lebesch fizeram uma caminhada pelas Montanhas Rochosas e escreveram a ideia geral da empresa em um caderno: "Essa é a New Belgium – desempenho incrível e engenhosidade, juntando as coisas com coração e alma." Shireman diz que "por ano, deram um dólar por barril vendido para obras filantrópicas em cada estado em que fizeram negócios, mas não foram bem-sucedidos e decidiram que seriam ecológicos e descolados – eles tinham isso no DNA desde o começo."

Para Shireman, o fato de o Colorado ser um estado amante do ar livre, belas paisagens, da cultura da bicicleta e os 300 dias de sol que a cidade tem, tudo isso contribui para a aura da New Belgium, mas acrescenta, "Ao fim do dia, cara, ela é como um relâmpago engarrafado – POW!" Segundo ele, a mágica da marca é algo que não pode ser identificado ou discutido.

"Você se senta com seus consumidores e pergunta 'por que você gosta da Brooklyn Lager?' 'Ah, eu gosto do sabor'. Besteira. Tem alguma coisa ali. Alguma outra conexão que faz a pessoa lembrar de uma viagem que acabou a levando ao Brooklyn, ou alguma coisa do tipo. É muito mais profundo e subjetivo. A resposta curta não funciona nesse caso. Dificilmente é apenas uma coisa. É uma série de elementos que acontecem e criam a plataforma perfeita para a marca deslanchar. As pessoas tentam recriar isso, mas é preciso entender que sua marca está na mão do consumidor, principalmente hoje com as mídias sociais e tudo mais."

Em 1996, Lebesch foi à Bélgica e contratou o mestre-cervejeiro Peter Boukhart, que trabalhava para a Rodenbach Brewery. Lebesch havia se afastado da rotina diária de trabalho e agora lidava com o conselho administrativo. Ele e Jordan se divorciaram, e acabou vendendo sua parte da empresa a ela. Shireman deixou a New Belgium em 2009 e hoje trabalha na área como consultor do First Beverage Group.[10]

Num artigo da *The New Brewer* em 2000, Tomme Arthur celebrava a criação da cerveja La Folie da New Belgium, uma ale mais ácida que dizia combinar os melhores aspectos da tradição cervejeira belga: a acidez da Rodenbach, o amarelado da lambic e o gosto acre que mata a sede da Timmermans.

"Adorei a cerveja", escreve Arthur. "Pois com ela tive a sensação de descoberta e experimentação com a qual cada um de nós pode ser um Colombo ou um Einstein moderno no mundo da fabricação de cerveja. Como nos ensinou a história, a grandiosidade é para aqueles que não têm medo de explorar e experimentar. Não se deve temer o fracasso. Até os grandes autores falharam mais de uma vez. Nem todas as tragédias de Shakespeare são consideradas bem-sucedidas. Lembre-se de que não há nada como a experiência e a melhor vem sempre da experimentação."[11]

ASSIM COMO A NEW BELGIUM SE ESTABELECEU NO OESTE, OUTRA CERVEJARIA AO estilo belga nasceu na Costa Leste. Rob Tod começou a Allagash Brewing Company em Portland, Maine, em 1994. Ele havia se graduado no Middlebury College, em Vermont, em geologia e música. Teve empregos bem estranhos no Colorado por alguns anos, principalmente na área

---

[10] *Ibid.*

[11] Arthur, "Inventing styles".

da construção. "Deixei a Nova Inglaterra e voltei a Vermont sem saber exatamente o que ia fazer", diz. "Fui morar com um amigo, e outro me disse que estava trabalhando na Otter Creek Brewing, em Middlebury, Vermont, e que o chefe dele precisava de um funcionário de meio expediente para lavar barris. Então um dia cheguei tarde da noite, e no outro estava na cervejaria às oito da manhã. Fiquei apaixonado pelo lugar. Havia tanques, bombas e equipamentos elétricos – tudo o que eu gostava. Aprendi soldagem no ensino médio, trabalhando no carro velho de um professor. Entrei naquela cervejaria e achei fascinante." Segundo ele, a empresa tinha tanto um aspecto científico como criativo. "Cerveja e fermentação", diz ele, "abrangem tudo."

"Em dois dias, deixei de ser um completo leigo no negócio das pequenas cervejarias para saber exatamente o que queria da vida. Liguei para meus pais e disse que queria fazer cerveja. Houve literalmente uma pausa de trinta segundos e minha mãe disse: 'um dia você vai ter que parar de viver nesse mundo de fantasia.'"[12]

Rob Tod da Allagash Brewing Company. Fotografia cedida pela empresa

---

[12] Rob Tod, entrevista por telefone ao autor, 30 maio 2013.

Entretanto, seus pais fizeram empréstimos para ajudá-lo com a compra de equipamentos e para investir na empresa que abriu em Portland, no Maine. Ele se concentrou em cervejas de estilo belga porque queria ser diferente da primeira geração de cervejeiros artesanais, que faziam ales e lagers.

Sua ideia era fazer as coisas da maneira mais simples e por conta própria. Não contratou ninguém por dois anos. "Não queria empregados, queria ter o mínimo possível de coisas para não estragar tudo", conta ele. "Pretendia fazer algo diferente, e os estilos belgas pareciam ser a melhor opção. As únicas que faziam cervejas assim eram a Unibrew, no Canadá, e a New Belgium, no Colorado. Entrei no negócio para proporcionar uma nova experiência de cerveja às pessoas. Eu oferecia aos bartenders no Maine, que viam que minha cerveja era turva e diziam, 'por que ela está assim?'"

Tod diz que sua relação com a cervejaria e o produto era ingênua. Sua ética de trabalho testou a paciência de sua esposa e filha. "Era tudo por minha conta. Tenho certeza de que nunca mais poderei fazer isso de novo. Não tenho mais energia para tal coisa. Lembro-me de que em uma véspera de Natal tive que ir à cervejaria consertar a bomba. Na manhã seguinte abrimos os presentes com nossa filha, e precisava ainda voltar lá para arrumar aquela bomba. E foi assim em todos os fins de semana, durante dois anos."

Ele começou a trabalhar com algumas choperias: The Great Lost Bear, Three Dollar Deweys, Brian Boru Public House e o Restaurant Fore Street, todos em Portland, no Maine. "Essas primeiras parcerias foram muito solidárias, mas não podiam dizer o que as pessoas deveriam pedir para beber", conta. "Eles serviam nosso produto mesmo sendo o que menos vendia. Diziam, 'não vai vender, mas continuaremos com ela'. E estavam certos; não dava retorno mesmo, mas continuou a ser servida e por fim as pessoas acabaram conhecendo nossa cerveja. Hoje ela vende bem."

Ele conta que, no meio da década de 1990, os distribuidores estavam convencidos de que a cerveja artesanal estava morrendo, e os norte-americanos estavam interessados nas importadas. Ligou para todos dos estados próximos e não quiseram nem ao menos encontrá-lo. "Eu dizia, 'estarei em sua cidade na próxima sexta, você pode me dar vinte minutos?'", conta. "E eles respondiam, 'posso te encontrar, mas não tenho muito tempo'." Nas reuniões, os distribuidores invariavelmente perguntavam, 'por que você não fabrica algo mais acessível para conseguir uma maior produção em volume?'"

No importante mercado de Massachussets, ele foi até a International Beverages, pequena distribuidora de cervejas importadas da Inglaterra, Alemanha e Bélgica que depois foi adquirida pela Associação dos Cervejeiros Artesanais da Brooklyn Brewery. "Fui até a International Beverages porque sabia que vocês iriam comprá-la", diz Tod. "Acho que eu era o único cervejeiro artesanal dos EUA na casa quando você assumiu o controle." A Allagash é agora uma das grandes histórias de sucesso da rede da Associação dos Cervejeiros Artesanais, atualmente dirigida por Jerry Sheehan, um dos maiores distribuidores da Anheuser-Busch (AB) no país.

"Hoje os atacadistas estão muito mais interessados na Allagash", diz Tod. "Depois de quinze anos, eu me tornei um sucesso do dia para a noite."[13] Agora muito bebedores de cerveja sabem que o estilo belga, ou da cerveja de trigo, foi feito para ser turvo, ou mais escuro.

Atualmente a Allagash White representa 80% do faturamento de Tod, mas os outros 20% são igualmente importantes para sua empresa. A Allagash Black é uma stout fermentada com levedura belga e tem 7% de porcentagem alcoólica por volume; a Allagash Tripel é uma tripel ao estilo belga e a Allagash Curieux (*curioso*, em francês) é uma tripel fermentada em barris de uísque Jim Beam e suplementada com uma pequena dose de tripel que acentua o uísque.

Tod também faz cervejas especiais todos os anos: azedas, fermentadas com cabernet franc e uvas chardonnay, com uva-passa vermelha, envelhecidas em barris de carvalho, de uísque, rum, inoculadas com *Lactobacillus* e *Pediococcus*. "Produzimos muitas especiais", explica Tod. "Fizemos uma dúzia só este ano. A inovação é parte importante de

---

[13] *Ibid.*

nossa cultura empresarial; mantém as coisas interessantes para nossos consumidores e funcionários. É um grande fator motivador."

"Acho que as mídias sociais foram um grande impulso para nossa categoria. É um meio que nos dá a chance de ter uma janelinha em nossa cervejaria para que todas as pessoas mundo afora vejam o que estamos fazendo", diz. "Podemos fazer 500 garrafas de uma especial e milhares de pessoas vão ouvir falar a respeito dela."[14]

DE VOLTA AO OESTE, UMA DAS CERVEJARIAS FUNDAMENTAIS COMEÇOU, convenientemente, como uma vinícola. Vinnie Cilurzo largou a faculdade em San Diego em 1989 para trabalhar na vinícola da família em Temecula, Califórnia. Seu pai, diretor de iluminação em Hollywood, colocou todo o dinheiro extra na pequena empresa, que administrava com a mãe de Cilurzo. Ele tinha a fabricação caseira como passatempo e fez alguns cursos de fermentação na Universidade da Califórnia, na cidade de Davis.

Alguns anos depois, em 1994, ele e seu amigo Dave Stovall fundaram a Blind Pig, em homenagem a um estabelecimento que vendia bebida ilegal na era da Lei Seca em Temecula. Mas era muito pequena e contava com equipamento tosco. "Cometemos muitos erros com a Blind Pig", conta Cilurzo. "Tínhamos pouco financiamento e, embora nossas cervejas fossem ótimas enquanto estavam frescas, não possuíam qualquer prazo de validade. Mas todos aqueles erros nos ajudaram a ter sucesso mais tarde com a Russian River. Você tem que aprender com seus erros."

A Blind Pig era um Frankenstein, com partes juntadas de uma cervejaria extinta – equipamentos antigos de fabrico de laticínios, tanques de plástico e bombas velhas. A primeira bebida produzida foi uma India pale ale forte que Cilurzo e Stovall chamaram de Inaugural

---

[14] *Ibid.*

Ale. "No geral, sabia o que eu estava fazendo por causa da experiência com a vinícola, mas nunca tinha realmente fermentado um lote comercial de cerveja", diz Cilurzo. "A ideia era que iríamos dobrar a quantidade de lúpulo para esconder qualquer problema na cerveja. No fim, ficava muito boa."[15]

Com o plano, ele inventou a primeira double india pale ale. Depois de batalhar na Blind Pig por três anos, vendeu sua parte e foi para uma microcervejaria que a Korbel Champagne Cellars havia começado. "Korbel estava expandindo, adquirindo outras vinícolas, então me deixaram sozinho com a microcervejaria", diz Cilurzo. "Foi lá que surgiu aquilo que hoje chamamos cervejas inovadoras. Podia fazer o quisesse, então produzi cervejas ao estilo belga, envelheci algumas em barris de vinho e fermentei uma double IPA mais uma vez."

A primeira versão de sua famosa Pliny the Elder double IPA saiu como chope. Ele não a engarrafaria até 2008 – 8% de álcool em 500 ml, com uma tampinha-coroa. "Você tem que bebê-la enquanto está fresca", explica. "Usamos rolha para nossas cervejas inspiradas nas belgas, assim como para todas as azedas envelhecidas em barris. Geralmente nossa bebida com tampinha metálica não envelhece bem, mas as com rolha aguentam algum tempo."

Começou usando a levedura selvagem *Brettanomyces* em suas criações em 1999, quando ainda estava na Korbel. "A maioria dos fabricantes de vinho não quer nem saber da *Brettanomyces*, porque ela estraga o vinho, mas eu queria fazer cervejas azedas como as belgas", diz Cilurzo. Ele conta que o mestre-cervejeiro da New Belgium, Peter Boukhart, criador da famosa bebida da cervejaria, a La Folie, lhe deu conselhos sobre o processo. "Eu fazia perguntas a Peter, que me respondia pela metade", lembra ele. "Isso me fez pensar por conta própria e me ajudou a criar a série das azedas da Russian River que existem hoje. Eu não queria copiar a New Belgium."[16]

---

[15] Vinnie Cilurzo, e-mail ao autor, 24 maio 2013.

[16] *Ibid.*

Tanto Cilurzo como Tomme Arthur aprenderam com Boukhart. "Ele foi nosso mentor, uma grande influência", diz Cilurzo. Antes de se casarem, ele e Natalie compraram a cervejaria da Korbel e abriram uma fábrica-bar chamada Russian River Brewing Company em 2004, em Santa Rosa, na Califórnia. Cilurzo desenvolveu três cervejas por ano além da Pliny – a Temptation, fermentada em barris de chardonnay; Supplication, feita em barris pinot noir com cerejas azedas; e a Consecration, fermentada em barris de cabernet sauvignon com uva-passa. A Pliny é vendida entre 4,50 e 5 dólares a garrafa no atacado e representa 60% do faturamento da Russian River. Em 2013, a cervejaria tinha uma estimativa de produção de 15.000 barris e outros 10% do negócio estavam relacionados às bebidas envelhecidas em barris. O pub da Russian River, que emprega por volta de 65 pessoas, vende 2.500 barris de cerveja azeda. Sete ou oito pessoas trabalham no laboratório, fermentação e embalagem. Os cervejeiros gerenciam uma sala de brassagem de 50 barris na fábrica, onde cerca de 600 barris de vinho são usados para envelhecer a cerveja. Esses são usados apenas três vezes, pois, com o uso, perdem o sabor e os aromas vinhosos. Eles ainda têm os dois barris de vinho originais como lembrança de suas raízes.

Duas vezes por ano, a Russian River faz uma triple IPA com 10,5% de álcool chamada Pliny the Younger (PTY), vendida apenas como chope. "Fica disponível durante duas semanas em nosso pub, começando na primeira sexta-feira de fevereiro; então as pessoas sempre sabem a data do lançamento", conta Cilurzo. "A receita é uma versão maior da Pliny the Elder com ênfase nos lúpulos Simcoe e Amarillo, os quais têm uma característica forte de frutas, o que ajuda a balancear a alta porcentagem de álcool. Uma das qualidades únicas da PTY é que é lupulada quatro vezes [processo no qual os lúpulos são adicionados à cerveja em fermentação, o que dá sabor pronunciado à bebida]. A PTY se tornou um grande negócio para a Russian River. Por duas semanas seguidas temos filas para entrar no pub. É incrível. As pessoas vêm de todas as partes do país e do mundo todos os anos para bebê-la."[17]

---

[17] *Ibid.*

A Secretaria do Desenvolvimento Econômico do Condado de Sonoma estuda o impacto econômico dessas duas semanas. Os resultados indicam que a ocasião gera mais de 1,5 milhão de dólares para a atividade econômica da área.[18]

"É algo louco pensar no que está acontecendo com o movimento da cerveja artesanal hoje", diz Cilurzo. "Eu e Natalie fomos ao Meio-Oeste visitar a Bell's e a New Glarus. Planejamos sair do Brooklyn para ver o que Garret está fazendo. Estamos numa missão de pesquisa para calcular o quanto queremos crescer. Pensamos talvez entre 25.000 e 30.000 barris. Não queremos mais do que isso, e não acredito na mentalidade de que se deve estar sempre crescendo."

Vinnie e Natalie Cilurzo da Russian River Brewing Company

---

[18] *Ibid.*

Cilurzo diz que ele e Natalie pensam mais como produtores de vinho do que de cerveja. Distribuem sua própria cerveja localmente e vendem para quatro estados. Oito por cento de sua bebida são vendidos na Califórnia. Suas cervejas mais famosas são as com alta porcentagem alcoólica, mas muitas das pedidas no pub têm menos de 6% de álcool.

A inovação faz parte do DNA da Russian River, mas Cilurzo diz que não é algo propósital. "Não acho que um cervejeiro possa ser inovador se ele quiser. Isso acontece meio que espontaneamente. Você apenas segue seus instintos. Eu e minha esposa nos sentimos abençoados por termos sido capazes de fazer essas double IPAs e as envelhecidas em barris... Crescer em um ambiente de pequenos negócios ajudou muito."

COMO TODO ESTUDIOSO DA CERVEJA SABE, OS LÚPULOS SÃO O TEMPERO DA cerveja, as flores em cone de verde deslumbrante que dão o amargor e o aroma ao doce mingau de cevada que é o cerne da bebida. Cervejeiros da Costa Oeste veneram lúpulos e seu entusiasmo por esse primo da maconha se espalhou por todos os Estados Unidos para criar o mais tradicional estilo lupulado, o IPA, o número um da cerveja artesanal no país.[19]

Em 1849, a Califórnia se tornou o epicentro da febre do ouro; hoje, é o marco zero da corrida pelo lúpulo.

Tudo começou com a Sierra Nevada Pale Ale, a primeira fermentada comercialmente pelo pioneiro Ken Grossman e ainda sua campeã de vendas, que inseriu o lúpulo Cascade no mapa. Mas os cervejeiros da Costa Oeste, seguindo Grossman, usam as International Bitterness Units (IBU) [Unidades Internacionais de Amargor] para medir sabores de lúpulo na cerveja, que elevaram a planta a alturas inimagináveis.

---
[19] Paul Gatza, e-mail ao autor, 5 nov. 2013.

Vinnie Cilurzo admite ter saturado sua primeira India pale ale com lúpulo para tentar encobrir possíveis sabores indesejados em seu sistema primitivo de fermentação. Ao fazer isso, sem querer criou a double IPA.

A experimentação também trouxe boa sorte para Greg Koch e Steve Wagner, quando estavam montando a Stone Brewing Co. em Escondido, Califórnia, no norte de San Diego. Estava destinada a ser uma das mais bem-sucedidas cervejarias *startups* dos anos 1990. No livro *The craft of Stone Brewing Co.*, eles confessam que a ale caseira que se tornaria a Arrogant Bastard Ale – e que lançou a Stone à fama no mundo da cervejaria artesanal – surgiu a partir de um erro. Koch recorda que Wagner gritou, irritado, enquanto fazia uma ale em seu novo sistema caseiro de fermentação. "Eu me enganei nos cálculos e pus os ingredientes na porcentagem errada", disse a Koch. "E não foi pouco. Havia muito mais malte e lúpulo do que deveria."

Greg Koch e Steve Wagner, fundadores da Stone Brewery. © Fotografia. Stone Brewing Co

Koch se lembra de ter sugerido de jogá-la fora, mas Wagner decidiu deixar fermentar e ver que gosto teria. Ambos amaram a explosão de lúpulos que resultou dali, mas não sabiam o que fazer com aquilo. Koch estava certo de que ninguém estaria "apto a lidar com aquela cerveja. Quer dizer, nós adoramos o resultado, mas era muito diferente do que existia na época. Não tínhamos certeza do que fazer com ela, mas sabíamos que algo teria de ser feito mais à frente."[20]

Ele diz que a bebida literalmente surgiu como uma Arrogant Bastard Ale. A mim parecia irônico que uma cervejaria do sul da Califórnia, terra de surfistas tranquilos, produziria uma ale com um nome que muitos atribuiriam a Nova York. Mas são as ironias da revolução da cerveja artesanal.

A Arrogant Bastard foi relegada ao armário no primeiro ano de existência da Stone Brewing Co. Os fundadores acharam que uma bebida mais comercial seria a Stone Pale Ale, mas sua venda no primeiro ano não foi lá grande coisa, e a diretoria da companhia decidiu lançar o plano B.

"Eles acharam que ajudaria para termos impacto maior; com mais garrafas da Stone lado a lado nas prateleiras do varejo, elas ficaram muito mais visíveis, e levava a mensagem de que éramos uma cervejaria de respeito e bem estabelecida, com boa gama de cervejas", escreve Wagner. Uma vez que decidiram lançar a Arrogant Bastard, resolveram ir com tudo. O texto na descrição do rótulo da bebida ficou famoso no mundo da cerveja:

ARROGANT BASTARD ALE
Ar-ro-gân-cia, sf.
Ação ou resultado de ser arrogante; esnobe;
Pretensão exagerada; comportamento prepotente.

Esta é uma ale agressiva. Você provavelmente não vai gostar dela. É improvável que tenha o gosto e a sofisticação para poder apreciar uma ale dessa qualidade e profundidade. Sugerimos que fique em território mais seguro e familiar – talvez algo que tenha uma campanha publicitária multimilionária e que lhe convença que seu produto é feito em uma pequena cervejaria, ou que diz que a cerveja amarela cheia de gás e sem sabor deles lhe dará mais apelo sexual.

---

[20] Greg Koch e Steve Wagner, com Randy Clemens, *The Craft of Stone Brewing Co.: liquid lore, epic recipes, and unabashed arrogance*. Berkeley: Ten Speed Press, 2011. p. 43.

O rótulo continuava assim com mais uma centena de palavras. Alguns consideraram o texto como um trecho brilhante de psicologia reversa. Mas Koch insiste que estava apenas "ouvindo" a cerveja criada a partir de um erro na cozinha de Wagner.

Além de cervejas inovadoras e marketing, Koch e Wagner transformaram sua cervejaria em San Diego em ponto turístico, com o Stone Brewing Bistro & Gardens, e têm planos de adicionar um hotel a seu império.

SAM CALAGIONE, DA DOGFISH HEAD BREWERY, EM MILTON, DELAWARE, LEVOU a experimentação em outro sentido. Eu o conheci no começo dos anos 1990, quando ele estava cuidando do bar de um restaurante artesanal no Upper West Side, o Nacho Mama's. "Você foi um dos primeiros microcervejeiros a chegar e fazer uma promoção de cerveja para nós", conta. "Foi lá onde aprendi sobre cerveja para além da indústria esmagadora da lager leve. Comecei a gostar de verdade da sua cerveja e da New Amsterdam, New England, Celis, Pike Place, Sierra Celebration – foram as da minha estreia nesse mundo." Ele comprou equipamentos para fabricação caseira na Little Shop of Hops da cidade e começou a fazer a própria bebida. Acabou chegando à conclusão de que a primeira e a segunda geração de cervejeiros artesanais faziam cervejas ao estilo europeu, embora usando ingredientes frescos locais e nada de milho e arroz. Mas ele queria algo diferente.

"Disse para mim mesmo não me destacar no meio daquele grupo; então, em vez disso, fui para o lado culinário e comecei a ver o que Alice Waters e James Beard estavam fazendo na culinária norte-americana", relata. "Não temos que nos ajoelhar às tradições culinárias da Europa. Os Estados Unidos têm belos ingredientes, portanto devemos aproveitá-los. As ales e as pessoas fora do eixo se inspiraram na ideia de 'vamos dar uma olhada no panorama culinário geral para potenciais ingredientes' em vez dos estilos de cerveja tradicionais existentes."

Sam Calagione da Dogfish Head Brewery. Fotografia cedida pela empresa

Calagione adquiriu um sistema de fermentação de 40 litros e fez artesanalmente seus próprios fermentadores a partir de barriletes de cerveja usados. Sua primeira foi a Indian Brown Ale, uma dark ale saborosa com açúcar mascavo. A próxima foi a Aprihop, uma IPA com sabor de abricó. Então veio a Immort Ale, que usava xarope de maçã da fazenda de sua família na parte ocidental de Massachusetts, malte defumado com turfa, baga de zimbro e baunilha, e a Chicory Stout, feita com chicória torrada, café e raiz de alcaçuz. Sempre fabricava as cervejas em pares para ter certa economia de escala e reduzir a chance de uma delas fracassar. "Foi assim que abrimos o restaurante em 1995", diz Calagione. "A Shelter Pale Ale era nossa concessão à tradição quando as pessoas pediam uma Bud Light." Com esse portfólio eclético e incomum, eles foram à luta.

Dois anos seguintes, montou uma cervejaria de 30 barris a partir de equipamento de iogurte e de fabrico de conservas. Mas, entre 1997 e 1999, perdeu dinheiro com a produção. "A Dogfish entraria em falência, se não fosse nosso restaurante", diz ele. "Foi preciso usar todo o lucro do restaurante para manter viva a cervejaria. Falência porque naquela época não havia interesse em um engradado de seis vendido a 12 dólares de uma cerveja de xarope de bordo, envelhecida em carvalho como a Immort Ale. Mas nunca simplificamos nossas bebidas, nunca reduzimos os preços."[21]

Então, por volta da virada do milênio, as cervejas "fora do eixo" de Calagione chamaram atenção da revista *Food & Wine* e do programa da NBC *Today*. A personalidade cativante de Calagione e sua bela aparência também ajudaram. Logo em seguida sua Raison D'Être – fermentada com açúcar de beterraba, passas verdes e levedura belga – ganhou como a Cerveja do Ano na *BeerAdvocate's*. "Foram esses pequenos momentos que mudaram nossa trajetória, e acho que tivemos crescimento de dois dígitos todos os anos desde 2000", diz ele.

Suas cervejas de maior vendagem são a 60 Minute IPA, parte da série que também inclui a 90 Minute IPA e a 120 Minute IPA. São bebidas criadas a partir de uma técnica especial de lupulação que o próprio Calagione desenvolveu.

"Estava assistindo a um programa de culinária na TV, e o chef falava sobre adicionar pedacinhos de pimenta, bem pequenos mesmo, enquanto a sopa cozinhava em fogo brando", explica. "Ele dizia que se você adicionasse aquele mesmo volume de uma só vez, iria ficar muito amargo e com sabor bem diferente. E foi isso que me deu a ideia: e se eu usasse a técnica do chef na lupulação? Porque tradicionalmente ela acontecia com poucos e grandes incrementos, um para dar o amargor e outro depois para dar o aroma."

Como o cientista maluco de sempre, Calagione arrumou uma dessas mesas de pebolim, despejou o lúpulo sobre o campo e deixou que a vibração jogasse aos poucos a planta na caldeira de fermentação durante a fervura. Em vez de despejar os lúpulos antes para dar sabor e então aroma, ele os ferveu lentamente. O processo seguiu por 90 minutos e produziu uma cerveja de 9% e 90 IBUS. Em 1999 ele lançou a 90

---

[21] Sam Calagione, entrevista por telefone ao autor, 30 maio 2013.

Minute IPA apenas em chope, junto da Midas Touch, uma beberagem de vinho e hidromel feita com os mesmos ingredientes encontrados nos vasilhames de bebida do Rei Midas.

Passou a engarrafar a 90 Minute no ano seguinte e a chamou de imperial IPA no rótulo, criando assim um novo estilo de cerveja. Começou a produzir a 60 Minute IPA em 2002, pois concluiu que precisava de uma cerveja menos alcoólica para aqueles que gostavam de beber em grande quantidade.

"Aprendi que, ao fazer essas pequenas doses, poderíamos fabricar uma cerveja que fosse incrivelmente lupulada, mas que não tivesse muito amargor e aquele gosto final muito forte na garganta que muitos apreciadores de IPAs, e principalmente os cervejeiros da Costa Oeste, amam; então as nossas eram bem diferentes, e a lupulação contínua levava a um perfil de sabor único dentro do contexto das IPAs da região", conta.[22]

Ele não estava imitando os cervejeiros da Costa Oeste, mas, melhor ainda, revivendo um estilo IPA patrocinado pela Ballantine Brewery em Newark, Nova Jersey. Recordo beber a Ballantine India Pale em 1970 – era uma das poucas cervejas produzidas em massa que tinha o sabor de lúpulo acentuado; parecia também mais forte que a maioria das lagers leves.

"A Ballantine também fez uma cerveja chamada Burton Ale, que nunca venderam", conta Calagione. "Era apenas para VIPs e distribuidores, e eles a envelheciam em tanques de madeira. Tinha algo em torno dos 10% e tinha muitos IBUs. Então, se você quiser falar sobre o nascimento do movimento da cerveja radical norte-americana, a DogFish pode ter algum crédito em relação à versão moderna, mas foi a Ballantine que fez cervejas envelhecidas de ponta com 100 IBU que eles nem vendiam ao público. Se houvesse uma *BeerAdvocate* naquela época, seria o Santo Graal."

A Dogfish hoje produz a Burton Baton, uma IPA envelhecida em tanques de madeira. "É nosso modo de dizer que queremos pegar o

---

[22] *Ibid.*

bastão da mão dessa todo-poderosa, lupulosa Costa Leste, essa cervejaria de bebidas envelhecidas [a Ballantine]. Defendemos nossa herança contra os esnobes do lúpulo da Costa Oeste. Queremos dar o crédito a quem é devido."

Calagione tem uma rivalidade amigável com as cervejarias da região, como a Russian River de Cilurzo, a Pizza Port de Arthur e a Stone de Koch e Wagner. A rivalidade chegou a um ponto crítico quando Dave Alexander, dono da adorada Brickseller e da RFD (Comida e Bebida Regionais) em Washington, DC, propôs uma Batalha da Lupulina, com uma equipe de cervejeiros da Costa Oeste e uma da Costa Leste para determinar quem fazia a melhor e a maior IPA (a lupulina é o ingrediente ativo no lúpulo).

Representando o Oeste estava a Pizza Port, a Oggi's e a Avery. Calagione convocou as cervejarias Old Dominion e Capitol City para representar o Leste e projetou uma arma secreta para a competição. Ele encontrou um filtro de aparência estranha, que suspeitou ser um equipamento farmacêutico, num terreno de descarte perto da cervejaria. Ele o redesenhou para torná-lo um filtro de lúpulo pressurizado e passou uma 120 Minute IPA pronta por ali e chamou a engenhoca de Randall, o Animal Esmalte (*esmalte* é em homenagem à sensação de ter algo arenoso nos dentes que o excesso de lúpulo dá aos dentes), e a levou à Batalha da Lupulina. "Acabamos derrotando todos os cervejeiros do Oeste com a Randallized 120 [Minute IPA]", diz Calagione. Naquela noite Alexander encomendou a geringonça para a RFD, e Tom Nickel, dono da O'Brien's em San Diego, pediu duas. Desde então Calagione já vendeu cerca de 300 Randalls a bares e restaurantes, e mil unidades da versão menor, chamada de Randall Juniors, para uso caseiro "É ótimo porque você pode usá-lo para temperar e lupular", explica Calagione. "E os amantes da cerveja têm que ver como o lúpulo afeta a bebida; então é muito bom para desmistificar o processo de produção. É uma grande ferramenta educativa."

Calagione fez muito para ensinar os norte-americanos a respeito da cerveja artesanal. Sua série de televisão *Brew Masters* no Discovery Channel foi ao ar entre novembro de 2010 e março de 2011. Ele frequentemente faz degustações e jantares com seus híbridos de cerveja e vinho, e suas antigas linhas de ales em ressurgimentos históricos. A Dogfish planejou fazer 37 tipos de cerveja em 2013, mas Calagione pretende ir com mais calma no futuro.

"Meus colegas de trabalho tiveram que intervir e dizer que não era expansível", diz ele. "Assim, me pediram para fazer um hiato, um intervalo de cinco ou seis cervejas e apenas a cada dois ou três anos, porque estocar tudo aquilo e os ingredientes significava que nossos custos seriam bem diferentes da maioria das cervejarias."[23]

A 60 Minute IPA representa 48% do volume produzido pela Dogfish, mas Calagione não quer que ela cresça mais do que isso, porque a alma do negócio de sua cervejaria é a inovação. "Gostamos de desafiar os limites e criar nichos onde vemos oportunidades", diz. "Nichos que nos deixam mais perto da mais alta culinária e das comunidades do vinho, porque estamos sempre tentando provar que a cerveja merece entrar nesse mundo. Dou a Garret muito crédito por ter feito tanto nessa área também. Mas para nós é o motivo de termos aberto a fábrica-bar, porque fazíamos essas cervejas-vinho complexas. Queríamos seguir nesse sentido, dizendo sim, ainda não existe um estilo para isso e por isso mesmo que as fazemos."[24]

NA BROOKLYN BREWERY, O DETERMINANTE INOVADOR É GARRET OLIVER, QUEM começou a trabalhar na empresa em 1994 e criou a Brooklyn Black Chocolate Stout, uma imperial stout russa com 10% de álcool. Na época esse estilo tradicional, que data da corte de Catarina, a Grande na Rússia, foi inovador em termos de sabor e conteúdo alcoólico, e continua a ser um dos mais populares e conhecidos da cervejaria. O especialista Michael Jackson deu ênfase ao fato de ser a primeira cerveja a fazer

---

[23] *Ibid.*

[24] *Ibid.*

conexão com o chocolate, embora os sabores achocolatados viessem de maltes torrados e não do cacau.

Oliver também empreendeu uma série de colaborações que foram as primeiras na história dos cervejeiros norte-americanos. A primeira foi a Brookyln Bridge Bitter, fermentada com W. H. Brakspear & Sons na Henley on Thames, uma cervejaria regional que ficou famosa com o apoio do beatle George Harrison. Oliver também fez colaborações com a Kelham Island Brewery and JW Lees na Inglaterra, La Chouffe na Bélgica e a Schneider Weisse Brewery na Baviera.

"Antes de qualquer coisa era uma ideia que queríamos trazer ao mundo", Oliver diz sobre as colaborações. "Eu me sentia meio que como os cervejeiros norte-americanos... quando você vai viajar – e nós viajávamos o tempo todo –, diz às pessoas, 'ei, sou um cervejeiro norte-americano', e eles olham com pena para você. As colaborações foram como uma vitrine para a revolução da cerveja artesanal nos Estados Unidos."[25]

Oliver sacudiu o mundo das cervejarias britânicas em 1994 com discurso sobre as IPAs na conferência na Porter Tun Room da Whitebread em Londres. O evento foi patrocinado pela Associação Britânica dos Escritores da Cerveja. Ainda trabalhava na Manhattan Brewery. Ele serviu uma IPA forte chamada Rough Draft à audiência de mais de uma centena de cervejeiros e escritores da cerveja, o que representava a maior parte da indústria cervejaria inglesa.

"Sabia que eles tinham me trazido ali para 'jogar uma granada no palco' e eu estava pronto para aquilo", diz. Contou ao público que tinha se apaixonado pela bebida em sua primeira viagem à Inglaterra, mas acrescentou que as IPAs com 3,5% de álcool que eles fabricavam ali eram nada comparadas às cervejas fortes feitas pelo cervejeiro britânico George Hodgson nos anos 1820. Estas tinham entre 6 a 7% de álcool e eram bem lupuladas. Oliver disse também "Ninguém no Reino Unido está fazendo IPAs, ao contrário dos Estados Unidos", e houve um murmúrio geral de xingamentos no auditório. Então, as pessoas

---

[25] Garrett Oliver, entrevista para o autor, 13 jun. 2013, Brooklyn, Nova York.

experimentaram e disseram, 'bem, isso é muito interessante e divertido, mas ninguém jamais irá beber esse tipo de coisa'. Porém, dentro de um ano ou dois, aos poucos, as IPAs começaram a ser lançadas na Inglaterra por alguns cervejeiros da velha guarda, principalmente a Samuel Smith's. Eles foram os pioneiros com sua SS India Ale, que talvez não fosse tão assertiva como uma IPA norte-americana. Seja como for, o discurso foi o estopim de tudo isso, realmente os impressionou."[26]

Isso me lembra a comparação que a Madonna fez com a banda de rock norte-americana Green Day: que eles soavam como americanos tentando soar como britânicos tentando soar como americanos. "É um estilo britânico tomado pelos norte-americanos, e então os britânicos assumiram o estilo norte-americano da IPA, que venderam de volta para nós", diz Oliver.

Quando Oliver entrou na Brooklyn Brewery, ainda estávamos distribuindo a maior parte das grandes cervejas belgas e falávamos com frequência sobre fabricar bebidas inspiradas nesse estilo em nossa cidade. Visitamos muitas dessas cervejarias nos anos 1990. Em 2004, decidimos comprar uma linha de engarrafamento para fazer 100% de cervejas refermentadas na garrafa, como aquelas de algumas cervejarias Trappist na Bélgica. Oliver foi a uma palestra sobre refermentação na garrafa na Conferência dos Cervejeiros Artesanais e descobriu que Bert Van Hecke, do monastério St. Bernardus, na Bélgica, era o único a ter produção 100% refermentada. Alguns outros estavam começando com cerveja carbonatada parcialmente.

Oliver tentou encontrar na literatura sobre o assunto algo a respeito, mas não achou coisa alguma. "Quando começamos a procurar, não conseguia achar qualquer material sobre como fazer aquilo", conta. "Tinha muita coisa sobre a fabricação caseira, mas isto era algo totalmente diferente. Comecei a perguntar a professores da área na Weihenstephan & Doemens, em Munique, e na Universidade Católica de Leuven, 'vocês têm algo com que ensinam a fazer isso? Eu gostaria de traduzir'. Disseram que não existia, ninguém ensinava sobre o assunto. Essa coisa

---

[26] *Ibid.*

é passada entre famílias e empresas, e não há lugar para aprender sobre o processo. Para mim era fascinante. Nunca tinha visto algo assim."

Durante uma das viagens, um local convidou Oliver para passear pelo St. Bernardus, mas ele foi rejeitado pelo diretor, que disse: "Descobrimos que as cervejarias dos Estados Unidos estão vindo à Bélgica para roubar nossas ideias; vocês estão nos roubando."[27]

Oliver então entrou em contato com Van Hecke em 2003 e soube que ele iria sair do St. Bernardus para trabalhar em uma cervejaria grande chamada Martin House Brewing Company. "Eu disse: 'você já foi a Nova York?'", recorda. "Respondeu que não, e eu perguntei: 'o que você acha da ideia de vir até aqui, passar uns quatro dias, nos ensinar como se faz e nós damos uma volta pela cidade; você se diverte e eu pago pelo seu trabalho.'"

Foi assim que Oliver preparou sua equipe de fermentação para a imersão no mundo desconhecido da refermentação na garrafa. "Eu disse eles, 'sairemos da competência em direção à incompetência. Isso vai nos deixar muito descontentes e será terrível. Mas vejam só: sejam legais com todo mundo. Vamos tentar ajudar uns aos outros. Perceba que o cara ao seu lado também não sabe o que está fazendo e isso vai deixar todo mundo doido. Mas, por outro lado, vamos ser competentes de novo e, quando chegarmos a esse ponto, estaremos em um patamar diferente. Preciso que confiem em mim. Estamos dando um salto na escuridão, mas conseguiremos'. Foi a coisa mais legal que fizemos. Você fala em empreendedorismo – não sei nada sobre isso, mas essa é minha versão do conceito."

O resultado foi a Brooklyn Local 1, uma das poucas cervejas a ganhar A+ da *BeerAdvocate*. "As pessoas sempre me perguntam qual minha cerveja favorita, e eu sempre tenho uma resposta diferente", diz Oliver. "Mas, para mim, a Local 1 foi o ponto de virada para a cervejaria. Foi quando nos tornamos o que somos agora. Você passa sua vida profissional fingindo ser a pessoa que idealizou. Senti que éramos uma boa cervejaria e que estávamos fingindo ser brilhantes. Nós nos

---

[27] *Ibid.*

vangloriávamos e ocupamos nosso espaço, mas não éramos os únicos, todo mundo fazia a mesma coisa. Foi com a Local 1 que começamos a chegar perto do que acreditávamos ser."[28]

A contribuição da Boston Beer Company para a inovação foi a produção de cervejas radicais, como a Samuel Adams Utopias, uma bebida que o diretor executivo Jim Koch descreve como entre uma vintage port, um bom xerez e um conhaque das antigas com um aroma que "arrebentava com tudo." Segundo ele, com 27% de álcool, "é a cerveja mais forte naturalmente fermentada já feita." Lançou a Utopias em 2002. É uma mistura de cervejas selecionadas do acervo das primeiras envelhecidas em barris de carvalho em 1994, como uma 18% chamada Samuel Adams Triple Bock. Ele a denomina de "uma lunática à margem" do mundo da cerveja. É lançada a cada dois anos e engarrafada em recipiente com revestimento de cobre que tem o formato de uma caldeira de fermentação. Koch continua a desafiar os limites.[29]

UMA DAS GRANDES HISTÓRIAS DE SUCESSO ENTRE AS *STARTUPS* DOS ANOS 1990 foi a Oskar Blues, restaurante nas Montanhas Rochosas fundado em 1997 por Dale Katechis, que se definia como um *restaurateur* e fabricante caseiro de cerveja medíocre. Katechis teve coragem de fazer o que nenhum cervejeiro artesanal fizera antes: colocar sua cerveja em latas de alumínio. Em 2013, a Oskar Blues vendeu 125 mil barris nas cervejarias do Colorado e da Carolina do Norte. E ele é o primeiro a reconhecer que muito de seu sucesso pode ser atribuído a encontros ao acaso e à velha boa sorte.

"Em novembro de 2002, vendemos nossa primeira lata de cerveja", conta. "Na época estava divulgando a cerveja artesanal enlatada. Existia

---

[28] *Ibid.*

[29] Utopias, "Every craft beer has a story", website da Samuel Adams, www.samueladams.com/craft/utopias (acesso em 4 nov. 2013).

uma lista de pessoas (a Brooklyn Brewery inclusa) que tinham feito alguns contratos para enlatar. Mas não havia nada parecido no mercado e creio que nem na indústria – vimos as latas como oportunidade para divulgar o restaurante. Eu não tinha ambição alguma de ter uma cervejaria para enlatar o produto, a não ser divulgar o restaurante. Podíamos comprar a maquininha, fazer as cervejas de duas em duas e levá-las até as lojas de bebida, e isso traria as pessoas para o restaurante, porque em uma cidadezinha que tinha então 1.600 habitantes era preciso ter uma razão para que as pessoas viessem a Lyons."[30]

Dale Katechis da Oskar Blues em sua linha de produção original de cerveja enlatada. Fotografia cedida pela empresa

Seus clientes adoraram a ideia e um monte de gente começou a chegar a Lyons, como ele esperava. Katechis diz que aprendeu que a cerveja enlatada é superior à engarrafada. Não era "levinha" e gelava mais rápido. Então ele comprou uma linha de produção maior e um carregamento de

---

[30] Dale Katechis, entrevista por telefone ao autor, 30 maio 2013.

latas de alumínio e conseguiu alguns distribuidores. Baseada em sua receita caseira, a Dale's Pale Ale deslanchou, "e então tínhamos criado essa fabricante de cerveja. Foi assim que aconteceu", diz.

"A Dale's Pale Ale foi uma cerveja que fermentei pela primeira vez em uma banheira na faculdade", continua. "Arrumei um kit de fabricação caseira no natal de 1990 e me apaixonei por toda a arte e a ciência daquilo. Diria que provavelmente eu era um péssimo cervejeiro caseiro, mas estava intrigado… Nunca fui considerado meticuloso… e os cervejeiros precisam ser assim. O importante é que saí por aí e encontrei gente muito melhor do que eu. Acho que sou um cara que gosta de restaurantes e essa sempre foi minha paixão. Mas havia muito mais coisas sobre o negócio da cerveja, e isso se transformou."[31]

Katechis hoje administra três restaurantes no Colorado, com 200 funcionários nos restaurantes e 14 na cervejaria na Carolina do Norte.[32] Não era uma carreira que ele teria previsto para si. Depois de se graduar na Universidade de Auburn, no Alabama, em 1993, ele e sua então namorada Christy foram para Montana. "Meu sonho era ser um guia de pesca com mosca, mas fomos a Boulder para visitar um amigo, ficamos sem dinheiro e arrumamos emprego." Começou a trabalhar em uma empresa que fazia mochilas e como atendente de bar no restaurante Old Chicago. Ele e a namorada se casaram e hoje têm quatro filhos.

"Um dia estava vindo de bicicleta da fábrica de mochila para o restaurante, e senti o cheiro de fermentação de cerveja", conta. "Estava fazendo em casa naquela época, e vi esse cara, Gordon Knight, num barracão fazendo a bebida. Ficamos amigos, e acho que foi provavelmente a primeira vez que pensei, 'isso podia ser minha profissão'; parecia um ótimo emprego."

Gordon Kight é bem conhecido no Colorado por ter ganhado medalhas de ouro no Grande Festival da Cerveja Norte-americana para

---

[31] *Ibid.*

[32] O governo estadual da Carolina do Norte gostou bastante da ideia das pequenas cervejarias e atraiu a New Belgium, Sierra Nevada e a Oskar Blues.

três cervejarias – High Country, Estes Park e a Wolf Tongue. "Knight fez uma chamada Renegade Red, e foi meio que uma inspiração para uma bebida para a qual acabamos dando esse nome depois dele, e que ainda é fabricada", diz Katechis. "Chama-se G'Knight." Originalmente foi nomeada como Gordon's, até que a Gordon Biersch Brewing Company se opôs à ideia.[33]

MUITOS CERVEJEIROS ARTESANAIS DA PRIMEIRA GERAÇÃO BUSCAM INTEGRAR verticalmente suas cervejarias, cultivando sua própria cevada maltada e lúpulos – prática que está ligada à procura dos consumidores por cervejas locais e que faz conexões com os fazendeiros locais, sempre em busca de alguém para pagar por suas colheitas. A Anchor, Sierra Nevada, Rogue, Brooklyn e muitas outras estão plantando lúpulos, cevada e trigo ou contratando os fazendeiros de suas regiões.

Larry Bell, diretor executivo da Bell's Brewery em Kalamazoo, Michigan, começou comprando lúpulos locais para algumas de suas cervejas no fim dos anos 1980. Em 2008 adquiriu uma fazenda e começou a plantar cevada; em 2013 ele estava com 160 acres de plantação. Cada um rende cinquenta barris de cerveja.

"Certo fazendeiro que produzia grãos para a Busch Agriculture [uma subsidiária da AB] entrou em contato comigo; ele estava infeliz com o acordo que tinha, me ligou e disse, 'o que você acha de eu produzir para você?' Verifiquei se o cara falava sério, e parecia tudo certo. Então uma fazenda próxima à dele ficou disponível e ele ofereceu: 'Por que você não compra, e eu a administro para você'. Foi o que fizemos, adaptamos o local e hoje plantamos lá cevada de duas fileiras."[34]

---

[33] *Ibid*.

[34] Larry Bell, entrevista por telefone ao autor, 11 jun. 2013. A cevada de duas fileiras é considerada a de maior qualidade no mercado.

Larry Bell da Bell's Brewery. Fotografia cedida pela empresa

Uma dificuldade que muitos cervejeiros artesanais encontram é a falta de locais para processar a cevada *in natura*. Mas isso não foi problema para a Bell's, cujo preparo do malte é feito pela Briess Malt & Ingredients Co., em Chilton, Wisconsin. A Oberon, uma cerveja de trigo, é a maior marca da Bell's e representa 45% das vendas em volume. Em seguida vem a Two-Hearted Ale com 25%. Até agora, os ingredientes locais têm sido usados em cervejas sazonais e especiais, mas isso poderia mudar se a qualidade e quantidade de grãos locais aumentasse.

"Nossa cerveja de Natal é 100% feita com o malte de Michigan", diz Bell. "Convertemos nossa pale ale na Midwestern Pale Ale e usamos nela um pouquinho da cevada da região. Temos foto da fazenda no rótulo agora... Fazemos a Harvest Ale no outono com 100% de malte e lúpulo do Michigan. Acho que no ano passado produzimos cerca de 45 barris com esses grãos." A Harvest Ale é vendida na fábrica-bar da Bell's em Kalamazoo.

Bell faz algumas cervejas lupuladas, como a Hoptimum, mas diz que as suas não se concentram tanto no amargor, mas em sabores de lúpulos fortes. "Acho que sempre pensamos mais no equilíbrio do que no uso indiscriminado de lúpulos. Fazemos a Berliner Weisse, que tem uma leve 'pegada'. É difícil sentir de cara o lúpulo nela. Gostamos de fabricar outros estilos e agora estamos na principal área da produção de alimentos do país, portanto fazemos algumas que levam malte também. Para nós é questão de balancear; a velha regra da three-pint"[35] que diz que uma boa pint deveria fazê-lo querer beber mais três.

Na Brooklyn Brewery, Mary Wiles, a mestre-cervejeira assistente que inspeciona nossa produção na Saranac Brewery em Utica, planta lúpulos e cevada em sua fazenda perto de Syracuse. Em junho de 2013, fizemos uma cerveja de trigo com a GROWnyc, a companhia que supervisiona os mercados dos 56 fazendeiros de Nova York. A Brooklyn Greenmarket Wheat Beer é feita com 70% de trigo plantado na região. O grão vem da fazenda da terceira geração de Peter Martins, de Penn Yan. Parte do lucro com a venda da cerveja vai para a GROWnyc.

A inovação é marca inconfundível da revolução da cerveja artesanal. A agitação que o produto trouxe para a indústria norte-americana se espalhou pelo mundo. Hoje existem cervejarias artesanais praticamente em todos os países, até mesmo na Coreia do Norte. Todas estão batalhando contra a dominação dos mercados nacionais das lagers leves, que são produzidas por grandes cervejarias, muitas das quais são propriedade das quatro maiores do mundo – AB InBev, SABMiller, Heineken e Carlsberg.

---

[35] *Ibid.*

Fritz Maytag e Ken Grossman na Conferência dos Produtores de Cerveja Artesanal em 2011. Fotografia © Jason E. Kaplan

A diretoria de 2009 do Instituto da Cerveja: O presidente Jeff Becker, Dan Tearno da Heineken, Carlos Fernandez da Modelo, Steve Hindy da Brooklyn, Tom Long da MillerCoors, Dave Peacock da AB InBev e Bill Hackett da Crown Imports (Modelo). Fotografia cedida pela instituição

Matthew Reich, fundador da New Amsterdam Brewery, e o químico da fermentação Joe Owades

Charlie Papazian na "Beer and Steer" nos anos 1970. Fotografia cedida por Charlie Papazian

Jack McAuliffe, fundador da New Albion founder, e Jim Koch, fundador da Boston Beer, recriam a New Albion Ale. Fotografia cedida pela Boston Beer Company e a Modern Brewery Age

Charlie Papazian, presidente da Associação dos Cervejeiros, e Daniel Bradford, editor da All About Beer. *Fotografia cedida pela Associação*

O especialista britânico Michael Jackson e o mestre-cervejeiro da Brooklyn, Garrett Oliver. Fotografia cedida pela Associação dos Cervejeiros

Jerome Chicvara, cofundador da Full Sail Brewing Company

Jerry Sheehan, dono da L. Knife and Son distribution

A equipe da Associação dos Cervejeiros com o diretor operacional Bob Peuse à frente e no centro. Fotografia cedida pela Associação

O primeiro depósito da Reyes Holdings em Spartanburg, Carolina do Sul. Fotografia cedida pela Reyes Holdings LLC

Todd e Jason Alstrom da Beer Advocate. Fotografia cedida por Taylor Seidler (Beer Advocate)

Henry King, ex-presidente da Associação das Cervejarias dos Estados Unidos e da Associação dos Produtores de Cerveja da América

Howard e Robert Hallam da Ben E. Keith Distributing Company

7

A CERVEJA E A MÍDIA

NO RASTRO DA REVOLUÇÃO DA CERVEJA ARTESANAL VEIO A PROLIFERAÇÃO DE publicações sobre a bebida, primeiro as impressas e depois as on-line. Elas tiveram papel fundamental na divulgação do produto.

Na verdade, apenas um personagem da categoria, a Boston Beer Company, teve sucesso com a mídia tradicional – anúncios no rádio e na televisão – que as grandes cervejarias usaram para monopolizar a indústria por quase todo o século XX. O concorrente mais próximo em vendas é a Sierra Nevada Brewing Co., mas fica bem distante do primeiro lugar. A Boston vendeu 2,7 milhões de barris de cerveja e 600 mil de bebidas com sabor de malte e cidra de maçã em 2012. A segunda colocada, por sua vez, menos de um milhão de barris; a New Belgium era a próxima, com 764.741, e assim por diante. Mas a Sierra Nevada e todas as outras comercializam seu produto sem propaganda no rádio e na televisão.

Isso representava grande mudança no modo como a bebida era vendida nos Estados Unidos. Antes da Lei Seca, o país tinha cerca de 2 mil cervejarias. Depois da Lei Seca, apenas a metade voltou à ativa. Entre 1933 e 2000, a indústria estadunidense do ramo passou por grandes fusões; o resultado foi que duas cervejarias nacionais, a Anheuser Busch (AB) InBev e a MillerCoors vendem hoje mais de 70% das cervejas que os norte-americanos consomem. A AB InBev e a MillerCoors fizeram isso graças a grandes campanhas publicitárias na televisão. As mensagens que iam ao ar estão até hoje gravadas na mente de muitos norte-americanos: *For all you do, this Bud's for you* ["Para tudo o que você fizer, esta Bud é pra você"], *"More taste, less filling"* ["Mais sabor e menos estufamento"], "Miller Time" ["Hora de tomar uma Miller"]. A geração *baby boom* provavelmente sabe de cor os jingles das cervejarias regionais de sua época de juventude, mas seus filhos, da geração X e Y, certamente não se lembram de nada disso. É claro que esta última não se recorda dos anúncios da Budweiser e da Miller, porque hoje a televisão tem muito mais canais e, além disso, eles preferem passar mais tempo na frente de computadores, celulares e *tablets*.

A internet possivelmente tem sido a maior aliada da revolução da cerveja artesanal. Daniel Bradford, ex-diretor de marketing da Associação dos Cervejeiros (AOB) e agora editor da revista *All About Beer*, lembra-se de uma pesquisa que fez com os leitores da *Zymurgy* em 1986.

"Enviei uma pesquisa para tentar saber, além dos cervejeiros caseiros, qual seria o público-alvo – como poderia me comunicar com eles, como encontrar mais leitores para a *Zymurgy*", conta. "E descobri que, além de ser uma maioria branca, caras de meia-idade, de 25 a 40 anos, a pesquisa mostrou que quase todos tinham um computador. Isso nos anos 1980. Acho que a Apple nem tinha sido inventada. E havia histórias de que, na exposição de computadores no Instituto Smithsonian, tinha uma receita de cerveja caseira na lousa. Não sei se era verdade. A revolução dessa bebida ocorreu ao mesmo tempo que a do computador pessoal, e acredito que continua até hoje com os blogueiros e as mídias sociais."[1]

Atualmente quase todo cervejeiro artesanal tem website e alguém para falar diretamente com seus consumidores e fãs nas redes sociais. "Acho que as mídias sociais foram grandes impulsionadores para nossa categoria", diz Rob Tod, fundador da Allagash Brewing Co., em Portland, no Maine, que as usa para manter os clientes informados sobre o que sua empresa está fazendo no momento.[2]

---

[1] Daniel Bradford, entrevista ao autor, 29 mar. 2013, Washington, DC.

[2] Rob Tod, entrevista por telefone, 30 maio 2013.

O EXEMPLO MAIS NOTÁVEL DO PODER DESSAS MÍDIAS NA CATEGORIA DA fermentação artesanal é a *BeerAdvocate*.³ Os irmãos Todd e Jason Alstrom começaram o site como passatempo em 1994. Hoje eles têm mais de 2,5 milhões de visitantes únicos por mês e 20 milhões por ano. Isso significa que, nos últimos 19 anos, milhões leram notícias, fofocas, comentários, opiniões, notas sobre degustação e reclamações sobre cerveja artesanal e cerveja em geral no site deles.

Todd e Jason sempre gostaram de computadores. O pai deles trabalhava no setor de compras de uma empresa de vestuário, que deu a ele um computador Timex Sinclair para rastrear as vendas. Os irmãos aprenderam tudo sobre e com o Timex. "Mais tarde dominamos um Commodore e então um Apple 2+, e depois um PC com chip Intel 286", conta Todd.

Ele se formou no ensino médio na Monson em Massachusetts em 1987 e se alistou na Aeronáutica. Treinou no Maine e foi mandado a Newbury, Inglaterra, a 70 quilômetros a oeste de Londres. Eram os dias finais da Guerra Fria, e Todd e seu destacamento estavam se preparando para a Terceira Guerra Mundial. Ele guiava um comboio de quatro carretas – que levavam mísseis balísticos de médio e longo alcance com ogivas nucleares na ponta – a áreas florestais para simular o que aconteceria se ocorresse uma guerra termonuclear. Se viesse o confronto, os mísseis seriam "o foda-se final" à União Soviética, diz ele. Todd terminou seus três anos de permanência, mas se realistou para mais dois anos quando veio a Guerra do Golfo em 1991.

Jason o visitou em 1989, depois de se graduar na Monson.⁴ "Eu estava apenas começando a aprender sobre as boas cervejas", diz. Ele e Todd começaram a explorar as delícias de um pub inglês em Newbury. Recordam ter bebido a Marston's Pedigree bitter e a Courage Director's

---

³ www.beeradvocate.com
⁴ Todd e Jason Alstrom, entrevista por telefone ao autor, 25 abr. 2013.

bitter. "Eu me apaixonei pelas ales inglesas, e meu irmão e eu criamos um vínculo com a cerveja", diz Jason.[5]

Quando Todd deixou a Aeronáutica em 1993, voltou a Boston e arrumou emprego em uma empresa de publicidade, onde fazia sites para grandes corporações como a General Motors. Jason fez alguns cursos de computação na Newbury State College em Massachusetts, casou-se e se mudou com a esposa para sua cidade natal, Savannah, na Georgia. Lá ele trabalhou na tripulação de terra da Delta Airlines e então se mudou para Boston em 1996 para fazer um trabalho parecido no aeroporto internacional.[6]

Os irmãos se tornaram *geeks* da cerveja e buscavam saber tudo o que podiam sobre as importadas e as microfabricadas – entravam em grupos de discussão on-line sobre o assunto. "Em 1996, não havia muita gente na internet", conta Todd. "Costumávamos conversar com outros *geeks* da cerveja na Usenet. Tínhamos discussões épicas com eles… muitos argumentos acalorados sobre qual era a melhor e a pior cerveja. Não percebemos naquela época, mas fomos a base para os grupos de discussão. Em 1998, os fóruns de cerveja começaram a surgir na internet."

Dois anos antes, começaram a desenvolver um chamado *Beer Guide, Advocates for Beer*. Todd diz que as pessoas confundiam o nome e eles acabaram mudando-o para *BeerAdvocate*, na esperança de que não fossem processados por companhias como a *Wine Advocate*, o que acabou não acontecendo. De acordo com Todd, "a *BeerAdvocate* era mais um chamado à ação do que apenas um website."

"Era apenas Jason e eu compartilhando nossas opiniões sobre as cervejas que existiam. Em certo momento, as pessoas perguntaram: 'Por que vocês não nos deixam postar resenhas e opiniões também?' E concordamos. Tivemos um retorno muito bom. Começamos a provar e a escrever sobre tudo o que encontrávamos."

Todd estava fazendo seis sites ao mesmo tempo, mas sabia que seu coração não pertencia ao mundo corporativo. "Sempre tivemos a ideia

---

[5] *Ibid.*

[6] *Ibid.*

de trabalhar para nós mesmos. Pegamos isso de nossa mãe e de nosso padrasto, que tinham uma loja em Faneuil Hall que vendia acessórios masculinos como cintos e suspensórios."[7]

Atraíram milhares de usuários para a página. Então, em 2001, veio a CNN. "Eles nos entrevistaram por cerca de cinco minutos. Colocaram em um segmento de dois minutos e o repetiram diversas vezes. As coisas explodiram. Quase destruiu nosso site. Tivemos que mudar para um servidor maior. Desde então já mudamos de servidor quatro ou cinco vezes, talvez mais."[8]

Em 2003 organizaram seu primeiro festival de cerveja, o Art of Beer Festival, no Boston Center of Arts, também conhecido como Cyclorama, na Termont Street. O primeiro dia atraiu mais de mil pessoas – não esgotou os ingressos, mas foi um grande sucesso. Em janeiro de 2004, fizeram o primeiro Extreme Beer Fest no mesmo local, que contou com mais de 2 mil participantes e quase trinta cervejarias.

Todd deixou seu emprego em 2003 e caiu de cabeça no negócio da cerveja. Jason também deixou a Delta para se juntar ao irmão. Hoje suas principais fontes de receita são os festivais. O Extreme Beer Festival é um evento de dois dias que atrai 2.500 pessoas. Eles também fazem o Belgian Beer Fest, que tem um número parecido de participantes. Ambos acontecem no Cyclorama e contam com mais de trinta cervejarias. Seu American Beer Fest acontece no Seaport World Trade Center em Boston e tem mais de 15 mil amantes da cerveja experimentando cervejas de 135 cervejarias. Fazem também um evento menor, Beer for Beasts, para ajudar os abrigos de animais locais, na Bell House, uma casa de shows no Brooklyn, com 1.200 pessoas.

Os irmãos Alstrom também ganham dinheiro com os anúncios pagos no site da *BeerAdvocate* e publicam uma revista de 50 mil exemplares que pode ser acessada on-line. "Chegamos a um ponto agora em que precisamos de uma solução para o futuro", conta Todd. "Cinquenta por

---

[7] *Ibid.*

[8] *Ibid.*

cento do negócio está hoje em dispositivos móveis como smartphones com sistema Android e Iphone."

São modestos sobre o sucesso e a tremenda influência que tiveram na revolução da cerveja artesanal. "Fomos um dos primeiros a dar às pessoas a chance de se comunicar entre si sobre a bebida", diz Todd. "Se você é um *geek* da cerveja, pode ser *geek* de outras coisas também, como computadores e comida. Viemos na hora certa, assim como os micro-cervejeiros. Atualmente existe mercado para a cerveja artesanal, e os novatos não precisam gastar dinheiro em publicidade. Eles têm a gente."[9]

Na Costa Oeste, Joe Tucker, de Santa Rosa, Califórnia, dirige o *RateBeer*, página com consumidores classificando cervejas, cervejarias e bares que tem 1,2 milhão de visitantes por mês. O site começou em abril de 2000 com o engenheiro de software Bill Buchanon e alguns amigos de Atlanta, com 1.500 dólares de investimento. Tucker se envolveu com o projeto alguns meses depois, em julho. Ele tinha trabalhado para empresas de software na Europa e nos Estados Unidos até o estouro da bolha das ponto-com, quando implodiu sua última companhia, um projeto de 53 milhões de dólares chamado www.comedyworld.com.

"Eu vivia em Berkeley, fazendo cerveja caseira", diz Tucker. "Passei um tempo no Oregon e fiquei sabendo da revolução artesanal." O tráfego do site cresceu rapidamente, levando à queda do servidor, normalmente à meia-noite. Buchanon tinha filhos e ficava cada vez mais impaciente em ter de trabalhar tarde da noite. O plano original era vender anúncios para financiar o site, mas eles não tinham equipe de vendas nem plano de negócio.

"Bill me perguntou se eu queria o site, e eu disse 'não sei, não tenho dinheiro'. E ele respondeu: 'você não entendeu, estou dando ele para você.'"[10] Tucker assumiu, remodelou a interface e começou a vender anúncios e contas premium para membros, que permitia que vissem o site sem anúncios e o acesso às informações sobre cervejas e

---

[9] *Ibid.*

[10] Joe Tucker, entrevista por telefone ao autor, 7 maio 2013.

bares. "O engraçado é que nunca me encontrei com Bill", diz Tucker. "Só falamos por telefone."

Ele é o único empregado de tempo integral. Deixou o emprego na empresa de computação em 2006 e tem um vendedor de anúncios de meio expediente, programadores voluntários e 119 administradores voluntários por todo o mundo que protegem o sistema daqueles que querem dominá-lo para promover suas cervejas e bares ou ofender as pessoas.

"É uma grande coisa para a cerveja artesanal", diz Tucker. "Quando começamos, muitos diziam que éramos nós contra o mundo... Não víamos assim. Mais do que encarar como uma luta, entendemos como algo inevitável. Tudo estava indo naquela direção."[11] Aconteceu primeiro com o vinho e então com o café; seria natural que a cerveja fosse a próxima da lista.

"Achei que era importante manter o ratebeer.com em funcionamento; me via como um auxiliar no movimento da cerveja artesanal. Não construímos coisa alguma, mas trouxemos as pessoas e deixamos que elas se comunicassem e compartilhassem ideias."

A MÍDIA IMPRESSA TAMBÉM TEVE PAPEL IMPORTANTE NA REVOLUÇÃO. A *The New Brewer*, publicada pela Associação dos Cervejeiros, está florescendo, e a *Zymurgy* é lida por mais de 50 mil membros da Associação dos Cervejeiros Caseiros dos Estados Unidos (AHA). A revista *Draft* é a mais refinada do grupo. A *Malt Advocate* começou cobrindo o produto, mas mudou o foco para o uísque (as grandes empresas de bebidas destiladas gastam muito mais com propaganda do que os cervejeiros artesanais). A *Real Beer Page* é outra grande fonte, assim como a *Brewbound*.

A mais antiga das publicações dedicadas à cerveja é a *All About Beer*. Começou em 1978, criada por Mike Bozak, representante de

---

[11] *Ibid.*

vendas do sul da Califórnia, e outros parceiros. Bozak não era um *geek* da cerveja, mas um homem de negócios que viu uma oportunidade. "Ele estava andando pela rua e viu um display de cervejas importadas", diz Bradford, que comprou a publicação em 1993. "Percebeu que elas estavam deslanchando e que não havia qualquer material para aprender a respeito, então criou a *All About Beer*. A microfabricação apenas começava na Califórnia e no Noroeste, e ele acabou tratando também da cena emergente."[12]

A primeira capa da revista tinha a foto do ator Paul Newman, conhecido amante da bebida, com um carro de corrida da Budweiser. Outras capas tiveram Clint Eastwood, Burt Reynolds, Willie Nelson e Rodney Dangerfield. Bozak certamente sabia chamar atenção das pessoas nas bancas de jornais. A *All About Beer* também contratou o especialista Michael Jackson, e Fred Eckhardt, do Oregon, formadores de opinião importantes nos primeiros anos da revolução da cerveja artesanal.

Bradford deixou a AOB em 1991, casou-se com Julie Johnston, acadêmica da Universidade Duke, e mudou-se para Durham, Carolina do Norte. Sua relação com Charlie Papazian ficou bastante tensa. Ele dizia que "não era bem verdade" que Papazian o havia demitido, "mas deu na mesma. Era hora de partir."

Charlie tinha feito um grande trabalho estabelecendo a AOB e mantendo sua saúde financeira. Bradford, por sua vez, era muito bom em organizar festivais e conferências e chamar atenção para a crescente indústria da cerveja artesanal. "Éramos a dupla perfeita na indústria da microfabricação", diz. "Tínhamos nossas diferenças, mas sempre tive respeito e admiração pelo papel de Charlie. A indústria se beneficiou muito com as contribuições que demos. Ambos fizemos nosso trabalho e a indústria melhorou por conta disso."

Bradford conseguiu fazer mestrado em História Americana na Universidade do Colorado, em Boulder, e entrou com um projeto na Universidade do Michigan. Ele preencheu "metade dos requisitos" para o douto-

---

[12] Daniel Bradford, entrevista por telefone ao autor, 27 abr. 2013.

rado. Sempre quis ensinar História e trouxe sua abordagem educacional para a *All About Beer*, quando comprou a revista dois anos depois de ter se mudado para Durham.

"Idealizei a publicação como um catalisador a fim de criar uma comunidade para ensinar ao público sobre a qualidade e a apreciação da cerveja", diz. "Mesmo nossos festivais são organizados pensando nesses aspectos." Bradford diz que as barracas dos cervejeiros locais são as mais populares no World Beer Festival, evento anual patrocinado pela revista, em Durham. As pessoas estão mais interessadas na cena local do que nas cervejarias regionais ou europeias. Na visão de Bradford, a segunda parte mais popular do periódico é a seção "Art of Beer", que foca a cerveja e os acompanhamentos, cask ales e equipamentos para fabricação.

Baseado em sua experiência com o World Beer Festival, ele mudou o foco de uma revista de comportamento trazendo pessoas que fabricavam cerveja, para se concentrar tanto nos produtores como na bebida em si.

Uma das seções mais populares é o comitê de degustação, um grupo de especialistas que provam novas cervejas e escrevem a respeito. Entre eles estão Papazian; Charlie Finkel, da Merchant du Vin; Garrett Oliver; os irmãos Alstroms; Roger Protz, da Campanha por uma Ale de Verdade da Inglaterra; e os escritores de cerveja Stephen Beaumont e Fred Eckhardt.

"Mudei as regras do júri profissional de degustação", diz Bradford. "Disse aos escritores, 'não estou interessado em suas opiniões, quero que descrevam em palavras o que provaram. Quero uma imagem da cerveja."[13]

A *All About Beer* tem circulação de 40 mil exemplares e continua crescendo. "A presença na mídia social cresceu muito nos últimos anos, assim como a publicação." Mas as histórias contadas na revista não podem ser resumidas em tuítes. "Estamos ainda na forma tradicional. As pessoas compram nossa revista porque querem ler artigos sobre cerveja."

---

[13] *Ibid.*

"Fico fascinado com o papel da mídia social na revolução da cerveja artesanal", diz. "Sou da opinião de que a explosão dos pubs e das micro e nanocervejarias está estritamente relacionada ao crescimento das mídias sociais. O problema é que você pode causar muito rebuliço com 140 caracteres, mas não criar conteúdo. O resultado é que muitas pequenas cervejarias ruins podem ficar famosas com isso. Há ansiedade pelo novo e pelo exótico que acaba prejudicando as marcas e os estilos. Todo mundo quer uma IPA, qualquer uma, ou com lúpulos Citra ou seja lá o que for."

A publicação tem uma degustação on-line que usa o Google Hangout, na qual os participantes experimentam seis cervejas da mesma fabricante para desenvolver um sentido de quais são a personalidade da cervejaria e as características da casa.

Bradford louva os semanários que se dedicaram à fermentação artesanal na revolução. "Os jornais da área eram como as primeiras mídias sociais", diz. "Eles mantinham as coisas girando. Seu trabalho era dizer às pessoas o que estava rolando em relação à cerveja em suas comunidades. Nosso trabalho é ensinar as pessoas sobre a bebida."[14]

O avô dos jornais especializados é o *Celebrator Beer News*, situado em Nevada, Califórnia. O editor e dono da publicação é Tom Dalldorf, homem de muita energia, sempre presente, de barba, óculos e chapéu. Dalldorf é um membro da mídia da Turma de 88, uma espécie de *geek* do vinho e uma lenda nos anais da inovação do correio da Califórnia.

Ele era carteiro em Hayward nos anos 1970 e no começo da década seguinte. Percebeu que os colegas de profissão na Flórida usavam shorts em suas caminhadas debaixo de sol e cortou suas calças para fazer suas entregas em sua cidade. O supervisor o chamou para dar uma advertência, mas Dalldorf então o convenceu de que os shorts eram tão necessários no calor da Califórnia como na Flórida. Ele já tinha sido aclamado por ter editado o melhor *newsletter* local na USPS, uma *venture* que passou por muitos problemas quando o Sindicato dos Trabalhadores dos

---

[14] *Ibid.*

Correios descobriu que a empresa fazia impressões em loja não filiada ao sindicato.

Ele obteve mestrado em ciência política com foco na China e em 1979 abriu uma loja de vinhos em Hayward, aprendendo os aspectos mais requintados da degustação da bebida, além de ter participado dos júris no estado e em nível nacional. "Conheci Bret and Julie Nickels, dois canadenses de Vancouver, em um evento de cerveja que fiz na loja", conta Dalldorf. Em 1988 os Nickles queriam fundar um jornal sobre a nascente indústria da microfermentação no Oeste. Dalldorf dá a eles o crédito pelo termo "jornal de cerveja" [*brewpaper*].

Descobriu que os Nickles estavam escrevendo e usando escâner para produzir uma publicação chamada *California Celebrator* (em homenagem à incrível double dock produzida pela Ayinger Brewery, na Alemanha). Bret queria fazer 5 mil cópias para a primeira edição, mas a gráfica insistiu em um mínimo de 10 mil. Ele então viajou pelo estado para divulgar sua publicação bimestral. Segundo Dalldorf, todos os exemplares foram vendidos em três semanas.

"Eu disse a Bret que tinha um Mac e poderia tornar o trabalho muito mais fácil", diz. "Com 3 mil dólares podia comprar uma impressora Mac a laser e fazer o trabalho muito mais rápido e barato do que estavam fazendo." Os Nickles decidiram pagá-lo para diagramar o periódico, e ele se tornou sócio na *venture*.

Quando Bret anunciou que voltaria para o Canadá e fecharia o jornal, Dalldorf reagiu, "você não pode fazer isso. Você criou uma coisa significante aqui. Temos leitores em todo o estado e anúncios pagos ao *Celebrator*", o que se seguiu de uma proposta: "Deixe-me assumir o negócio." Os Nickles concordaram e ele comprou a publicação.[15]

Agora Dalldorf tinha a difícil tarefa de vender o jornal boca a boca por toda o estado, uma região tão grande, que percorrê-la seria como ir de Nova York a Miami. Ele começou usando a UPS* para fazer entregas.

---

[15] Tom Dalldorf, entrevista por telefone ao autor, 10 maio 2013.

* Empresa com sede em Atlanta, EUA, responsável pela distribuição de milhões de encomendas pelo mundo. [N.T.]

Por volta de 2013, a circulação por edição era de 55 mil, principalmente em lugares no oeste do Mississippi, mas com alguma presença em todos os estados e em muitos países.

O *Celebrator* publicou alguns escritores de cerveja lendários, como Eckhardt e Beaumont, Jay R. Brooks, Don Erickson, Mike Pitsker, Steve Shapiro e Gail Ann Williams, bem como Jack Curtin e Lucy Saunders. Michael Jackson ainda é citado nos créditos como o consultor, um tributo que tenho certeza de que o Bardo da cerveja apreciaria.

"Michael Jackson nos tomou sob sua proteção e nos guiou", diz Dalldorf. "A Kim Jordan [da New Belgium] exagerou um pouco quando disse em 2003 que a cerveja artesanal poderia ser 10% do mercado. Mas todo mundo mergulhou de cabeça na causa, não pelo dinheiro, mas pela ideia de fazer uma grande bebida. Foi o que fizemos, e os consumidores começaram a aparecer. Duas coisas nos motivaram, sabor e personalidade, aquilo em que Michael Jackson sempre insistiu. Escrever sobre esse movimento tão dinâmico foi uma experiência estimulante."[16]

Tony Forder e Jack Babin começaram o tabloide bimestral *Ale Street News* em 1992. Os 20 mil exemplares da primeira edição foram entregues em Nova York pela empresa de distribuição da Brooklyn Brewery, a Associação dos Cervejeiros Artesanais. Nascido em Uckfield, Inglaterra, Forder era fã do romance *Pé na estrada*, de Jack Kerouac; seu fascínio pelo escritor o levou ao Estados Unidos aos 18 anos, viajando de carona pela Califórnia. Em San Francisco, conheceu e se casou com Sue, irmã de Jack Babin, e se formou em jornalismo na Humboldt State College, em Arcata.

"Entrei no negócio dos jornais sobre cerveja por causa da mesma coisa pela qual muita gente entrou na indústria do ramo – a fabricação caseira", diz Forder. "Eu já fazia cerveja em casa na Inglaterra antes de ir para a Califórnia. Jack nos visitou e começamos a produzir juntos."

Depois do nascimento de sua filha, os Forder se mudaram para Nova Jersey, e Tony e Jack criaram um clube sobre cerveja caseira, o North Jersey Wort Hogs. Outros membros seguiram em frente e fundaram uma loja de

---

[16] *Ibid.*

fabricação caseira em Teaneck. Forder trabalhou em jornais comunitários da Califórnia e Nova Jersey. Ele admirava o *Celebrator* de Tom Dalldorf e escrevera alguns artigos para a publicação.

No leste, as importadas da Bélgica, Alemanha e do Reino Unido, assim como as microfabricadas nacionais, estavam chegando ao mercado. "As pessoas não sabiam nada sobre esse tipo de bebida, e achamos que um jornal teria uma boa razão para existir", diz. Ele conheceu Tom Potter e eu na Company B's em Orangeburg, Nova York, ao norte do estado em 1992. A Company B's foi um dos bares-restaurantes pioneiros da cerveja artesanal que chocou o mundo dos restaurantes ao se recusar a vender produtos da Budweiser, Miller e Coors. Foi sucesso instantâneo.

O *Ale Street News* também. Potter e eu compramos o anúncio da quarta capa do jornal para promover as grandes cervejas que distribuíamos pela Associação dos Cervejeiros Artesanais. A publicação cresceu rapidamente. Hoje tem tiragem de 80 mil exemplares, circula praticamente por toda a Costa Leste e em alguns mercados na região dos Grandes Lagos. Forder trabalha muito desde 1994. O coeditor Jack Babin divide seu tempo entre o *Ale Street News* e a Micros, a empresa de softwares para restaurantes. Além disso, Forder e Babin patrocinam jantares com cerveja, festivais e excursões ao Grande Festival da Cerveja Norte-Americana, e às importantes nações cervejeiras da Europa.[17]

Mas o principal personagem na mídia impressa é Bill Metzger, que publica sete jornais regionais com uma circulação total de 275 mil. Nativo de Syracuse, Nova York, estava em Austin no começo dos anos 1990, quando seu sócio conseguiu trabalho no Departamento de Educação do Texas. Metzger dava aula de ciências para o ensino médio e editava um jornal sobre meio ambiente. Como cervejeiro caseiro, começou a escrever para a *The New Brewer* e o *American Brewer* de Bill Owen.

"Nas férias viajávamos mundo afora em busca de cervejarias, e eu sabia que a fabricação artesanal chegaria ao Texas", diz Metzger. "Não havia publicações sobre o assunto no estado, então tive a ideia de fazer uma." Conta que Billy Forrester, dono da Dog and Duck Pub em

---

[17] Tony Forder, entrevista por telefone ao autor, 8 maio 2013.

Austin e fundador da primeira fábrica-bar, assinou um cheque para fazer propaganda nas três primeiras edições. Jim Koch também pagou algumas. A primeira edição do *Soutwest Brewing News* saiu em 1993.

Metzger e seu sócio se mudaram para Buffalo, no norte do estado de Nova York, e ele começou o *Great Lakes Brewing News* naquele mesmo ano. Era uma época difícil para a indústria. O *Southern Draft*, um jornal que cobria o Sudeste, foi extinto, assim como o *Beer and Tavern Chronicle* e o *Barleycorn*, que se concentravam nos estados do Médio Atlântico. No ano seguinte, Metzger comprou o *Yankee Brew News*, publicação da Nova Inglaterra.

Em 1998, inaugurou o *Mid-Atlantic Brewing News* com a ajuda dos colaboradores do *Barleycorn*, Jim Dorsch e Greg Kitsock. Depois vieram o *Northwest Brewing News*, *Rocky Mountain Brewing News* e o *Southern Brewing News*. Metzger, o coeditor Jamie Magee e outros dois funcionários comandam atualmente o negócio. Os jornais são impressos em quatro estados e distribuídos em fábricas-bares, cervejarias de produção e varejistas, tudo pelo correio. Metzger diz que seu único fracasso foi o *Mississippi Valley Brewing News*, que começou em 2003 e fechou três anos depois.

Afirma que o foco regional foi a chave para o sucesso. "Considerava a regionalidade do movimento muito importante, e tinha muita fé na paixão e criatividade dos cervejeiros artesanais que conheci."

Não contente em apenas escrever sobre cerveja, Metzger recentemente comprou um bar em Buffalo, o McCarthy's Brewery and Kitchen, e está com um projeto para uma sala de brassagem com um sistema de fermentação de 400 litros.[18]

A *Beer Marketer's Insights*, uma *newsletter* de 40 anos que trata da indústria cervejeira estadunidense, começou uma versão por e-mail chamada *Craft Brew News* em 2010. O editor Benj Steinmann, cujo pai, Jerry, fundou a *Beer Marketer's Insight*, fazia a cobertura do movimento artesanal com a *newsletter* principal por muitos anos. Mas quando compareceu à Conferência dos Produtores de Cerveja Artesanal de 2010, em Chicago, Benj ficou abismado não apenas pelo tamanho do evento,

---

[18] Scott Metzger, entrevista por telefone ao autor, 10 ago. 2013.

mas também pelo número de atacadistas. As distribuidoras de cerveja são um de seus principais públicos-alvo.

"A vitalidade daquela conferência dava um contraste surpreendente com as convenções das grandes cervejarias, que eram bem entediantes", conta. "A venda total de cerveja estava em baixa, mas a da artesanal ia muito bem. Naquela tarde, esse tipo de cerveja parecia ser o negócio do futuro. Tínhamos algumas ideias para novos produtos, incluindo uma *newsletter* sobre a cerveja artesanal, mas aquele dia tornou a decisão óbvia."[19]

Seu concorrente, o *Beer Business Daily*, que circula em San Antonio, Texas, e é editado pelo perspicaz e muitas vezes provocativo Harry Schumacher, também começou uma publicação voltada para o segmento artesanal. "Havia tantas informações sobre a cerveja e seus produtores, que o *Beer Business Daily* estava se tornando uma *newsletter* sobre essa área", diz Schumacher. "Achamos que era hora de fazer um periódico sobre a cerveja artesanal, porque as grandes cervejarias recebiam pouquíssima atenção no BBD. Elas representavam 80%, mas eram responsáveis apenas por 20% da produção."[20]

Ele contratou Jen Litz para escrever a *newsletter* e pensa em contratar um segundo colaborador em breve. Schumacher diz que, de certa forma, tinha ciúmes de Litz porque ela cobria as notícias sobre o crescimento, enquanto ele estava estagnado reportando os números em queda das grandes cervejarias.

A proliferação das publicações sobre a bebida significava que havia um fluxo diário de informações sobre as *startups*, as vendas e aquisições de cervejarias. O *Beer Marketers Insights* e o *Beer Business Daily* concorrem ferozmente pelas notícias sobre os cervejeiros artesanais e as distribuidoras. Hoje há cobertura completa da indústria com base diária. Para os consumidores, existe um fluxo constante de matérias sobre as novas cervejas, os eventos e os festivais. Qualquer *startup*, não importa quão pequena ou remota, vai ter suas bebidas comentadas pelos sites *BeerAdvocate* ou *RateBeer*.

---

[19] Benj Steinman, e-mail ao autor, 28 ago. 2013.

[20] Harry Schuhmacher, entrevista por telefone ao autor, 10 set. 2013.

8

CERVEJEIROS ARTESANAIS RESSUSCITAM A ASSOCIAÇÃO DOS PRODUTORES DE CERVEJA DA AMÉRICA

NO INÍCIO E MEIO DA DÉCADA DE 1990, OS CERVEJEIROS ARTESANAIS ESTAVAM cada vez mais conscientes da necessidade de se organizar politicamente. Toda conferência anual tinha pelo menos uma ou duas sessões dedicadas ao problema da gestão do relacionamento com os distribuidores.

Em apenas alguns estados os cervejeiros são proibidos de distribuir a própria bebida; são obrigados a vender seu produto a um distribuidor, que então o vende a um bar, restaurante ou varejo. Normalmente, um distribuidor compra uma caixa de cerveja por 20 dólares e a remarca com 40%, ou seja, 28 dólares. Essa diferença cobre a entrega, os custos de venda e o lucro. Na maior parte do país, são protegidos por leis de franquia que estipulam que o cervejeiro pode criar uma parceria com o distribuidor quando este vende e entrega o produto. Portanto um cervejeiro não pode voltar atrás e fazer um contrato com um novo distribuidor sem que haja um acordo com o primeiro, a menos que a cervejaria prove que este não está fazendo seu trabalho ou esteja envolvido com algo ilegal, o que justificaria a quebra de contrato. Mas isso é algo muito difícil de provar. Muitas vezes, é motivo para uma boa briga nos tribunais. Grandes cervejarias têm grandes departamentos jurídicos e orçamentos. As pequenas não. Daí a frustração destas quando percebem que seu distribuidor não vende seu produto como deveria.

Lembro-me de palestras na Conferência dos Produtores de Cerveja Artesanal sobre o gerenciamento de distribuidores, sessões de queixas, com orador após orador descrevendo suas relações complicadas com os atacadistas. Naqueles anos, motivar um distribuidor para focar na cerveja microfermentada parecia ser impossível; eles eram supostamente negociantes independentes, mas na prática estavam comprometidos com as grandes cervejarias, e aceitavam com obediência o que quer que fosse produzido por elas: cervejas leves, dry beer ou ice beer, todos os estilos que surgiram nos anos 1990 – mesmo que nenhuma dessas bebidas fosse diferente da lager leve das megamarcas que dominavam o mercado desde o início da moderna fabricação artesanal. A maioria dos mercados tinha um distribuidor da Miller, da Coors e da Budweiser. O da Bud era 100% concentrado nas marcas da Anheuser-Busch (AB). Na verdade, August Busch III, com sua política de "100% de *share of mind*", parecia determinado a fazer cumprir a restrição com todos seus distribuidores. As marcas da Miller e da Coors, uma fração da AB, tinham influência menor em seus distribuidores; estes trabalhavam, em geral, com muitas importadas e eram propensos a pegar uma microfermentada.

Apenas Jim Koch e Pete Slosberg pareciam capazes de chamar atenção; talvez porque eram os caras que estavam no rádio e na televisão. Os distribuidores entendiam essa propaganda, mas não apreciavam o marketing boca a boca que impulsionava a maioria dos cervejeiros artesanais. Lembro-me de gerentes de venda me aconselhando a fazer o que Jim Koch fazia. Diziam: "Por que você não anuncia no rádio e na televisão? Ou coloca alguns outdoors em Nova York?" Eles pareciam não entender que essas estratégias estavam longe de ser viáveis para mim, e mesmo assim eu não queria esse tipo de marketing. Se tivesse 50 mil dólares sobrando, contrataria um ou dois representantes de venda.

Fritz Maytag estava sempre nos lembrando de que o sistema de três níveis hierárquicos – conceitos adotados pela maioria dos estados depois que a 21ª emenda entrou em vigor na Constituição norte-americana, abolindo a Lei Seca – era o único obstáculo para permitir que as grandes cervejarias conseguissem o monopólio total no país. Os proibicionistas acreditavam que uma cervejaria ser dona de um bar seria a principal razão para o abuso e o consumo excessivo de álcool. Estava especificado que uma fabricante não podia ter licença de distribuição ou de varejo.

Mas se, como dizia Maytag, o dito sistema prevenia a concentração da indústria nas mãos das grandes cervejarias, por que elas pareciam controlar tanto o mercado nacional? Em uma Conferência dos Produtores de Cerveja Artesanal, Maytag chegou ao ponto de nos aconselhar a ir para casa e abraçar nossos distribuidores. Eu não conseguia aceitar isso. Quer dizer que eu devia voltar a Nova York e abraçar William "Wild Bill" Pflaumer, proprietário da Midway, um distribuidor em Long Island, que perdera quase todos os clientes que eu conquistara?[1] A equipe de Pflaumer também demorava muito para me pagar. Nosso contrato especificava o pagamento em trinta dias, mas normalmente o cheque era mandado pelo correio no trigésimo dia – emitiam num banco da Filadélfia e demorava alguns dias para compensá-lo. Certa vez, recebi um não assinado do contador de Pflaumer, que insistiu para que eu o mandasse de volta para a assinatura.

Ou talvez eu devesse abraçar Carmine Stella, a distribuidora que fechou as portas e desapareceu por uma semana depois de comprar um carregamento da Brooklyn Lager e me dizer que havia mandado pelo correio o cheque da compra anterior? Esse desastre me custou 40 mil dólares, numa época em que nossa cervejaria estava lutando para conseguir algum lucro. Um abraço seria a última coisa que eu daria em Carmine Stella.

A única maneira de tratar esses problemas era se tornar politicamente ativo e conseguir uma legislação que fosse mais fácil para o trabalho das pequenas cervejarias com os distribuidores. Uma forma de fazer isso seria isentar das leis de franquia as cervejarias que representavam apenas uma pequena porcentagem do negócio dos distribuidores. Ou, quem sabe, uma legislatura estadual poderia exigir que os distribuidores pagassem pelo produto em um prazo menor.

---

[1] Obituário para William-Pflaumer, *New York Times,* 29 maio 2010. Pflaumer, que também era dono da Schmidt Brewery na Filadélfia, foi forçado a vendê-la após ser condenado por sonegação fiscal.

Aqui creio ser necessário descrever algumas das organizações que representam os diversos segmentos da indústria da cerveja. Elas têm nomes similares e são fáceis de confundir.

Associação dos Produtores de Cerveja (BA) – a associação comercial estabelecida em 2005 com a fusão da BAA e da AOB.

Associação dos Produtores de Cerveja da América (BAA) – uma associação comercial de pequenas cervejarias regionais estabelecida em 1942 para garantir que os pequenos fabricantes tivessem uma cota de justa de estanho e cevada, materiais que estavam sendo racionados durante a Segunda Guerra Mundial.

Associação dos Cervejeiros (AOB) – fundada por Charlie Papazian em 1978, foi uma organização educativa que começou a evoluir para um perfil comercial. A Associação dos Cervejeiros Caseiros Norte-americanos, responsável pela *The New Brewer*, era uma subsidiária da AOB, assim como o Instituto da Cerveja e dos Estudos de Fermentação, que publica a *Zymurgy*, e a Brewers Publications. A AOB também organiza o Grande Festival da Cerveja Norte-americana e a Conferência dos Produtores de Cerveja Artesanal.

Associação Nacional dos Distribuidores de Cerveja (NBWA) – associação comercial que representa mil distribuidores de cerveja dos Estados Unidos, em Washington, DC. Eles têm organizações similares em cada estado para pressionar legislaturas estaduais, porque em cada um há leis e impostos diferentes para a bebida.

Instituto da Cerveja (BI) – associação comercial que alega ser representante de todos os cervejeiros, mas que representa principalmente as grandes cervejarias. O BI foi estabelecido em 1986, depois da extinção da Associação das Cervejarias dos Estados Unidos.

Em meados da década de 1990, o Instituto da Cerveja e dos Estudos de Fermentação, o precursor da AOB, estava se tornando mais politicamente ativo, porém somente de maneira informal. Em maio e julho de 1994, por exemplo, enviou os "Alertas aos Cervejeiros", avisando sobre duas propostas de lei no Congresso que praticamente causariam a falência da maioria das pequenas cervejarias. Ambas ainda estavam sendo consideradas. A primeira medida promovia a equivalência, ou seja, taxar a cerveja como o uísque. Era uma mudança que a indústria dos destilados há muito defendia por razões óbvias. Mas a cerveja é bem diferente do uísque. Nosso produto é feito naturalmente com a fermentação de grãos e com conteúdo limitado de álcool; o uísque é fermentado e depois destilado para concentrar o álcool. Os cervejeiros sempre apresentaram seu produto como a "bebida da moderação" e classificam o uísque como uma bebida pesada.

A segunda questão são as "taxas de sangria" – aquelas que os fornecedores têm de pagar às lojas para conseguir um lugar favorável nas gôndolas. É uma prática comum para os refrigerantes, o que explica porque a Coca-Cola e a Pepsi dominam quase todas as prateleiras nas seções de refrigerante. Essas taxas são ilegais no negócio da cerveja porque apenas grandes companhias poderiam pagá-las. As redes de supermercado se comprometeram em mudar isso.

Eu diria que quando esses alertas eram divulgados, há 20 anos, muitos pequenos cervejeiros não entendiam muito bem a importância de se opor a tais mudanças. Em maio de 1995, uma boa quantidade de pequenas cervejarias compareceu a sua primeira conferência conjunta legislativa, entre cervejeiros e distribuidores, em Washington, DC. O BI e a NBWA patrocinaram o evento de três dias de pressão legislativa. Quatro cervejeiros artesanais estavam lá: Ken Grossman, da Sierra Nevada; Pete Slosberg, da Pete's Brewing Company; Bill Cross, da Willamette Valley Brewing Company; e Peter Egelston, da Smuttynose Brewing Company. Eles deixaram clara sua oposição às taxas mais altas para a cerveja e às advertências do governo nos rótulos, e renunciaram à dedução dos gastos com propaganda. Também argumentaram que o abuso de álcool estava em declínio e os cervejeiros eram parte da solução do problema.

As pequenas cervejarias foram bem acolhidas. "Todos os deputados que visitei, assim que eu dizia que tinha uma microcervejaria, ficam muito interessados", conta Egelston. "Era como se eu fosse algo exótico de que tinham ouvido falar e do qual queriam saber mais."[2] Nos anos seguintes, a programação da conferência legislativa conjunta iria girar em torno das questões dos distribuidores, como a abolição de impostos estaduais ou a luta contra propostas que endureciam as regras da Administração de Segurança e Saúde Ocupacional,* ou ainda o abrandamento das regras para se obter a licença de um estabelecimento comercial. A agenda era definida pelo BI e pela NBWA. Nós, os microcervejeiros, éramos, no máximo, jogo de cena, sem poder de desenvolvimento da agenda. Contudo todos víamos a mesma coisa que Egelston: os membros do Congresso e sua jovem equipe ficavam entusiasmados quando contávamos sobre nossas companhias em franca expansão e outras empresas que estavam surgindo e gerando empregos no distrito deles. E havia algo incomum: uma preocupação em criar empregos em nosso país, e não nos mudarmos para o México ou para a China.

Apesar de nosso pequeno papel, achava essas conferências fascinantes. Estávamos testemunhando como a política pública era influenciada em Washington, onde o imposto especial sobre o consumo e muitas outras regulamentações que ditavam as regras do negócio da cerveja são promulgadas. O diretor do BI, Ray McGrath, era um ex-representante da câmara de Long Island. Ele parecia achar engraçado sua preferência pelo vinho – nunca entendi como August Busch III havia permitido uma coisa dessas. Ele era sempre visto com uma Budweiser na mão e obrigava seus subordinados e distribuidores a fazer o mesmo.

Os representantes da AB na conferência legislativa conjunta eram homens extremamente alinhados e com cabelo curto impecavelmente dividido ao meio; usavam terno azul-escuro e gravata vermelha, e pareciam andar em grupo; não se misturavam com os outros representantes. Quando August III ou August IV dignava-se a comparecer às luxuosas recepções para os membros da conferência e do Congresso e suas equi-

---

[2] David Edgar, "Legislative alert", *The New Brewer*, p. 7, jul.-ago. 1995.

* Agência do Departamento do Trabalho dos EUA que tem o objetivo de impedir acidentes do trabalho, doenças e acidentes mortais por meio do estabelecimento e aplicação de normas de segurança e saúde no trabalho. [N. T.]

pes, os distribuidores da AB corriam para trocar algumas palavras com eles. Um grupo de assistentes e o pessoal da segurança com fones no ouvido seguiam os homens de Busch, que nunca ficavam muito tempo.

Peter Coors também muitas vezes aparecia nas recepções, mas sem sua comitiva. Alto, bronzeado e em boa forma física, com um cabelo grisalho e a mandíbula de caubói que parecia personificar as montanhas rochosas e o Oeste ensolarado, ele também era cercado pelos distribuidores. Conheci Coors na Universidade de Cornell em meu primeiro ano, mas não me reconheceu quando me reapresentei na conferência.

Ele era membro da Psi Upsilon, uma fraternidade de prestígio que também contava com o filho do então Secretário do Estado, Dean Rusk. Acho que Coors já era veterano quando entrei na faculdade. Ele estava com um belo casaco esportivo bege; lembro-me de ter pensado que eu o estragaria se o usasse uma única vez. Em retrospecto, fico surpreso que a Psi me deixou fazer um teste. Além de celebridades, contava com jogadores de futebol, basquete e beisebol entre seus membros, e eu era do time de golfe – não exatamente do mesmo nível. Entrei para o Sigma Alpha Epsilon (SAE), também uma fraternidade, mas sem celebridades. Consegui por causa de alguns amigos do time de futebol. Coors se casou com uma colega de universidade, Marylin Gross, que era uma "pequena irmã" da SAE – uma espécie de auxiliar das damas.

Em uma das conferências legislativas, literalmente grudei em Coors para conseguir sua atenção em meio a um círculo de distribuidores. "Ei, Pete, sou eu, Steve Hindy, da Brooklyn Brewery. Fui membro da SAE na Cornell. Acho que sua esposa Marilyn Gross era de lá também", disse a ele. "Sério?", respondeu, meio que olhando de relance em minha direção antes de voltar a atenção a seus distribuidores subservientes. Foi a mesma atenção que obtive quando o conheci, três décadas atrás. Talvez ser um microcervejeiro nesse ramo fosse a mesma coisa que estar no time de golfe da faculdade.

O "bonzão" no BI, que parecia ter algum interesse nas microcervejarias, era Jeff Becker, o porta-voz. Era um cara bonito; parecia muito com o ator Michael Douglas. Tinha cabelo preto com mechas prateadas e ficava à vontade com cervejeiros e distribuidores. Foi ele quem apresentou a plataforma do BI na grande abertura do encontro na conferência. Era um grande orador, engraçado e descontraído no palco. Tinha relações pessoais com os membros do Congresso. Se McGrath era quem tinha as informações políticas privilegiadas, o negociador atrás do palco, Becker, era o homem da linha de frente, a voz da indústria. Era um relações-públicas habilidoso, além de um perfeito diplomata, um desses caras que não dava para não gostar, talvez porque se interessava em conhecer as pessoas. Certa vez ele me perguntou como eu tinha entrado no negócio das cervejarias e ficou curioso pelo meu repertório como jornalista. Enquanto batíamos um papo, logo percebemos que ambos amávamos o golfe. Becker frequentava alguns campos em DC e foi nosso anfitrião (de mim e Gary Fish, o fundador da Deschutes). Ele era um grande jogador; tinha *handicap* 2 e uma boa tacada.

A conferência legislativa na primavera tornou-se uma tradição anual para mim, assim como para outros 25 pequenos cervejeiros. Todos sabíamos que nossa agenda não fazia parte do evento, mas estávamos aprendendo com os grandes cervejeiros e distribuidores. Gary Fish e eu começamos a dizer que os pequenos tinham que conseguir um lugar à mesa para entrarmos na pauta deles.

Em algum momento dos anos 1990, a AOB passou a organizar um encontro das poucas associações de pequenos cervejeiros dos estados que estavam ativas. Recordo-me de ir a uma dessas reuniões e levantar questões sobre como a AOB poderia promulgar uma pauta política se ela não era administrada pelo pessoal da área. O Instituto da Cerveja e dos Estudos de Fermentação tinha um quadro de consultores composto de cervejeiros desde o começo dos anos 1980, mas agora não era um órgão administrador da AOB. O poder real da associação claramente se concentrava nas mãos de pessoas que estavam definindo seu propósito e missão. Em algum momento a associação mudou seu *status* de uma organização educativa para uma comercial. Sendo assim, passou a fazer lobby nas legislaturas estaduais e no Congresso, como geralmente faz uma associação desse tipo.

"Creio que o problema é que a AOB estava começando a se comportar como uma associação comercial, mas a diretoria era composta pelos amigos de Charlie Papazian – um cara da área de seguros, alguns advogados, um corretor de imóveis", diz Kim Jordan, diretora executiva da New Belgium.[3] Houve algumas reuniões com John Hickenlooper, fundador da Wynkoop Brewing Company e amigo de Papazian, sobre criar um conselho de cervejeiros para a AOB, mas as conversas não chegaram a lugar algum. Jack Joyce, da Rogue Ales, membro do conselho consultivo do Instituto da Cerveja e dos Estudos de Fermentação, diz que a mudança de *status* foi uma farsa para dar uma aparência de associação comercial. "Na minha opinião, o papel da BAA era legislativo, no Capitólio", diz. "Charlie não tinha interesse nisso. Ele queria organizar a conferência, o festival da cerveja e os programas informativos sobre a indústria."[4]

A AOB tropeçou feio em 1998, quando tentou realizar o Grande Festival da Cerveja Norte-americana em Baltimore. A data do evento caiu no mesmo dia de um grande evento esportivo na cidade, o que resultou em pouca gente no festival e muito dinheiro jogado fora. Papazian também cogitou organizar uma Copa do Mundo da Cerveja, uma competição de teste cego de cervejas do mundo inteiro, no Rio de Janeiro, naquele mesmo ano.

Algumas pequenas cervejarias eram membros da BAA. Fritz Maytag esteve envolvido com ela por muitos anos, assim como Ken Grossman e Ted Martin, da August Schell Brewing Company. Outros microcervejeiros, como George Hancock, da Pyramid Brewery, Rich Doyle e Dan Kenary, da Harpoon Brewery, Fred Bowman, da Portland Brewing Company, e Kim Jordan, da New Belgium, tinham entrado para o conselho. Passaram a encorajar outros da categoria a também se envolver com a associação. Grossman recorda que a BAA era uma organização que mal funcionava. Por muitos anos, o principal evento para seus membros era a reunião anual e um jantar em um salão de dança em

---

[3] Kim Jordan, entrevista por telefone ao autor, 10 maio 2013.

[4] Jack Joyce, entrevista por telefone ao autor, 21 fev. 2013.

Fort Lauderdale, ou seja, mais umas férias que podiam ser deduzidas do imposto de renda do que uma reunião de negócios em si. Henry King, o presidente de longa data da Associação dos Cervejeiros dos Estados Unidos (precursora do BI), era o diretor. Era ele quem definia a agenda.[5]

ESTIVE PRESENTE NA CONVENÇÃO ANUAL DE 1997 DA BAA NO FAIRMONT Copley Plaza Hotel em Boston. Era o 56º encontro anual do evento e 97 cervejarias enviaram seus representantes. Eu estava entre os microcervejeiros que se perguntavam se a associação iria desenvolver uma pauta política e de relações públicas para a categoria. O evento teve um início nada promissor com Michael Layborn, o presidente da Mendocino Brewing Company, que havia sido vendida recentemente ao bilionário indiano Vijay Mallya. Alguns de nós ficaram intrigados como a BAA permitia que uma companhia cujo dono era estrangeiro pudesse ser membro da diretoria (a empresa foi mais tarde excluída da diretoria e da organização). Laybourn se esqueceu de apresentar o anfitrião do encontro, Rich Doyle, que planejara apresentar o convidado de honra Walter A. Sullivan, diretor da Comissão de Controle das Bebidas Alcoólicas de Massachusetts.[6]

Jack Joyce estava ciente de que muitos cervejeiros estavam infelizes com o fato de a AOB estar se envolvendo com questões políticas. Ele organizou a que ficou conhecida como Sessão Rebotalho, uma reunião informal com muitos dos descontentes, eu incluso. Consciente de que os nervos estavam à flor da pele – Jim Koch estaria presente no meio de alguns de seus detratores –, Joyce pediu ao escritor de cerveja Jack Ericson para pegar leve na sessão, que aconteceu em uma sala revestida de madeira com um grosso carpete azul e uma grande mesa de reunião com mais de uma dúzia de cadeiras. Joyce e Koch fumavam e a sala

---

[5] Ken Grossman, entrevista ao autor, 26 fev. 2013, Boulder, Colorado.
[6] Rich Doyle, entrevista por telefone ao autor, 15 maio 2013.

ficou abafada logo de cara. Filei um cigarro de Koch. A sala também tinha um carrinho com cerveja gelada – um detalhe nada bom para uma reunião séria.

Gary Fish recorda que Koch fez uma declaração inicial, dizendo que o problema da indústria era que havia empresas demais e que algumas faziam uma "cerveja de merda". Isso gerou uma resposta rápida e amarga de Irene Firmat, da Full Sail Brewing Company, que criticou Koch por sua produção sob contrato. Joyce lembra que Larry Bell também atacou Koch pelo seu modo de produção e por dar cerveja abertamente em troca de ações na bolsa.[7] "Ele quase fez Jim chorar e o magoou de verdade", diz Joyce. Kim Jordan se recorda de bater de frente com Jim Koch na ocasião e de lembrá-lo que estava dando um couro em sua cerveja no mercado de Phoenix. Ericson se sentiu impotente com todo aquele ressentimento. Conforme a reunião seguia em direção ao caos, Fish sussurrou a Joyce: "Era isso o que você queria?"[8]

Joyce rememora que os "inimigos de Charlie Papazian" e/ou "a máfia da Costa Leste" queriam se livrar da AOB ou tomar conta da associação. Ele não quis citar o nome dos difamadores, mas penso que se referia a mim e a Rich Doyle. Eu não odiava Charlie. Simplesmente queria uma associação comercial que realmente representasse os interesses de minha empresa e da microindústria. George Hancock, da Pyramid Brewing, insistia que, por causa do histórico da BAA em representar a indústria em Washington, eles tiveram mais oportunidades para desenvolver uma associação comercial efetiva. Saí daquela reunião concordando com ele.[9]

No dia seguinte F. X. Matt, que presidia a BAA, concordou em permitir uma reunião aberta com todos os cervejeiros presentes na conferência. Jordan simplificou a reunião. "Lembro que eu estava longe de

---

[7] Gary Fish, entrevista ao autor, 25 mar. 2013, Washington, DC; entrevista com Joyce, 21 fev. 2013.

[8] Entrevista com Joyce, 21 fev. 2013; entrevista com Fish, 25 mar. 2013; entrevista com Jordan, 10 maio 2013.

[9] George Hancock, entrevista ao autor, 5 abr. 2013, Phoenix, Arizona.

desistir do assunto", diz ela. "Comecei um discurso sobre a necessidade de uma associação comercial que representasse os interesses das pequenas cervejarias, para que tivéssemos uma voz unificada na mídia." Larry Bell fez um discurso um tanto intrincado no qual apelava que o grupo seguisse as Regras de Ordem de Robert* para a sessão. Jerome Chicvara, da Full Sail, disse que a pequena indústria cervejeira precisava de uma campanha na mídia como a "*Got Milk?*"[10] para promover a consciência sobre o que era uma cerveja artesanal. Doyle e Hancock incentivaram todos a se envolver com a BAA e torná-la uma organização comercial efetiva.[11]

Não foi uma coisa muito bonita de se ver, mas o encontro resultou em um importante ponto de virada para a indústria. Doyle afirma que o conselho da BAA já sabia há algum tempo que a gestão da organização precisava de uma reestruturação. Henry King estava com câncer e Gary Nateman, conselheiro geral da BAA, não era um administrador. Doyle recorda uma reunião do conselho em que "boa parte do tempo foi gasto em tentar acertar as contas da organização." Outro problema era que os principais fundadores eram pessoas das grandes cervejarias – AB, Miller e Coors. Sabíamos que uma associação comercial independente de verdade que representasse os microcervejeiros teria que ser fundada e dirigida pelo pessoal da área.

O trabalho de tirar Henry King da presidência da BAA ficou a cargo de Fritz Maytag. "Dizer a ele que era hora de sair foi uma coisa muito difícil", conta Doyle. F. X. Matt lhe perguntou se queria ficar à frente de um comitê para escolher um novo presidente. Doyle recorreu a Maytag, Matt e King. "Eu era o novato naquele comitê com os verdadeiros leões da pequena indústria da fabricação de cerveja", diz Doyle. Maytag alugou

---

* Livro de regras e procedimentos gerais escrito por Henry Martyn Robert para a organização de assembleias deliberativas. [N. T.]

[10] Algo como "Tem leite?" Campanha publicitária estadunidense da *California Milk Processor Board*, em 1993, que estimulava o consumo de leite de vaca. O slogan ficou conhecido por aumentar as vendas do produto no país.

[11] Entrevista com Jordan, 10 maio 2013; entrevista com Doyle, 15 maio 2013.

uma suíte no hotel Manhattan, e eles entrevistaram Gary Galanis, o cara das relações públicas da NBWA; John Carlson, presidente da Associação dos Cervejeiros do Colorado; David Edgar, diretor do Instituto da Cerveja e dos Estudos de Fermentação; o jornalista Harry Schumacher; e Daniel Bradford, cofundador da Grande Festival da Cerveja Norte-americana e editor da *All About Beer*.[12]

Galanis foi escolhido principalmente por causa de sua experiência com a NBWA, uma das associações comerciais mais eficazes de Washington, DC. O conselho que o selecionou era composto praticamente pela nova geração de cervejeiros artesanais. F. X. Matt era o presidente, Rich Doyle, da Harpoon, o vice, e Chuck Lawson, da Lion Brewery, o secretário-tesoureiro. Os membros incluíam Bowman, Grossman, Hancock, Jordan, Marti, Maytag, Firmat, David Heidrich, da Oldenberg Brewing Co., e Mark Stutrud, da Summit Brewing Company. No ano seguinte, o conselho contratou, além de mim, Fish e John McDonald, da Boulevard Brewing Company. Após consultar seus membros, estabeleceu um plano estratégico de cinco anos. Os objetivos principais eram "manter o imposto diferencial das pequenas cervejarias; conseguir acesso mais justo ao mercado; desenvolver um programa de relações públicas e de mídia para a boa qualidade da cerveja norte-americana; elaborar orientações de comportamento no mercado; ter mais proximidade com outras organizações da indústria da cerveja em todos os níveis."

Para tais fins, a BAA definiu um documento em dezembro de 1998 sobre uma das questões de maior controvérsia no meio: os chamados acordos de participação, que a Miller e a AB estavam forçando seus atacadistas a assinar. Esses acordos eram uma tentativa das grandes cervejarias de garantir que seus distribuidores concentrassem esforços em vender seus produtos. Para a AB era uma tentativa de codificar a política de "100% de *share of mind*" que August Busch III definira em 1996. Para a Miller, era uma forma de recuperar o terreno perdido para a AB.

---

[12] Entrevista com Doyle, 15 maio 2013.

242 ● A REVOLUÇÃO DA CERVEJA ARTESANAL

O documento da BAA, em parte, dizia:

A Associação dos Produtores de Cerveja da América, associação comercial que representa os pequenos cervejeiros que produzem menos de 2 milhões de barris de cerveja por ano, está preocupada com os contratos de distribuidores emitidos pelas empresas Anheuser-Busch e Miller. Ambos os contratos inevitavelmente iriam interferir na independência dos atacadistas para distribuir os produtos dos pequenos cervejeiros. Isso é um mau presságio para a competição na indústria e, por fim, para o consumidor da cerveja norte-americano. [Em 1996] Anheuser-Busch tornou público seu contrato com o distribuidor que introduziu o programa de "100% de *share of mind*". Sob este programa, os atacadistas eram recompensados por meio de diversos incentivos financeiros e promocionais por expulsar os pequenos cervejeiros, as importadoras e outros. Foram dados incentivos para que sua distribuição fosse exclusiva dos produtos da AB. No mês passado, a Miller apresentou o novo contrato com disposições de "*Fair Share*", que tem objetivos similares à proposta de "100% de *share of mind*". Esses contratos estão restringindo as possibilidades de crescimento para todas as outras cervejarias e, especialmente, para as pequenas. Por fim, eles reduzirão a escolha do consumidor.[13]

O documento da BAA analisou em detalhes o contrato da Miller, observando que os incentivos de venda por caixas para suas marcas tinham que ser iguais ou maiores para outras marcas; que o distribuidor a notificasse sobre qualquer venda/alienação de parte do negócio, permitindo assim à empresa aprovar ou não qualquer nova marca que o distribuidor quisesse adquirir; que a Miller tinha que aprovar qualquer gerente-geral antes que fosse contratado; que o distribuidor tinha direi-

---

[13] "BAA position on Miller contract", adotado em 22 dez. 1998, arquivo da Associação dos Cervejeiros dos Estados Unidos, Associação dos Cervejeiros, Boulder, Colorado.

to de ir à júri em caso de qualquer disputa contratual e que mantivesse certo coeficiente de endividamento.

"Esses contratos enfraquecem a competividade do pequeno fabricante e limitam seu acesso às prateleiras do supermercado", continuava o documento. "Eles minam a independência do atacadista e por meio disso ameaçam a essência das leis estaduais de franquia, que definem as relações entre cervejeiros e atacadistas. Limitam ainda seriamente a competição entre cervejarias, reduzem as opções do consumidor e levam a uma posterior dominação do mercado pelas grandes cervejarias."[14]

Finalmente os pequenos fabricantes estavam falando. Era uma mensagem clara aos grandes cervejeiros de que não iríamos ficar parados enquanto pisoteavam nossos direitos. Muitos distribuidores me disseram, em particular, que ficaram impressionados pelo documento da BAA e eram favoráveis à independência do atacadista. Mas nenhum deles lançou uma defesa pública da associação. Algumas semanas depois, Galanis foi informado de que a Miller e a AB estavam retirando seu apoio financeiro à BAA. Nossa intenção era ser independente do dinheiro das grandes cervejarias, mas não esperávamos que isso aconteceria tão rápido. Recordo-me de perguntar a Jeff Becker, do BI, a respeito disso. "Ah, meu chapa, você acha que esses caras não estão prestando atenção em você?", respondeu. "Ações têm consequências."

No começo de 1999, quase um ano depois de Galanis ter assumido a gestão da BAA, ele me ligou para dizer que recebera uma proposta para trabalhar como porta-voz da Diageo, a distribuidora gigante de bebidas e dona da Guinness Brewery. Ele disse que estava em dúvida e não queria deixar a associação, ao que respondi: "Gary, você tem uma esposa e um filho pequeno. Estamos te pagando 60 mil dólares por ano. Tenho certeza de que isso é um problema. Não há muito que pensar sobre a proposta." Ele aceitou o emprego.

Um comitê de contratação da BAA logo trouxe Daniel Bradford, o veterano cofundador do Grande Festival da Cerveja Norte-americana.

---

[14] *Ibid.*

Com seu conhecimento dos personagens tanto das grandes como das pequenas cervejarias, Bradford foi o cara certo na hora certa. Na mesma época, a NBWA demitiu seu presidente Ron Sarasin e o substituiu por um lobista bem agressivo chamado David Rehr. E o BI anunciou a aposentadoria de seu presidente, o apreciador de vinhos, McGrath, e colocou no lugar Jeff Becker, um cara de fala mansa. A nova e mais jovem liderança das três associações comerciais parecia ser o arauto de uma nova era para a indústria.

Sem se deixar desanimar pela pancada financeira do BI em relação ao nosso documento, a BAA seguiu em frente para definir sua posição quanto às leis de franquia do estado, a legislação que efetivamente permitia que os distribuidores possuíssem as marcas encarregadas a eles, mesmo que não vendessem muito. Isso pôs a incipiente organização em conflito com as organizações estaduais de atacadistas da cerveja que existiam em todo o país, escoradas pela poderosa NBWA em Washington, DC.

> A Associação dos Produtores de Cerveja da América acredita que as pequenas cervejarias representam uma pequena porção dos negócios dos atacadistas. Diferentemente das cervejarias maiores do país, os pequenos não estão em posição de ditar termos contratuais injustos a seus atacadistas. Portanto, ambos deveriam ser livres para fazer acordos contratuais sem ser tolhidos pelas leis estaduais. As leis estaduais da cerveja deveriam fornecer um sistema de referência para a conduta ordenada da indústria, mas não precisa e não deveria conferir vantagens comerciais a nenhuma das partes.
>
> A BAA dá apoio total à alteração das leis do estado que isentariam os pequenos cervejeiros [usando a definição do Governo Federal de 2 milhões de barris por ano] das leis de "franquia" do estado. Essas leis deveriam presumir que os contratos feitos livremente pelos pequenos cervejeiros e atacadistas são justos.

A BAA continuou para garantir o direito de qualquer microcervejeiro de fazer sua autodistribuição, exceção que já existia em diversos estados. A estrutura dos três níveis hierárquicos não dá conta de forma adequada das condições modernas da indústria da fermentação. Em particular, o sistema dos três níveis não está à altura do crescente número de cervejarias e da quantidade reduzida de atacadistas. O resultado foi uma dura restrição das opções de distribuição para os pequenos cervejeiros em detrimento do consumidor e da economia. O acesso a novos mercados tem sido negado aos pequenos cervejeiros e, em alguns casos, estes estão sendo eliminados dos existentes porque não são capazes de chamar atenção do atacadista de cerveja tradicional. O problema é exacerbado por duas das maiores cervejarias do país, que estão tentando impedir que suas redes de atacadistas trabalhem com os produtos de outras.

O documento seguia na defesa dos direitos de autodistribuição em nome do crescimento econômico, da escolha do consumidor, do ambiente e do sistema de três níveis hierárquicos.

Para superar os problemas inerentes a esses estados que atualmente aderiram ao restrito sistema de três níveis, a BAA apoia uma melhoria nas leis estaduais, que daria aos pequenos cervejeiros o direito, em quaisquer um desses estados, de obter uma licença de atacadista e distribuir diretamente ao varejo.[15]

A BAA estava lançando uma plataforma baseada em questões centrais que iriam durar décadas. Na verdade, como escrevi em 2013, a BA continua a insistir nesses pontos e tem obtido sucesso. Essa primeira associação claramente representava as demandas das microcervejarias nos estados e em âmbito nacional. Durante os cinco anos seguintes, sob a liderança de Daniel Bradford, conseguiria criar um fórum de discussão para os donos das pequenas cervejarias trocarem ideias e aprimorarem suas habilidades políticas e de relações públicas.

---

[15] "BAA position on franchise laws: draft for board consideration", adotado em 24 out. 1999, arquivo da Associação dos Produtores de Cerveja da América, Associação dos Produtores de Cerveja, Boulder, Colorado.

"Uma das consequências de ter acesso às questões de mercado é que os cervejeiros se juntaram para compartilhar suas histórias, criar soluções e trabalhar com esse tipo de coisa", diz Bradford. "Foi a coisa mais unificadora que já vi, e continuou por toda a década de 1990 e pelo século XXI. Assim, durante as duas primeiras décadas e meia do renascimento da cerveja artesanal, os cervejeiros estiveram de mãos atadas. E acho que esse foi o ingrediente principal que mudou as coisas, quer dizer, poderia ter sido uma situação de muita concorrência, mas não foi, exceto por alguns indivíduos que estavam mais ligados ao mundo dos negócios do que ao da fermentação."[16]

Os encontros anuais da BAA tornaram-se educativos, com treinamentos de como lidar com a mídia, sessões nas quais eram feitas perguntas capciosas aos membros – "O álcool não deveria ser banido como as outras drogas?" – e gravadas em vídeo, para depois suas respostas receberem críticas. Empreendedores de outras indústrias, como Howard Schultz, da rede de cafeterias Starbucks, e Chris Martin, da Martin Guitars, discutiam questões sobre suas empresas e respondiam perguntas. E as diretorias divulgavam programas de vários comitês – Nomeação, Afiliação, Relações Públicas e Marketing, Assuntos Governamentais, Relações com Atacadistas, Convênios e Finanças – e davam retorno às questões dos filiados.

A liderança da BAA também tinha participação ativa na conferência legislativa anual financiada pelo BI e a NBWA. Mas os microcervejeiros ainda eram relegados à "mesa das crianças". Não tínhamos papel algum no desenvolvimento da agenda para o lobby no Capitólio; ainda esperávamos nossa oportunidade para poder agir. Mesmo assim, encontramos alguns membros do Congresso, e seus assistentes se interessavam por nossas histórias, que não hesitávamos em contar a eles.

O BI e a NBWA estavam atentos. Particularmente, Becker começou a dar atenção ao movimento da microfabricação. Visitou muitos conselhos de membros da BAA em suas cidades natal; veio ao Brooklyn

---

[16] Daniel Bradford, entrevista por telefone ao autor, 28 abr. 2013.

na virada do século, jantamos no Peter Luger Steak House e bebemos cerveja no Blue Ribbon, que não ficava muito longe de casa. Becker contou sobre como foi crescer em Saginaw, Michigan, e falei a ele sobre a minha vida no sudeste de Ohio. Em 2000, o BI convidou alguns pequenos cervejeiros, incluindo Jordan, Joyce, Koch, Grossman e eu para comparecer a sua reunião anual como membros *ex officio* e não votantes do conselho. O comitê *ex officio* incluía os diretores executivos da Heineken e da Modelo, além de fornecedores da indústria de malte, lúpulos, vidro e latinhas.

Em 2000, o BI tinha apenas dois membros votantes – a Miller e a NA; seus diretores alternavam a cadeira de presidente num mandato de dois anos, e ambas as companhias contribuíam com mais de 1 milhão de dólares por ano para o orçamento. A equipe do instituto incluía Becker, um lobista, um advogado e um estatístico. Apenas Becker e os diretores executivos da AB e Miller compareciam à reunião de votação do conselho.

No encontro de todos os membros, que incluía os *ex officio*, Becker apresentou o relatório anual sobre o estado da indústria, e o presidente em vigor disse algumas palavras. Então Becker perguntou se alguém queria propor alguma questão. Quando August Buch III estava na direção, você tinha a clara impressão de que perguntas não eram bem-vindas. Busch vinha de uma época incrível de expansão que levou a AB de 20 para 50% de participação no mercado norte-americano da cerveja. Não havia dúvidas de quem era o rei.

Lembro me de que, no primeiro encontro, em Orlando, ao qual os novos cervejeiros artesanais *ex officios* foram convidados, Kim Jordan elevou a voz: "Nós, microcervejeiros, estamos preocupados com a dominação das grandes cervejarias em relação aos distribuidores, o que torna difícil para lançarmos nossas bebidas no mercado."

Como diria o provérbio, podia-se ouvir um alfinete caindo no chão.

Busch levantou seus olhos semicerrados na direção de Jordan. "Você não acredita no sistema de três níveis hierárquicos?", perguntou. Kim consentiu, mas disse que não funcionava muito bem para as microcervejarias. Fim de discussão. Aquele tinha sido o primeiro encontro direto de August Busch III com os novos fabricantes de cerveja. E não seria o último.

Logo após aquele encontro, as grandes cervejarias vieram com um projeto de lei que restabelecia o pesado aumento do imposto especial sobre consumo que o presidente George H. W. Bush assinara em 1991, que dobrava o imposto especial da cerveja de 9 para 18 dólares o barril para cervejeiros que produziam mais de 2 milhões de barris anualmente.

No encontro do BI do ano seguinte em Naples, Flórida, Jordan, Fish e eu abordamos o diretor executivo da AB, Pat Stokes, e perguntamos se incluiria um atenuante naquele projeto de lei para os microcervejeiros. Solicitamos que o imposto para os primeiros 60 mil barris fosse reduzido de 7 para 3,50 dólares. "Não", disse ele. "Nosso projeto de lei é reversivo. Vocês estão pedindo por redução do imposto e nós estamos pedindo para reverter o aumento de 1991." Ah, tudo bem, não custava perguntar.

Em 2003, a BAA fez sua primeira festa da degustação da cerveja em Capitol Hill. Cerca de 25 pequenas cervejarias levaram suas cervejas de Natal, além das mais famosas, para servir um salão repleto de funcionários do Congresso. Não ficamos surpresos em descobrir que os jovens membros da equipe eram grandes fãs de nossas bebidas. A NBWA pagou o aluguel do salão e nós entramos com a bebida. Foi um grande sucesso – não só para a NBWA e o BI. Jeff Becker e David Rehr estavam presentes.

Estávamos começando a aprender que a revolução da cerveja artesanal era muito mais do que fazer e vender um produto de qualidade. A indústria da cerveja, como a do vinho e dos destilados, é regulamentada pelo governo federal e pelos estados. Em cada um deles, os distribuidores têm uma associação que contrata lobistas e que administra comitês de ações políticas que fazem doações para eleger políticos criadores de leis para regulamentar a indústria. Essas associações trabalham há décadas para moldar as leis de franquia que criam vantagens competitivas para seus modelos de negócio e importunam os cervejeiros artesanais. Os grandes cervejeiros têm lobistas em todos os estados também; é por isso que instituições como a BAA são tão essenciais para o sucesso da indústria.

Tanto a NBWA como a BI cultivavam relações de longa data – o que significa dizer que faziam contribuições políticas e tinham acesso a cada líder do Congresso e ao presidente, assim como aos legisladores estaduais e aos governadores. Aprendíamos que ação política e influência são fundamentais para dar forma à política do álcool nos Estados Unidos, assim como os lobistas das forças armadas representam muitos outros interesses em Washington e outras capitais. Você pode até odiar a política, mas ignorá-la é algo perigoso, pois não adianta fazer uma grande cerveja e falir porque você não entendeu as regras da indústria.

O fato foi demonstrado tragicamente logo ainda no século XX, quando um bando de fanáticos e ativistas determinados convenceram o governo federal e os estados a instituir a proibição das bebidas alcoólicas, fechando centenas de cervejarias pelo país. A Associação das Cervejarias dos Estados Unidos não estava unificada quando as forças proibicionistas se mobilizaram. Concentrava-se nas mãos dos cervejeiros das grandes cidades da nação, mais preocupados com seus ricos mercados domésticos e as nascentes cervejarias nacionais de "remessas", como a AB e Pabst, que exploravam o transporte e o marketing de massa para projetar suas marcas pelo país.

No século XX, os cervejeiros artesanais precisavam de uma voz em Washington e em cada capital. Trazer vida nova à BAA era um importante passo para isso. Mas era apenas o primeiro passo.

9

LIBERTAÇÃO
GRANDES DISTRIBUIDORAS
ADOTAM A CERVEJA ARTESANAL

UMA DAS PRINCIPAIS RAZÕES PARA O INCRÍVEL CRESCIMENTO DA CERVEJA artesanal, desde meados dos anos 2000, foi a disposição das grandes distribuidoras norte-americanas em adquirir as marcas artesanais e incentivar suas forças de venda a trabalhar com essas marcas. Não foi uma mudança rápida e profunda no mercado da cerveja no país. Por décadas, as grandes cervejarias dominaram os negócios de seus distribuidores por meio da venda de sua bebida pelos grandes meios de comunicação, que eles podiam bancar para ter o efeito desejado. Os representantes de vendas daquele tempo faziam dinheiro construindo relações com seus consumidores. Um barrilete grátis aqui, outro grátis a cada cinco ali, ingressos para jogos de beisebol, futebol e basquete, camisetas, chapéus, bolas de golfe e, em alguns casos, televisores, câmeras de vídeos, aparelhos de som, um passeio ao Super Bowl. A cerveja lager light que eles vendiam quase não entrava na transação. Não sabiam coisa alguma sobre o assunto, apenas que era uma bebida leve, revigorante e aceitável. Recebiam pedidos de um produto que era vendido por uma propaganda eficiente que prometia ao bebedor uma vida de festa, que ele (e os anúncios eram totalmente voltados para o público masculino) iria atrair belas mulheres e seria "homem de verdade".

Então, no fim dos anos 1990, a audiência da grande mídia começou a se fragmentar, não mais concentrando a atenção em apenas três canais – ABC, NBC e CBS –, mas em uma série deles, o que acabou limitando o poder de marketing dos meios de comunicação de massa. As cervejas importadas abriram as portas para uma nova percepção dos consumidores. Alguns donos de bares e restaurantes entraram em contato com as importadoras (que nos anos 1980 representavam apenas 3% do mercado da cerveja nos Estados Unidos), como forma de se diferenciar em relação à concorrência. Eles serviam cerveja alemã ou holandesa que eram, de certa forma, mais sofisticadas que as lagers leves nacionais que dominavam o país. E aqueles incômodos microcervejeiros que estavam por aí durante anos entraram no mercado como verdadeiros pregadores, anunciando que existiam muitas outras variedades além das disponíveis no mercado.

Alguns varejistas adotaram a nova religião; descobriram consumidores que eram cervejeiros caseiros ou que tinham ido à Grã Bretanha, Alemanha ou Bélgica e sabiam que havia muito mais do que a lager. Eles apresentaram a seus clientes algo especial, feito na região. Em muitos casos, os consumidores já tinham conhecimento sobre essas bebidas. Na verdade, naqueles primeiros anos, os clientes muitas vezes sabiam mais sobre a microfabricada do que muitos donos de bares e restaurantes.

Entre as grandes distribuidoras, aquelas que trabalhavam com a Miller e a Coors adquiriram muitas importadas e passaram também ao produto das microcervejarias. Mas isso não significava uma campanha agressiva. No fundo, disseram aos cervejeiros: "Vou entregar seu produto – mas você é quem terá que vendê-lo." Quanto aos distribuidores da AB – que representavam aproximadamente 50% do mercado nacional –, muitos não tinham interesse algum nas pequenas cervejarias. Esses microempresários não tinham dinheiro para o marketing e sua cerveja era cara, muitas vezes mais que as importadas. O resultado foi que eles foram atrás dos distribuidores de vinho e destilados, que eram representados por um pessoal de vendas que basicamente sabia vender seu produto com base nas histórias por trás das vinícolas. E apenas um pequeno grupo de microcervejeiros distribuía sua própria bebida, embora isso só fosse permitido em alguns estados.

Minha empresa, a Brooklyn Brewery, relutou em entrar no negócio da distribuição na cidade de Nova York em 1988. Meu sócio Tom

Potter e eu acabamos concordando em fazer isso por causa do conselho de Sophia Collier, a empreendedora que criou a SoHo Natural Soda. Ela nos disse que tentou vender seu produto por meio de distribuidores de comida saudável, refrigerante e cerveja. Nada disso funcionou. "Seu produto não vende", disseram a ela. A partir daí, comprou uma van, mandou pintar seu logo nas laterais e saiu por aí vendendo a SoHo Natural Soda por si só. E provou que estavam errados. Quando conhecemos Sophia, estava vendendo sua empresa à Seagram por 20 milhões de dólares (A Seagram então estragou tudo, mas essa é outra história).

Aceitamos seu conselho e guardamos na gaveta nosso plano de construir uma cervejaria em Nova York. Em vez disso, fizemos contrato com a Matt Brewing Company para produzir nossa primeira cerveja, a Brookly Lager, carregamos uma van com nosso logo pintado nas laterais e fomos vender nosso produto. Muitos acharam que tínhamos enlouquecido. Nossa cerveja era escura, tinha cheiro forte e era cara. E sempre precisávamos ser pagos em dinheiro vivo porque não podíamos viver de crédito. Em retrospecto, não consigo acreditar que alguém a tenha comprado. Mas alguns o fizeram e, depois de alguns provarem, os pedidos começaram a aumentar. Alguns anos se passaram antes que as grandes distribuidoras em Nova York notassem a Brooklyn Lager. Podiam ver que estávamos ganhando espaço em alguns dos melhores bares e restaurantes da cidade. Mas quando começaram a nos ligar, já tínhamos perdido o medo da autodistribuição. Agora entendíamos o valor de ter relações estreitas com bares, restaurantes e lojas. Estávamos ensinando nossos clientes e eles gostavam muito disso, pois os ajudava a se diferenciarem dos concorrentes e os tornava especiais. E quando organizamos degustaçoes e jantares em seus locais de trabalho, isso fortaleceu os laços com seus clientes.

Uma porção de outros microfabricantes e importadoras – que passavam por dificuldades com os grandes distribuidores de Nova York – veio até nós e ofereceu seus produtos. Alguns dos bares e restaurantes que eram nossos clientes também perguntaram se poderíamos conseguir algumas dessas marcas particulares das quais tinham ouvido falar, mas que não conseguiam encomendar. Por volta dessa época, eu estava íntimo do *World*

254 ● A REVOLUÇÃO DA CERVEJA ARTESANAL

Guide to Beer de Michael Jackson e percebi que ele traçara o perfil de muitas cervejarias que se aproximavam para que fizéssemos sua distribuição. Decidimos aceitar outras marcas e nos tornamos grandes incentivadores da boa cerveja em Nova York. Ficamos encarregados da linha Merchant du Vin, de Charlie e Roseann Finkel, que incluía a Samuel Smith's, Orval, Lindemans e Ayinger; da Vanberg & DeWulf, que tinha a Duvel, Saison DuPont e outras, e também da Paulaner e Hacker-Pschorr, da Alemanha, e da Chimay, da Bélgica. Além dessas, também pegamos a Sierra Nevada da Califórnia, a Dock Street da Filadélfia e a Geary's do Maine.

É claro que favorecíamos as nossas, não vou negar, mas queríamos que nossa divisão de distribuição fosse vista como uma missão mais abrangente. Então mudamos o nome da empresa de distribuição para Associação dos Cervejeiros Artesanais, e nosso designer Milton Glaser criou um logo muito legal que retratava um belo copo de cerveja e a figura de um leão tocando lira, descoberta em escavações em Ur, a antiga cidade suméria onde alguns dos primeiros registros da produção de cerveja foram encontrados.

Em 1996, quando abrimos a microvervejaria no Brooklyn, lutamos para que nossa marca crescesse com a empresa de distribuição. Ambas precisavam de dinheiro. Tom Potter e eu visualizamos um pequeno império de distribuidores da Associação dos Cervejeiros Artesanais e, então, em 1994, compramos uma pequena distribuidora de Boston, Massachussets, a International Beverages, que era propriedade de um de nossos fornecedores, Bill Erskine. Também contratamos Robin e Eric Ottaway, filhos de um jornalista amigo meu, David Ottaway, para administrá-la – tentávamos desenvolver uma rede de distribuidores de cerveja artesanal em Nova York. Mas não estava dando muito certo. Alguns de nossos parceiros-distribuidores ficaram sem dinheiro e outros simplesmente não queriam ficar sob nosso controle. Quem éramos nós para dizer quais cervejas deviam distribuir?

Fizemos uma experiência. Pensamos em um plano malconcebido de um milhão de dólares de vender o catálogo de nossa Associação diretamente aos consumidores da área metropolitana de Nova York. Chamava-se totalbeer.com. Essa violação grosseira do sistema de três níveis hierárquicos era na verdade legal, pois a brecha no estatuto de Nova York nos dava o direito de ser tanto atacadista como varejista da bebida. Mas não funcionou.

Em algum momento no final dos anos 1990, recebemos o convite para almoçar com Jerry Sheehan, a distribuidora da Budweiser com base em Massachusetts, que tinha adquirido a distribuição da AB no Brooklyn, a União dos Distribuidores de Cerveja. Sheehan tinha um metro e oitenta de altura, ombros largos, cabeleira acinzentada e sotaque de Boston. Ele usava *tweed* e gravata. Num restaurante italiano a um quarteirão de nossa cervejaria, Sheehan nos contou sobre a ideia de comprar a União de Joe Lomuscio, que mostrara interesse em distribuir a Brooklyn Lager anos antes[1] (Lomuscio disse que em St. Louis isso não seria permitido). Lembro-me de ter pensado que Sheehan era um cara bem confiante por pensar que poderia chegar sambando no Brooklyn e assumir o controle de uma grande distribuidora.

Durante o almoço Sheehan foi direto ao assunto. "Você está vendendo mais chope aqui no Brooklyn do que eu", disse. (Lembro-me que, em nossa primeira conversa, a União dos Distribuidores de Cerveja tinha um mapa de todos os que trabalhavam servindo chope nos bares e restaurantes do Brooklyn). "Quero distribuir seu produto", arrematou Sheehan.

Senti-me lisonjeado, mas Tom e eu não tínhamos interesse em vender nossa companhia de distribuição naquele momento. Até aquele almoço, não percebi que tínhamos mais pessoas servindo nosso chope do que a Budweiser. Eu sabia que a Bud era a cerveja número um no Brooklyn e que a Heineken, distribuída pela Phoenix/Beehive, era a segunda. Comecei a me perguntar se todas as grandes distribuidoras colocavam nossa Brooklyn Lager nas torneirinhas de cerveja em suas redes. Dava o que pensar.

Então aconteceu o ataque às torres gêmeas no 11 de setembro, o que resultou no fechamento de muitos bares e restaurantes para os

---

[1] Lomuscio tornou-se famoso no Brooklyn por filmar seu irmão, que ficou seriamente ferido, em um tiroteio em seu depósito.

quais distribuíamos em Manhattan. Desistimos de nossa *startup* na internet, a totalbeer.com, que estava mal das pernas, e resolvemos vender nossas empresas de distribuição e nos concentrar na Brooklyn Brewery. Vendíamos mais de 70 mil barris por ano naquele tempo, e sentimos que a Associação dos Cervejeiros Artesanais estava, na verdade, impedindo o crescimento das cervejas da Brooklyn. Ela havia servido a seu propósito de tornar nossa marca cobiçada pelos grandes distribuidores. Agora achávamos que era hora de focar exclusivamente na cervejaria. Foi assim que Sheehan comprou nossas operações em Boston. Embora o catálogo não fosse tão grande como o do Brooklyn, ele ainda assim podia vender 200 mil engradados por ano. E acreditava no negócio da Associação dos Cervejeiros Artesanais. Então, contratou nossa equipe para instruir a sua sobre as bebidas do catálogo.

Após longas negociações com Sheehan, Rod Brayman da Phoenix/Beehive, e Simon Bergson, dos distribuidores Manhattan Beer, vendemos os direitos da distribuição em Nova York da marca Brooklyn Brewery a Brayman e os direitos em Nova York do restante do catálogo a Sheehan. Tirávamos 12 dólares por caixa para menos de 1 milhão delas em vendas anuais, e usávamos o dinheiro para recompensar nossos investidores iniciais e expandir a cervejaria. Até hoje Sheehan me agradece por tê-lo feito entrar no negócio da cerveja artesanal. E, muitas vezes, lamenta sua decisão de não ter comprado os direitos de distribuição dos nossos produtos. Ele se arrepende de ter dado ouvido às pessoas da sua companhia, que achavam uma aposta muito alta.[2]

Sheehan tinha três filhos que atuavam em seus negócios de distribuição. Chris comandava a operação no Brooklyn, John no Wisconsin e Tim em Massachusetts. Ficavam muito irritados quando seu pai falava em expandir a Associação dos Cervejeiros Artesanais, mas Sheehan provou que estavam errados, não só uma, mas várias vezes. Desde então, expandiu a Associação para 14 estados e seu sucesso ganhou a atenção dos distribuidores da AB de costa a costa, principalmente porque estabeleceu os distribuidores da Associação dos Cer-

---

[2] Jerry Sheehan, entrevista ao autor, 28 mar. 2013, Washington, DC.

vejeiros Artesanais no quintal dos da AB InBev. É um cara audacioso e destemido, alguns diriam até descuidado. Mas, sem dúvida, é um grande defensor dos direitos das distribuidoras, especialmente no que diz respeito à proteção da franquia. Se não fosse por sua defesa declarada das leis de franquia, ele seria o herói dos cervejeiros artesanais. Tive muitas discussões com ele ao longo dos anos sobre essa questão, mas tenho de admitir que gosto muito do cara. É impossível não gostar de uma pessoa tão ousada e independente como ele.

Muitos outros distribuidores da AB me disseram como Sheehan desafiou August Busch III e August Busch IV em suas reuniões privadas. Como parte dos "acordos de participação" que a AB exige de seus distribuidores, a gigante ainda os nivela por sua aderência à regra de "100% de *share of mind*". Os graus variam entre A e E, sendo que um distribuidor A tem benefícios financeiros, e outros negados àqueles menos comprometidos com a linha de marcas da AB. Todas as empresas distribuidoras, do Brooklyn a Syracuse, Nova York, Massachusetts e do Wisconsin estão no grau E – essas trabalham com importadas e cervejas artesanais norte-americanas. Nas reuniões com o distribuidor da AB, Sheehan é o cara que desafia as exigências da gigante, que determina certas marcas e cotas. Diversas vezes ouvi de seus colegas: "Jerry é o cara que briga por todos nós."

Na Brooklyn Brewery sentíamos que éramos bons no gerenciamento de nossas distribuidoras. A explicação é que tínhamos sido um distribuidor e, portanto, sabíamos das dificuldades. Sabemos como é ter uma cervejaria reclamando sobre como não demos a devida atenção a sua marca, e experimentamos a frustração quando um cervejeiro não dá suporte aos nossos esforços. Sabemos como é um cervejeiro entrar no escritório, apresentar um representante de vendas que se supõe trabalhar a favor da nossa participação no mercado e então vê-lo desaparecer depois de um ou dois dias por ter levado uma surra no mercado de Nova York; sabemos como é um cervejeiro ter que se aliar ao concorrente para incentivar suas marcas, sem qualquer compensação por isso. Nossa abordagem é focar aquilo que – quer dizer, nós e a distribuidora – ambos precisamos fazer, cooperar uns com outros, para melhorar as coisas.

Daniel Bradford, editor da *All About Beer*, acredita que os cervejeiros artesanais fizeram diferença no sistema de três níveis hierárquicos de distribuição e na forma como os distribuidores fazem negócio. Simplesmente aprenderam a trabalhar com as distribuidoras. Foi a procura do consumidor pelas bebidas artesanais que forçou os distribuidores da AB InBev a dar abertura a esses microempresários. "Não queríamos mudar o jogo. Apenas aprendemos a jogar."[3]

Harry Schuhmacher, editor do *Beer Business Daily*, vê a abertura da rede da AB InBev aos cervejeiros artesanais como uma mudança significativa na estrutura do negócio da distribuição. "A libertação mudou mais a indústria em relação aos distribuidores do que qualquer outra coisa nos últimos vinte anos", diz Schuhmacher. Antes de outros abrirem espaço para a artesanal, diz ele, os microfabricantes só tinham duas saídas: os distribuidores da MillerCoors ou algum de vinho e destilados. "Havia uma espécie de mal-estar, porque os distribuidores não queriam ter muito trabalho. Não havia concorrência para nossas marcas. Agora ela é tremenda e os distribuidores estão gastando muito dinheiro para fazer o marketing delas. Eu diria que a libertação aumentou a porcentagem da participação no mercado dos cervejeiros artesanais."

Acho importante para os fabricantes artesanais entender a perspectiva dos distribuidores. Falei com alguns que me contaram sobre os dias ruins antes de ter a proteção da franquia. Viviam com medo das grandes cervejarias, já que estas podiam encerrar o contrato com um distribuidor por qualquer razão ou sem razão alguma, a qualquer momento. Os distribuidores diziam que costumavam esconder as fotos de férias com os familiares ou os símbolos de golfe ou tênis, se um cervejeiro estava para visitá-lo, por acharem que eles estavam perdendo tempo e não trabalhando. Ouvi histórias de alguns que perderam contratos com uma gigante da indústria porque tinham aceitado a cerveja de uma concorrente. Também vi muitos escarnecerem: "Nós tornamos esses caras milionários e agora ficam contra nós." Sem dúvida que as grandes cervejarias tinham feito muito para construir suas marcas, mas os distribuidores também.

---

[3] Daniel Bradford, entrevista por telefone ao autor, 28 abr. 2013.

E estes são os grandes representantes das cervejarias nas comunidades em que atuam. São os olhos e ouvidos das grandes cervejarias, e esse relacionamento é algo precioso para elas.

Conhecer Jerry Sheehan foi muito importante para mim. Ajudou-me a entender que a história do negócio de distribuição muitas vezes está ligada a uma saga familiar. E suas relações com as grandes cervejarias – que frequentemente já duram há décadas – podem ter grande influência nas fortunas familiares. Sheehan nasceu em 1931 em Jersey City, Nova Jersey. Seu avô paterno, John Sheehan, imigrou da Irlanda em 1910. Seu pai estudou na Christian Brothers Academy e administrava uma empresa de 450 funcionários que cuidavam das linhas ferroviárias da Lehigh Valley Railroad. Chamavam os trabalhadores de "dançarinos", porque o mecanismo que fazia os carrinhos se moverem pelos trilhos parecia uma gangorra, e os homens que o manipulavam, cada um em uma ponta, o faziam descer e subir repetidamente, como em uma dupla dançando. Sheehan recorda que eram pagos a cada duas semanas, e no dia do pagamento muitos iam à rua Bowery, em Manhattan, para encher a cara.[4]

Quando era estudante da Holy Cross College em Boston, Sheehan conheceu Maureen Cortelli, estudante da Newton College, em um salão de dança. O avô paterno dela era um pastor que imigrou para os Estados Unidos vindo da região da Emilia Romagna, na Itália, quando tinha 16 anos. Vendia amendoim nas ruas de Plymouth, Massachusetts, depois de trabalhar fazendo cordas para a Plymouth Cordage Company, como muitos portugueses e italianos que moravam na área. "Quando juntou dinheiro suficiente, comprou um cavalo, uma carroça e saiu por aí como vendedor ambulante na zona rural", conta Sheehan. "Então conseguiu dinheiro para abrir uma mercearia. Seja lá o que fez, ele investiu em terras e prédios."

Em algum ponto, Luigi mudou o nome da família para Knife, depois que um banqueiro o alertou para o fato de que ninguém faria um empréstimo a alguém como o sobrenome Cortelli. O pai de Maureen,

---

[4] Entrevista com Sheehan, 28 mar. 2013.

Domero Knife, tornou-se um atacadista que vendia farinha para padarias e feno, grãos e fertilizantes para fazendeiros, além de charutos e cartas de baralho. Usando o nome Tim Knife, Domero tornou-se um distribuidor de cerveja em 1935 e conseguiu os direitos de distribuição da Budweiser por meio do gerente nacional de vendas da AB. Quando Sheehan saiu da Marinha em 1957, começou a trabalhar no negócio do sogro, a L. Knife and Son., que contava com catorze funcionários. Sheehan logo percebeu que Domero não tinha desejo de fazer o negócio crescer. Na verdade, seu sogro recusou o uísque Jim Beam e bebidas de outras companhias que queriam ser distribuídas por ele. Quando Sheehan discutiu a favor de uma expansão, manteve-se indiferente. "Jerry, para que precisamos aumentar?", seu sogro dizia. "Não se pode dirigir mais de um carro ao mesmo tempo." O que Domero queria era um estilo de vida que lhe permitisse aproveitar a vida com sua família e amigos. "Você já tem o suficiente", dizia ele a Sheehan. "Para que precisa de mais?" Mas isso não foi o bastante para persuadir o genro, que recorda: "Estava sempre tentando convencê-lo a pegar a Heineken ou essa ou aquela marca."

Sheehan é capaz de delinear um quadro bem vívido do cenário antes das leis de franquia, quando as cervejarias eram as rainhas do pedaço. "Cada papel timbrado que chegava dizia: 'Não existem territórios exclusivos, franquias. Tudo se resume em pedidos e encomendas.' E faziam um check-up completo na sua empresa... Um cara do norte de Massachusetts pegou a Rheingold [uma cervejaria de Nova York] e nunca mais pôde vender uma caixa de Budweiser. Às vezes, as pessoas pagavam um gerente regional para conseguir um território que pertencia a outro distribuidor. Ele entrava na sua sala e dizia, 'Você não vai poder mais distribuir ali', e era isso."

Nos anos 1960, Gussie Busch, o pai de August Busch III, estabeleceu um painel nacional de distribuidores para fazer um contrato com todos os atacadistas da AB do país. "Sentamos para conversar durante alguns dias, com os caras dizendo que queriam isso e aquilo", relembra Sheehan. "Eu disse, 'amigos, só queremos uma coisa – o direito de vender sua marca para outra empresa." Foi nossa maior conquista.

Antes disso, eles tinham o direito de cancelar contratos por qualquer motivo."[5]

No período anterior à negociação desse contrato, as distribuidoras não tinham direito de vender seu negócio sem a aprovação da cervejaria. Isso significava dependência total a elas. Sheehan trabalhava como vendedor itinerário para seu sogro. "Ele me tirava do escritório todos os dias. Fiquei nesse cargo até me tornar supervisor. Nunca trabalhava no escritório. Se não fizesse umas dez mil visitas aos varejistas, eu não me chamaria Jerry Sheehan. Foi assim dia após dia durante dez anos, até que ele morreu, e eu me tornei o gerente geral em 1967."

Conta que a companhia tinha quatro representantes de venda por ano e um extra no verão. Seu sogro estava certo em tirá-lo do escritório, segundo ele. "Eu gritava quando via que meus funcionários estavam bebendo café pela manhã. 'Compre um café, mas vá direto ao cliente. Não me venha bebê-lo aqui.'"

Sheehan tem três regras para vender cerveja: "Uma cerveja refrescante vende bem. As distribuidoras impulsionam em volume. E o volume perdoa qualquer pecado... Eu dizia aos caras quando iam lidar com os fornecedores: 'Esteja sempre além das expectativas.' Esta era a chave para o negócio da distribuição de cerveja."

Sua empresa vendia outras marcas, como a Pickwick Ale, Harvard Ale, Haffenreffer e Utica Club, antes de conseguir a Budweiser. Portanto, nunca fora um distribuidor exclusivo da AB. Vendia 100 mil caixas por ano em 1967. A caixa com 12 garrafas de 355 ml da Bud custava ao varejista 3,73 dólares, além de um depósito de 60 centavos do casco.

A família Busch dominava as cotas do mercado em relação a seus distribuidores, mas também compartilhava alguns de seus luxos com eles. Todos os anos, Gussie Busch e sua mulher Trudy levavam Sheehan e outros dez, junto de suas esposas, para um passeio de iate, o *A & Eagle*, em Cape Cod, e depois ao Jockey Club em Fort Lauderdale, e além de à Bimini, ilha das Bahamas, e ao Walter's Key. Pela manhã

---

[5] *Ibid.*

tomavam *bull shots*,* durante o dia, jogavam gin rummy,** paravam para uns drinques, jantar, e então mais bebida durante toda a noite. Sheehan conta que sua mulher, Maureen, que não bebia, odiava essas viagens e se retirava para sua cabine para ler. "Eu deixava minha esposa maluca", diz ele. Depois de seis anos, ela parou de ir a essas viagens. As outras esposas não podiam acreditar: "Sua esposa está ignorando Gussie Busch!"

A década de 1970 foi excelente para a AB. As vendas de Sheehan foram para 300 mil caixas e continuaram a crescer 20% ao ano. Ele começou comprando outras distribuições em 1980. A primeira foi em Syracuse, Nova York, e então conseguiu algumas nas proximidades em Rome, Utica e Little Falls. Em 1988, comprou a distribuição no Wisconsin, o estado natal da Miller, embora o negócio estivesse perdendo 1,2 milhões por ano. Levou uma década para lucrar nessa região. Todas as novas distribuições eram o que Sheehan descreve como "pilhas de nervos" e "fracassos" (a Syracuse teve três proprietários em três anos). Enquanto isso, percebeu que aqueles apoiados por Busch e os membros de sua família tinham conseguido penetrar locais como Palm Beach e o estado de Washington.

Também se deu conta de que ser fiel à AB significava perder terreno para os concorrentes que pagavam marcas artesanais importantes que cresciam rapidamente. Em Syracuse, por exemplo, viu seu concorrente conseguir uma participação de 45% no mercado, enquanto a de sua empresa havia caído para 17%. Por volta do ano 2000, decidiu ir atrás de marcas que não fossem da AB. Quando começou a falar em vender as da Associação dos Cervejeiros Artesanais, concentrou esforços para expandir a distribuição delas e focou em consumidores que apreciavam esse tipo de cerveja.

Mais tarde, reconheceu a importância de ensinar a seus representantes de venda as histórias por trás de diversas cervejarias artesanais. Ele relembra que Joe Lipa, o irreprimível representante de vendas do

---

* Bebida feita com vodca, caldo de carne, limão, molho inglês e pimenta. [N.T.]
** Jogo de cartas parecido com buraco. [N.T.]

leste, da linha de cervejas da Merchant du Vin, era um dos melhores professores das incipientes forças de venda de Sheehan. Hoje Sheehan exige que todos os seus funcionários façam o programa educativo da cerveja "Cicerone" de Ray Daniel, o programa mais respeitado da área nos Estados Unidos, e convidou celebridades como Garret Oliver para se juntar à equipe. Orientar o pessoal de vendas tornou-se tão importante para Sheehan, que seus representantes fazem visitas regulares a cervejarias como a Wachusett, Smuttynose, Allagash e Brooklyn para trabalhar com seus cervejeiros na sala de brasagem. Para ele, essas visitas não só ajudam seus empregados a desenvolver um senso de camaradagem com os cervejeiros, mas dão aos seus representantes uma sensação real do que acontece na sala de brasagem. "Quando você pega um saco de grãos e o despeja na cuba de fermentação, você vê e sente o cheiro da coisa", conta.

Até a conclusão deste livro, Sheehan operava distribuidoras da Associação dos Cervejeiros Artesanais em Nova York, Connecticut, Massachusetts, Rhode Island, Maine, Vermont, New Hampshire, Nova Jersey, Maryland, Virgínia, Califórnia, Wisconsin, Kentucky e no distrito de Columbia. Ele tem pelo menos um depósito em cada um dos estados, quatro em Nova York e três em Massachusetts. Sua maior marca artesanal é a New Glarus, que ficou famosa no Wisconsin.

Em Massachusetts, a Associação teve um aumento de 14% nas vendas entre 2012 e 2013, vendendo 1,5 milhão de caixas no total. As vendas em Nova York têm projeção de ser mais que o dobro disso, com 3,3 milhões de caixas em 2013. Ao mesmo tempo, em sua franquia da Budweiser no Brooklyn, as vendas caíram de 5,3 milhões de caixas em 1996, ano em que a adquiriu, para três milhões em 2013. Ele diz que parte do problema no bairro é que outros atacadistas da marca estão vendendo cerveja na região, violando seu acordo de território exclusivo com a AB Inbev. Esta prática, chamada de traspassamento, foi banida por todas as distribuidoras. As marcas artesanais de Sheehan têm margens de lucro maiores que seus produtos da InBev, o que contribui para a perda de volume desta.

ENTRE OS DISTRIBUIDORES DA AB INBEV QUE SEGUIRAM SHEEHAN ESTÁ A BEN E. Keith Company em Forth Worth, que já foi a maior distribuidora de cervejas da AB Inbev do país. Como distribuidor da Budweiser na área de Dallas, Keith vendia aproximadamente 40 milhões de caixas por ano. Howard e Robert Hallam, donos da distribuição, compraram uma pequena distribuidora de cerveja artesanal, a C.R. Goodman, em 2008, e estabeleceram a rede de distribuição de nível estadual para vender as artesanais fora do território ocupado pela Bud.

A afiliação da companhia com a AB remonta à época da Lei Seca, quando começou uma sorveteria que se tornou um centro social em Forth Worth. Ben E. Keith, que fora um vendedor de primeira linha para a então empresa de produção e que tinha adquirido a maioria das ações em 1918, foi a St. Louis e comprou xarope de malte da Adolphus Busch para misturar aos sorvetes. Gaston Hallam, cujo primeiro emprego com a companhia em 1924 era descarregar vagões fechados, recorda que os vendedores de Keith também alertavam os clientes sobre o outro uso do xarope. "Tome cuidado", diziam eles. "Se você colocar levedura e água no xarope de malte, vai virar cerveja." E foi exatamente o que fizeram.[6]

Quando um dos fundadores morreu em 1926, a companhia mudou seu nome para Ben E. Keith Company. Ao fim da Lei Seca, passou a distribuir as cervejas da AB. O primeiro pedido de uma bebida da gigante – feito pela Ben E. Keith Company em 15 de setembro de 1933 – encheu 57 vagões de trem. Em 5 de dezembro, Keith vendeu sua primeira caixa de Budweiser. Enquanto isso, Hallam crescia na empresa e comprava ações sempre que podia; por fim, assumiu o controle. A Ben E. Keith é atualmente administrada por um dos maiores distribuidores da AB do país, vendendo mais de 39 milhões caixas de cerveja por ano.

---

[6] Oliphant, Liz. *Ben E. Keith: the first 100 years, 1906-2006*. Austin: Eakin Press, 2006, p. 32.

Seu negócio de distribuição de alimentos abrange os estados do Texas, Novo México, Oklahoma, Kansas, Arkansas e Louisiana.[7]

"Fomos uma distribuidora exclusiva da Anheuser-Busch desde quando nos filiamos à empresa, no fim da Lei Seca, em 1933", conta Howard Hallam. "Tínhamos uma história de longa data com a AB e nunca vendíamos outra marca de cerveja. Mas as coisas começaram a mudar entre 2006 e 2007. A AB passou a fazer aquisições e acordos com importadas, como a Rolling Rock, Grolsch, Stella Artois, Beck's, Bass e outras, e essas marcas já tinham contrato com outros distribuidores em nossa área de marketing. Assim, enquanto éramos exclusivos da AB, eles não agiam da mesma forma conosco."[8]

Os irmãos Hall queriam expandir seu catálogo, mas foi difícil adquirir novas marcas. Seus concorrentes haviam pegado todas as importadas e a artesanais norte-americanas que entravam no Texas. Os Hallams foram atrás das melhores marcas artesanais que ainda não estavam no estado. Introduziram a Brooklyn Brewery, de Nova York, e a Harpoon Brewery, de Boston. Então, a C.R. Goodman, uma distribuidora estadual de artesanais, ficou à venda.

"Vimos que o crescimento desse segmento era explosivo, então pagamos bem caro para adquirir a C.R. Goodman", explica Howard Hallam. "Acreditamos no grande crescimento da área artesanal, e não queríamos que nossos concorrentes pegassem essas marcas. Ao longo dos anos, vimos que eles ficaram com muitas marcas que recusamos por causa da nossa exclusividade – Modelo, Shiner e muitas outras. Nunca nos ofereceram essas por conta do nosso compromisso de exclusividade."

Em 2013, a AB projetava vender cerca de 35 milhões de caixas no território da Ben E. Keith. Mas a distribuição estadual de artesanais, administrada pela mesma empresa, tem em vista vendas de 3,8 milhões de caixas, com margens maiores que as marcas da AB.

---

[7] *Ibid.*, p. 135-152.

[8] Howard Hallam, entrevista por telefone ao autor, 24 maio 2013.

"Nunca nos arrependemos de nosso empreendimento com a cerveja artesanal", diz Howard Hallam. "Foi bem divertido. Quase mudou minha vida. Ficamos bem entusiasmados com essas marcas, e gostamos de vendê-las por causa de seu sabor e das pessoas por trás delas. Trouxe muita diversão para o mercado da cerveja."[9]

A brecha de exclusividade de Sheehan e da Ben E. Keith encorajou outros distribuidores da AB InBev a pegar marcas artesanais. A mídia especializada começou a se referir a essa tendência como uma "libertação". Isso levou um executivo da AB a chamar de traiçoeira a prática de distribuidoras de sua empresa de vender outras marcas e competir com a Bud fora de seu território.[10]

A rede da gigante recentemente pediu cooperação de seus atacadistas com as marcas aliadas, como a Goose Island, Redhook, Kona e a Widmer, mas isso não deteve os distribuidores da AB InBev em todo o país de abordar e adquirir outras marcas artesanais. O fato abriu a maior rede de distribuição da bebida do país às artesanais e, na minha opinião, foi uma grande razão para o crescimento da cerveja artesanal desde meados dos anos 2000. Esse tem sido de dois dígitos desde 2009. Ao mesmo tempo, as grandes cervejarias – a AB InBev, com 46% de participação no mercado, e a MillerCoors, com 28% – perderam 17,6 milhões de barris de produção.[11] No fim dos anos 1990, o analista da indústria Bob Weinberg fez a previsão de que o mercado nacional de cerveja cresceria por volta de 10% na primeira década do século XXI, pois os filhos dos últimos *baby boomers* estavam chegando à idade de 21 anos.* Os cervejeiros artesanais tiveram um crescimento acelerado no período, mas o consumo geral da bebida caiu significativamente. Os norte-americanos já não bebem cerveja como antes. As grandes cerveja-

---

[9] *Ibid.*

[10] "AB 'alignment' comments create cracks in nascent big brewer-small brewer-distributor unity". *Beer Marketer's Insights*, 11 nov. 2011.

[11] Benj Steinman, conferência Beer Marketer's Insights, Nova York, 11 nov. 2013.

* Robert Weinberg, entrevista por telefone ao autor, 22 ago. 2013. Vinte e um anos é a idade legal para comprar bebidas alcoólicas nos EUA. [N.T.]

rias culpam a recessão, o clima, os vinhos e destilados por tomarem sua participação no mercado. Creio que a grande razão foi o maior endurecimento das leis em relação à bebida no trânsito; as pessoas estão tomando mais cuidado em relação a beber e dirigir hoje em dia. E fica claro que alguns dos consumidores de cerveja estão procurando algo um pouco mais interessante que as lagers leves, responsáveis pela construção dos impérios das cervejarias nacionais.

A MAIOR DISTRIBUIDORA NOS ESTADOS UNIDOS É A REYES BEVERAGE GROUP, ligada à MillerCoors. A Reyes também desenvolveu um programa de cerveja artesanal robusto. Hoje ela distribui mais de 100 milhões de caixas de cerveja por ano, com operações na Carolina do Sul, Geórgia, Illinois, Virgínia, Califórnia, Washington, DC, Flórida e Maryland. Além disso, opera uma vasta rede de distribuição para o McDonald's.

A história da família Reyes deveria ser contada em um livro. Começa em 1976, quando os irmãos Chris e Jude Reyes, com o pai, Joe, compraram a distribuição da cerveja Schlitz, da Dixie Systems de Spartanburg, Carolina do Sul. Dixie tinha uma operação modesta, com chãos imundos e caminhões velhos, mas tornou-se a base para uma lista de aquisições que iriam remodelar o mundo da distribuição de cerveja e alimentos norte-americanos.

Reyes foi um dos primeiros distribuidores da Boston Beer Company e ajudou a colocar a Samuel Adams Boston Lager no mapa, além da Sierra Nevada. Mas, por anos, os distribuidores da Reyes mantiveram baixa reputação entre os menores cervejeiros artesanais. Muitos se queixavam dos requisitos mínimos de entrega da Reyes para varejistas, e sua impaciência em relação ao pequeno volume das marcas artesanais tornava a empresa pouco chamativa para esses fabricantes.

Minha empresa levou nossas marcas do DOPS, um pequeno distribuidor de vinho no distrito de Columbia, para a Reyes naquele território em 2005. Mas, após alguns meses de fracasso de vendas e com cortes em nosso catálogo, voltamos ao distribuidor de vinho, como cães arrependidos. A Brooklyn era uma marca pequena aos olhos da Reyes Holdings, mas a companhia não gostava de perder clientes. Bob Johnson, presidente da Reyes's Premium Distributors de Washington, DC, tentou nos levar de volta, dizendo que a companhia estava fazendo mudanças.

"Sempre vendemos as artesanais mais importantes, mas acho que foi mais ou menos em 2004 que dissemos, 'sabe, isso vai continuar a crescer'. Achamos que essas cervejas iriam ser algo grande por um bom tempo", conta Jimmy Reyes, diretor e vice-presidente sênior da Reyes. "E nove anos depois, ainda penso a mesma coisa. O gênio saiu da garrafa, e o consumidor quer variedade."[12]

Jimmy Reyes diz que as marcas artesanais hoje representam 14% das vendas anuais de sua empresa, que totalizam 105 milhões de caixas – essa porcentagem em volume é quase 20% do lucro bruto. "Vejo que, em três anos, será de 25 ou 30", diz. "Tenho grande fé no crescimento da categoria, e isso é uma coisa boa... As categorias de cervejas nunca foram tão boas desde 2007. É um produto que cresce em uma economia com dificuldades. Se as coisas melhorarem, o crescimento vai ser ainda maior."

Ele explica que atualmente os consumidores desse tipo de bebida estão procurando algo além da cerveja sazonal. "Querem mais mudanças em só uma estação; eles mudam três vezes a cada estação", diz. Reyes desenvolveu tecnologias para lidar com a proliferação de marcas, as chamadas SKUs (*stock keeping units*, unidades de controle de estoque). "Mas a principal coisa é mantê-la fresca." Perguntado sobre as 1.500 cervejarias incluídas num plano para todo o país, ele responde: "Acho ótimo; nunca diria a um empreendedor para não seguir seus sonhos. Esse é meu trabalho. Existem milhões de marcas que você achava que iriam se dar bem, mas que não conseguiram, e aquelas que você pensava que não iriam dar certo, porém fizeram sucesso. Não dá para saber."

---

[12] Jimmy Reyes, entrevista por telefone ao autor, 5 jun. 2013.

Na sua opinião, os mais fracos irão fechar, mas mesmo assim acredita que o crescimento das novas vai continuar. Tendo visto como a internet e as mídias sociais criaram a consciência das cervejas artesanais em todos os Estados Unidos, Reyes considera a mudança permanente. "Todo o país se abriu; as pessoas querem variedade e poder de escolha."[13]

Benj Steinmann, editor da *Beer Marketer's Insights*, diz que Reyes e L. Knife and Son são "os distribuidores de cerveja mais influentes nos cinquenta estados." Conta que a Reyes Group tem os melhores sistemas de distribuição e "mudou o jogo" ao adquirir o distribuidor com sede em Chicago, o Windy City Distribution, em 2012, pagando 70 milhões em vendas anuais para menos de 1 milhão de caixas. "As vendas do Windy City estiveram acima dos 40% no primeiro ano", acrescenta Steinmann.[14]

Segundo ele, a L. Knife tem também um dos melhores catálogos de marcas não ligadas à AB InBev, embora continue sendo uma das maiores distribuidoras da gigante na nação.

"A L. Knife é o que muitas distribuidoras da AB InBev queriam ser há tempos: menos dependente dela", diz. "Em média, os atacadistas da AB conseguem acima de 90% com as vendas de seus produtos... A L. Knife é uma das poucas distribuidoras da megacervejaria que vende uma grande porcentagem de seu volume em produtos não ligados a ela. A empresa começou a levar mais a sério a cerveja artesanal há mais de uma década, e valeu a pena."[15]

---

[13] *Ibid.*

[14] Benj Steinman, e-mail ao autor, 28 ago. 2013.

[15] *Ibid.*

10

A FUSÃO DA ASSOCIAÇÃO DOS PRODUTORES DE CERVEJA DA AMÉRICA COM A ASSOCIAÇÃO DOS CERVEJEIROS

NÃO FOI POR ACASO QUE O ATUAL BOOM DA FABRICAÇÃO ARTESANAL OCORREU depois que a Associação dos Cervejeiros (AOB) e a Associação dos Produtores de Cerveja da América se fundiram, formando a Associação dos Produtores de Cerveja (BA). A fusão foi a primeira vez, na história da revolução artesanal, em que quase todas as pequenas cervejarias da nação estavam trabalhando juntas para promover e proteger essas microempresas. Isso não quer dizer que a comunidade era inflexível quanto a essas questões. Fazer 2.600 cervejeiros concordarem com todas os pontos seria impossível. Mas a BA, com seu conselho de diretores eleitos – representando cervejarias embaladoras, fábricas-bares e cervejeiros caseiros , foi amplamente reconhecida como a legítima representante da comunidade da cerveja artesanal.

As negociações que levaram à fusão foram difíceis. No fim dos anos 1990 e começo dos 2000, a BAA tinha desenvolvido uma agenda política sólida para os pequenos cervejeiros. Seus membros, que incluíam as 50 pequenas cervejarias mais importantes do país, trabalhavam para aprimorar suas habilidades políticas e de mídia, por meio da interação com as grandes, representadas pelo Instituto da Cerveja (BI) e os distribuidores, representados pela Associação Nacional dos Distribuidores de Cerveja (NBWA). As degustações de cerveja no Natal, em Washington,

DC, organizadas pela BAA e patrocinadas pela NBWA, eram os eventos em que, pela primeira vez, a comunidade se apresentava de forma organizada. Mas naquele primeiro ano, 2003, a BAA tinha apenas cem cervejarias associadas, e o orçamento era de 200 mil dólares – muito pequeno se comparado ao da AOB de Charlie Papazian, que abrangia 625 cervejarias e um orçamento de 2,54 milhões de dólares naquele ano. A AOB organizava dois eventos geradores de renda, o Grande Festival da Cerveja Norte-americana, com um mostruário de 386 cervejarias em 2003, e a Conferência dos Cervejeiros Artesanais, que atraiu 905 participantes naquele ano.[1] Além disso, os membros da BAA pagavam mensalidades e enviavam funcionários e cerveja grátis aos eventos das duas organizações. Em 2001, os cervejeiros artesanais também se tornaram ativos no BI, que encorajou alguns deles a atuar como membros não votantes de sua diretoria.

Membros da BAA, como eu, participavam das reuniões do conselho e dos eventos das três associações comerciais. Martin Kelly, diretor executivo da Pyramid Breweries e um dos membros do conselho, conta: "Com apenas 3% de participação no mercado, não podíamos esperar crescer enquanto estivéssemos apoiando duas associações comerciais concorrentes."[2] Kelly se refere à BAA e AOB, as quais alegavam representar os pequenos cervejeiros.

Mas a AOB, nas mãos de Papazian, ainda estava voltada às grandes cervejarias. Seu conselho de diretores era mais parecido com a Câmara de Comércio de Boulder do que o de uma associação comercial. O Instituto da Cerveja e dos Estudos de Fermentação sempre teve um conselho de consultores. A primeira edição da *The New Brewer*, de novembro de 1983, listava como consultores Stuart Harris, o amigo de Papazian especialista em computadores que cunhou o termo "microcervejaria" e William S. Newman, o fundador pioneiro da Wm. S. Newman Brewing Co. e cervejeiro da Albany Amber. Ao longo dos anos, mais alguns cer-

---

[1]   Bob Pease, e-mail ao autor, 12 maio 2013.

[2]   Steve Hindy, "One voice for craft brewers: the story behind the brewers association", *The New Brewer*, maio-jun. 2006.

vejeiros foram incorporados ao conselho consultivo, americanos e canadenses, assim como alguns fornecedores, varejistas e executivos da associação do estado, como John Carlson, da Associação dos Cervejeiros do Colorado.

Chuck Skypeck, fundador da Boscos Restaurant & Brewing Co., uma fábrica-bar em Nashville, afirma que o conselho consultivo tornou-se bastante ativo, direcionando o Instituto da Cerveja e dos Estudos de Fermentação no fim dos anos 1990. Em 2002, quando as conversas para a fusão entre a AOB e a BAA estavam em andamento, Skypeck era presidente do conselho consultivo, John Hickenlooper era o vice[3] e Ken Allen, da Anderson Valley, foi o primeiro cervejeiro a se juntar ao conselho de diretores da AOB.[4]

Sentar à mesa com o conselho da BAA era ser a maior das pequenas cervejarias. A presidente era Kim Jordan, da New Belgium Brewing Company, o vice era Gary Fish, da Deschutes Brewery, e o secretário-tesoureiro era Chuck Lawson, da Lion Brewery. Alguns dos primeiros esforços em unir a AOB com a BAA não deram em nada – os líderes da AOB e BAA, Papazian e Bradford, mal se conheciam. A desconfiança era grande entre as duas organizações. A AOB via a BAA como um clubinho das cervejarias artesanais de maior porte. A BAA via a AOB como uma promotora de festivas e eventos dirigida por não cervejeiros. Durante os anos de concorrência entre as duas, "custou para nos entendermos", recorda Jordan, presidente da BAA. Ela diz que considerou não participar mais da Conferência dos Cervejeiros Artesanais da AOB para demonstrar seu descontentamento com a situação.[5]

Hickenlooper tentou intermediar as conversas entre as duas organizações. Seus esforços falharam, muito embora ele fosse amigo íntimo tanto de Papazian como de Bradford. "Era loucura ter duas organizações competindo uma com a outra, principalmente quando ambas faziam coisas diferentes, algumas muito bem e outras não tão bem assim",

---

[3] *Ibid.*

[4] John Hickenlooper, entrevista por telefone ao autor, 24 abr. 2013.

[5] Kim Jordan, entrevista por telefone ao autor, 10 maio 2013.

explica Hickenlooper. "Era o caso de juntar as duas para olhar além de seus próprios interesses, para questões mais amplas da comunidade de cerveja artesanal."[6]

Uma das primeiras tentativas informais de discutir a fusão aconteceu na Conferência dos Cervejeiros Artesanais em Nova Orleans, em abril de 2003. A equipe da BAA – Fish, Jordan e eu – pressionamos o pessoal da AOB – Allen, Skypeck e Carlson – para concordar com o conceito de uma organização administrada por cervejeiros. Chegamos a um acordo, mas nenhum dos conselhos tinha oficialmente sancionado a reunião. A diretoria da AOB tomou a inciativa e convidou Jordan a entrar no quadro de diretores. Ela aceitou com a condição de que a diretoria fosse informada de que seu propósito era trabalhar para uma futura fusão entre as associações. Mas, quando fez tal anúncio em sua primeira reunião, foi recebida com indiferença. Estava claro que ninguém tinha avisado os outros membros da diretoria de seu projeto de fusão.[7]

Depois, em 2003, os conselhos da BAA e AOB estabeleceram uma força-tarefa unificada para trabalhar com a fusão. A equipe da BAA incluía Jordan, Fish, Rich Doyle, da Harpoon Brewery, Kelly e eu. A da AOB era Papazian, Skypeck, Carlson, Jack Joyce, da Rogue Ales, e Randy Mosher, da Associação dos Cervejeiros Caseiros dos Estados Unidos (AHA). As discussões se espalharam com rapidez na indústria.

Mas o empenho teve um início instável. Joyce recorda a visita de Bradford à sede da AOB no Colorado e que ele disse à equipe que a BAA iria assumir o controle.[8] Bradford explicou depois que não era bem isso o que quis dizer. Conta que Jordan havia pedido que ele fosse a Boulder e encontrasse com o pessoal da AOB para garantir que a fusão não colocaria em risco seus empregos. Mas a reunião foi difícil e o tiro saiu pela culatra. "Foi um gesto nobre que assustou para valer todo mundo", conta Bradford.[9]

---

[6] Entrevista com Hickenlooper, 24 abr. 2013.

[7] Steve Hindy, "One voice for craft brewers."

[8] Jack Joyce, entrevista por telefone ao autor, 21 fev. 2013.

[9] Daniel Bradford, entrevista ao autor, 29 mar. 2013.

Apesar do contratempo, a força-tarefa seguiu em frente. "Era um primeiro passo bem estimulante", diz Jordan. "Tínhamos muito potencial para focar os recursos de nossa indústria e éramos capazes de trabalhar juntos para criar um acordo. Achei, ingenuamente, que seria um processo magnífico."[10]

Negociações intensas, e muitas vezes acaloradas, aconteceram em 2003 e 2004 durante os encontros da indústria. "No princípio, o desafio era que Charlie Papazian e sua organização pudessem encontrar uma forma de operar, e eles não viam razão alguma para mudar", diz Jordan. "A AOB estava indo bem, e ele temia perder o controle. E, claro, havia hostilidade entre Charlie e Daniel Bradford."[11]

Nas difíceis discussões, surgiram questões sobre como deveria ser a estrutura das mensalidades, como a diretoria da organização poderia ser representativa das cervejarias embaladoras, fábricas-bares, cervejeiros caseiros e membros de associações aliadas. Como Papazian trabalharia com Bradford? Chegavam incontáveis e-mails e o telefone não parava de tocar. O vulcão estava explodindo, e todo mundo estava muito irritado.

"Era um choque de culturas", diz Mosher. "Ambas as partes há muito se viam com desconfiança. Parte do processo de fusão foi uma grande descoberta, por um lado, das intenções e profissionalismo de cada um. Acho justo dizer que a BAA abordava os negócios de um ponto de vista tático, de acordo com a linha de uma associação comercial tradicional. A AOB tinha uma perspectiva mais ampla. Com seus programas, festivais, competições, publicações e a inclusão de cervejeiros caseiros, promovia a cerveja como uma fonte de cultura, uma posição para o sucesso contínuo da fabricação artesanal."[12]

Muitas cervejarias embaladoras questionaram a participação dos cervejeiros caseiros. Que papel teria um bando de amadores em uma associação comercial da indústria da cerveja? Para complicar ainda mais,

---

[10] Kim Jordan, entrevista por telefone ao autor, 10 maio 2013.

[11] *Ibid.*

[12] Steve Hindy, "One voice for craft brewers".

havia o fato de que a AHA estava perdendo dinheiro, e a AOB a subsidiava. Mosher e Joyce argumentaram que os cervejeiros caseiros eram os maiores fãs das cervejas artesanais, a vanguarda que serviria de ataque à grande indústria.

A organização desenvolvida por Papazian – que mais se parecia com uma hidra* – era posta à prova. Duas de suas ramificações, a AHA e a Brewers Publications, estavam perdendo dinheiro. E será que elas eram importantes para a missão de uma associação comercial?

Assim como em qualquer negociação, foi um processo de acabar com as suspeitas e criar confiança. Em determinado ponto, espalhou-se o rumor de que a BAA iria boicotar a AOB se a fusão não desse certo. Enquanto a BAA discutia essa possibilidade, o boicote nunca foi considerado de verdade. Kim Jordan, a ex-assistente social que ajudara famílias problemáticas, atuou como pacificadora. Ela era membro de ambas as diretorias e aconselhava os dois lados para evitar "histórias inventadas" sobre cada um. Como morava em Fort Collins, no Colorado, estava perto o suficiente para vigiar de perto a AOB no Boulder. "Trabalhamos muito, mas ninguém trabalhou com mais diligência que a Kim", diz Fish, que era membro da diretoria da BAA, quando ocorreu a fusão com a AOB.[13]

Em certo momento, recorda Jordan, "Charlie Papazian apertou o botão certo. Fiquei muito impressionada com sua repentina decisão de aceitar o acordo. Acho que foi por causa de Bob Pease [diretor operacional da AOB]. Bob percebeu que os membros da diretoria da BAA tinham experiência em administrar uma associação comercial e outras organizações sem fins lucrativos, além de conselhos diretores. Ele se deu conta: 'É assim que um conselho deveria operar'. Bob viu isso e ajudou Charlie a se conscientizar. Ele sabia que o pessoal da BAA não queria fazer uma microgerência da AOB."[14]

---

* Monstro mitológico com nove cabeças parecido com uma serpente. Era dito que, ao se cortar uma delas, duas nasceriam no lugar. [N.T.]

[13] *Ibid.*

[14] Entrevista com Jordan, 10 maio 2013.

O acordo foi fechado durante dois dias de reuniões em agosto de 2004, no Oxford Hotel, na vizinhança do LoDo, em Denver. As duas organizações concordaram com a fusão em uma nova associação chamada BA. Nick Matt, diretor executivo da Matt Brewing Company, resumiu a missão da nova organização como, simplesmente, "promover e proteger" os cervejeiros artesanais. A entidade usaria os escritórios da AOB em Boulder e manteria 22 de seus funcionários. Papazian seria o presidente. A Bradford foi oferecido o cargo de diretor legislativo, mas ele recusou e voltou a trabalhar como editor da *All About Beer*. Pete Johnson, ex-assistente do Congresso que trabalhara com Bradford em questões legislativas, tornou-se o diretor do programa de Assuntos Governamentais da BA.

O acordo estabelecia mensalidades graduais para cervejarias maiores e mensalidades baixas e fixas para microcervejeiros e fábricas-bares. Um forte sistema de comitês, baseado no modelo da BAA, seria usado. Os membros elegeriam sete cervejarias empacotadoras para o conselho, quatro de fábricas-bares e a AHA também escolheria dois membros. O grupo poderia eleger, ao todo, dois membros para garantir a distribuição geográfica e que empresas dos mais diversos tamanhos fossem representadas. Foi escolhido um conselho interino para atuar durante o primeiro ano, e a fusão tornou-se efetiva em 1º de janeiro de 2005. A ideia, que começou a tomar forma em meados dos anos 1990, tinha levado à criação de uma poderosa associação comercial em potencial.

"A GENTE SE REUNIU COMO CONSELHO TRANSITÓRIO, PELA PRIMEIRA VEZ, NA última conferência da BAA em Nova Orleans, em novembro de 2004", recorda Steve Bradt, da Free State Brewing. "Pensei que seria uma reunião controversa, e senti que avançávamos com muita desconfiança de ambos os lados."[15] Bradt relembra que durante o primeiro ano da nova

---

[15] Steve Hindy, "One voice for craft brewers".

organização estava "aliviado e impressionado com a maneira que o grupo se juntou para criar uma visão e missão. Discordamos em muitos pontos, mas havia respeito e a vontade de se comprometer. Devemos muito disso a Kim Jordan, que nos guiou pelo processo com determinação, paciência e dignidade. Também merece crédito a equipe da BA que atendeu às necessidades e desafios da nova organização e conselho com energia, entusiasmo e enfoque positivo, tornando o primeiro ano de existência um grande sucesso."[16]

O trabalho de administrar a BA ficou com o ex-gerente de rotina da AOB, Bob Pease, agora diretor operacional da nova associação. Pease considera a época bastante estimulante, com muitos desafios, mas, ao mesmo tempo, assustadora. "Pensando em nove anos atrás, acho que fica claro que a fusão foi um dos momentos seminais da ascensão da fabricação artesanal", disse em entrevista. "Estou muito orgulhoso de ter feito parte de cada etapa, desde o empenho das duas organizações no período em que foram trocados documentos fundamentais no primeiro encontro do conselho em Nova Orleans."

O novo conselho de diretores tinha o propósito declarado da BA de "promover e proteger" os cervejeiros artesanais e os entusiastas da comunidade cervejeira. Mas quem seriam aqueles que iríamos promover e proteger? Como definir um cervejeiro artesanal? Foram questões de muita briga por anos. As relações públicas e o comitê de marketing da BA, presididas por Vinnie Cilurzo, da Russian River Brewing Company, por fim, definiram um texto que foi aprovado pelo conselho da seguinte forma:

> Um cervejeiro artesanal norte-americano é pequeno, independente e tradicional. Cerveja artesanal é produzida apenas por esse profissional.
>
> Pequeno – produção anual de menos de 2 milhões de barris. Esta é atribuída de acordo com as regras do direito de propriedade alternado. Bebidas com sabor de malte não são consideradas cerveja para os propósitos dessa definição.

---

[16] *Ibid.*

Independente – menos de 25% da cervejaria artesanal são possuídos ou controlados (ou equivalente interesse econômico) por um membro da indústria de bebidas alcoólicas que não seja, ele mesmo, um cervejeiro artesanal.

Tradicional – um cervejeiro que tem uma cerveja carro-chefe (aquela que representa o maior volume entre as marcas da empresa) ou, no mínimo, 50% de seu volume em cervejas de malte ou em cervejas que usem adjuntos para aprimorar o sabor e não para torná-la mais suave.

A definição desqualificaria muitos membros de longa data da BAA – entre eles, a August Schell Brewing Company, D.G. Yuengling & Son (cujas principais cervejas incluíam milho), Redhook Brewery e a Widmer Brothers Brewing Company (ambas tinham partes que pertenciam à Anheuser-Busch, AB). Essas exclusões criaram muitas mágoas e uma controvérsia importuna e, muitas vezes, amarga. Mas a fusão levou a um grupo mais forte financeira e organizacionalmente. Dentro de poucos anos, a AHA e a Brewers Publications estariam crescendo e contribuindo financeiramente para a BA.

"Uma vez que tínhamos a mistura certa de pessoas no conselho da BA, podíamos focar e incentivar um grupo muito profissional que Charlie montara a partir da equipe da AOB", conta Jordan, "O Grande Festival da Cerveja Norte-americana ficou melhor, com mais fundadores e proprietários participando, e a Conferência dos Cervejeiros Artesanais também aprimorou. Sabíamos o que podia ser construído a partir dessa base incrível."[17]

UM DOS MOMENTOS MAIS INTERESSANTES DA RECÉM-CRIADA BA FOI UM encontro com August Busch IV durante a reunião conjunta de 2007 do BI e da NBWA, em Washington, DC. Até onde eu sei, era a primeira

---

[17] Entrevista com Jordan, 10 maio 2013.

vez que Busch concordava em participar de uma reunião com os pequenos cervejeiros nacionais.

As histórias pessoais da grande luta do herdeiro da quarta geração da maior cervejaria do mundo foram documentadas à exaustão em diversos livros: *Under the influence*, de Terry Ganey, *Dethroning the king*, de Julie MacIntosh, e *Bitter brew: the rise and fall of Anheuser-Busch and America's kings of beer*, escrito por William Knoedelseder. Para o conselho de diretores da BA, encontrar "o quarto da geração", como era conhecido, era um grande negócio. Víamos isso como mais um degrau para sentarmos à mesa com as grandes cervejarias e distribuidoras.

Eu presidia a BA quando a reunião aconteceu. Alguns membros se adiantaram dizendo que falariam sobre nossa abordagem. Eu disse que faria a introdução e a primeira pergunta ao jovem Busch; só então abriria para perguntas. Jim Koch queria ouvir sua explicação sobre a campanha na mídia da AB contra a Boston Beer Company em meados dos anos 1990. Falei a ele que não achava uma ideia muito boa trazer de volta aquela rixa, e acho que Koch concordou comigo.

A reunião aconteceu em uma pequena sala de conferências em um hotel perto de Capitol Hill. Busch estava acompanhado de Dave Peacock, que se tornaria presidente da AB InBev, Mark Boback, diretor jurídico da AB, e Bob Lackey, diretor do departamento de marketing da AB. Abri a reunião dando as boas-vindas a August Busch IV, ressaltando que "todos tínhamos crescido bebendo a cerveja produzida por sua família". Então, acrescentei alguns comentários: "Temos grande respeito por sua empresa e seus produtos. Chegamos ao negócio da cerveja por meios muito diferentes dos seus. Você é o último de uma longa geração de Buschs a dirigir a companhia. Todos gostamos muito de sua bebida e tomamos a iniciativa de produzir cervejas especiais, com sabores diferentes e estilos variados. Queria saber o que você acha de nossa contribuição à indústria da fermentação".

Busch respondeu de forma respeitosa e despojada, dizendo que seguira de perto o desenvolvimento de nosso segmento e que nossas cervejas trouxeram grande vitalidade à indústria. Quando terminou, esperei que algum colega seguisse com as perguntas. Muitos segundos se passaram enquanto um silêncio constrangedor tomava conta da sala. Busch pareceu desconcertado. "Eu disse algo errado?", perguntou a mim. "Não, não. Estou esperando que alguém faça uma pergunta", respondi, rindo. Ele então respondeu algumas questões sobre distribuição e a política de "100% de *share of mind*" de seu pai. Koch começou uma longa arenga contra a AB por seu ataque à sua empresa nos anos 1990. Busch ouviu pacientemente e deu sua réplica: "Jim, isso foi na época do meu pai. Não tive nada a ver com isso."

O encontro foi importante porque permitiu que a AB demonstrasse seu respeito por aquilo que os cervejeiros artesanais traziam para a indústria. Não teve muita substância, mas foi bastante simbólico. Creio que foi um passo importante para o desenvolvimento da BA como organização comercial nacional – acabou nos aproximando daquele lugar que almejávamos na mesa das gigantes.

11

UM LUGAR À MESA

NO DIA 9 DE MAIO DE 2008, A ASSOCIAÇÃO DOS PRODUTORES DE CERVEJA (BA) finalmente sentou-se à mesa – conseguiu participar do conselho votante do Instituto da Cerveja (BI), junto dos diretores executivos da Anheuser-Busch (AB), Miller Brewing Company, Molson Coors Brewing Co. – que tinham anteriormente um empreendimento conjunto chamado MillerCoors –, Heineken USA e Modelo Brewing Co. (fabricante da Corona). O BI, e não a BA, tinha de eleger o novo membro do conselho. E eu acabei sendo o selecionado. Admito que Jeff Becker, presidente do BI, escolheu-me porque já nos conhecíamos há 10 anos, foram muitas partidas de golfe, jantares e cervejadas. Estava consciente de que teria de fazer malabarismos, já que também tinha de representar os interesses da BA para manter alguma credibilidade dentro da comunidade das pequenas cervejarias.

A reunião do conselho em maio de 2008, a primeira da qual participei, foi em Washington, DC, durante a conferência legislativa conjunta do BI e da Associação Nacional dos Distribuidores de Cerveja (NBWA). Sentei-me ao lado de August Busch IV; Tom Long, diretor executivo da Miller Brewing Company e da MillerCoors; Peter Swinburne, diretor executivo da Coors Brewing Company, que estava acompanhado por Peter Coors, seu presidente; Don Blaustein, da Heineken USA; e Carlos Fernandez, da Modelo Brewing Co. Era uma honra estar sentado à mesa com homens cujas cervejas eu tinha bebido durante os primeiros anos e cujos anúncios vi e ouvi durante toda minha vida.

Aquele momento encantador não durou muito. As gigantes estavam prestes a se tornar ainda maiores, com sérias implicações para a indústria. Alguns meses depois a AB foi vendida para a megacervejaria InBev, com sede na Bélgica e controlada por brasileiros, formando a AB InBev. A Miller e a Coors haviam criado a MillerCoors em 2007. Na reunião seguinte a que compareci, August Busch IV não estava lá, assim como Peter Coors, e me ocorreu que a Brooklyn Brewery era a única cervejaria de posse totalmente norte-americana na mesa. Tive de resistir para não dizer isso a todos os presentes. Busch fora substituído por Dave Peacock, homem bem conhecido na indústria como seu assistente próximo. Long era o único representante da MillerCoors. Os brasileiros tinham conseguido a façanha incrível de incorporar a AB, e rapidamente deixaram bem claro que o estilo executivo e requintado da família Busch seria coisa do passado: fecharam os escritórios de St. Louis, juntando uma centena de pessoas em um único andar onde antes trabalhavam poucos executivos – cerca de 2.500 pessoas foram demitidas e toda a força de vendas da AB foi orientada a devolver seus Blackberries. Os novos proprietários anunciaram que os executivos de viagens ficariam em hotéis econômicos e alugariam carros comuns. Além disso, os brasileiros venderam a maior parte dos jatinhos corporativos da companhia.

Nos tempos de August Busch III, as distribuidoras da AB viviam com medo das inspeções sem aviso e das perguntas à queima-roupa. Mas, pelo menos, ele era conhecido. Na Europa e América do Sul, onde a InBev operava, nenhum sistema de três níveis protegia os distribuidores do controle das cervejarias. A AB já conquistara a maioria dos distribuidores em algumas cidades norte-americanas importantes, onde as leis estaduais permitiam tal controle. Muitos temiam que o novo império AB InBev fosse imbatível.

Vários distribuidores da AB nos Estados Unidos ficaram multimilionários – alguns tinham jatos particulares e diversas propriedades. Eles acumularam essa riqueza porque seus negócios cobriam vastos territórios, num movimento dos distribuidores que vinha se consolidando lentamente desde os anos 1970. Segundo Joe Thompson, consultor de distribuição, os Estados Unidos tinham 5.180 distribuidores em

1970;por volta de 2013, eram apenas 1.000.[1] E os que restaram eram empresas de grande porte.

Pela minha experiência, uma vez que você consegue um bom volume de negócios, a distribuição de cerveja é como imprimir dinheiro em casa. Em momentos desprotegidos por leis, alguns executivos da AB Inbev expressaram o desejo de expandir o domínio da cervejaria sobre os distribuidores, de modo que poderiam obter vantagem tanto da margem de lucro da cervejaria como da do distribuidor. Em conferências anuais patrocinadas pela *Beer Marketer's Insights*, *newsletter* mais respeitada da indústria, os analistas da área falavam sobre as margens de bilhões de dólares que os distribuidores recebiam. E eu ficava imaginando quando a questão seria colocada na roda para discussão. Os novos donos da AB não consideravam excessivos os lucros das distribuidoras? Se seus executivos mantivessem um controle cuidadoso das despesas, seria lógico que, em consequência, pedissem a seus distribuidores para fazer o mesmo.

Tanto a AB InBev como a MillerCoors incentivaram suas distribuidoras a continuar a consolidação o mais rápido possível. Alguns estados tinham entre 25 e 30 distribuidoras – e os grandes cervejeiros viam esse sistema como ineficiente e custoso. É óbvio que as distribuidoras não pensavam assim. A maior parte estava satisfeita com seus pequenos reinos. Tratava-se de um negócio familiar – em muitos casos, de segunda ou terceira geração. Elas estavam felizes. Por que deveriam vender? Além disso, grande parte da regulamentação das bebidas alcoólicas é de nível estadual. Na maioria dos estados, as leis de franquia protegem os distribuidores das grandes cervejarias predatórias. Os fabricantes não podem encerrar contratos com seus distribuidores, a menos que tenham um bom motivo. Se o distribuidor está fazendo seu trabalho, não há nada que uma cervejaria, grande ou pequena, possa fazer.

Mas depois da fusão da AB InBev com a MillerCoors, os distribuidores começaram a ficar tensos. Negócios de outras áreas e governos também demonstraram preocupação. Alguns pequenos fabricantes de

---

[1] Joe Thompson, e-mail ao autor, 12 set. 2013.

vinho comercializavam sua bebida diretamente aos consumidores, cruzando fronteiras dos estados, o que violava o sistema de três níveis. Em outras palavras, em vez de vender a um distribuidor, que então venderia a um varejista, vinicultores iam diretamente ao consumidor, muitas vezes pela internet, com a ajuda da UPS ou da FedEx.

O sistema de três níveis hierárquicos não é estritamente cumprido em muitos estados. Por exemplo, em Nova York, um cervejeiro pode fazer autodistribuição e vender diretamente ao público em um restaurante ou na própria instalação. Marc Sorini, da McDermott Will & Emery, que é conselheiro da BA, diz que o sistema desenvolveu-se lentamente, estado por estado, depois do fim da Lei Seca. "Muitos dos que arquitetaram a regulamentação do álcool pós-Lei Seca apoiaram o conceito de um sistema de dois níveis, com leis que separavam varejistas tanto de atacadistas como de produtores", diz ele. "Mas nunca vi evidências de que os primeiros regimes regulatórios pós-Lei Seca proibissem cervejarias de vender diretamente aos varejistas e/ou de possuir sua própria rede atacadista. Na verdade, mesmo hoje em dia, muitos estados permitem uma coisa ou outra."[2]

Mas quando os varejistas questionaram o processo, os microfabricantes de vinho reagiram dizendo que não conseguiam distribuir seu produto em alguns estados porque as distribuidoras não aceitavam pequenas quantidades. Os tribunais federais estabeleciam que as leis que limitavam a capacidade de venda em alguns estados eram uma restrição ilegal ao comércio, uma violação da cláusula de comércio latente da Constituição nacional.

O caso mais proeminente foi o "Granholm *vs.* Heald" (2005).* A Suprema Corte dos Estados Unidos decidiu, por 5 votos a 4, que as leis em Nova York e no Michigan que permitiam às vinícolas do

---

[2] Marc Sorini, e-mail ao autor, 28 out. 2013.

* Como costuma acontecer nos processos judiciais norte-americanos, o caso fica conhecido pelos nomes de cada parte. No caso, trata-se do sobrenome da então governadora do Michigan, Jennifer M. Granholm, e do da representante da Associação dos Atacadistas de Vinho, Eleanor Heald. [N.T.]

estado vender e enviar vinho diretamente aos consumidores – e que proibiam os fabricantes de outros estados de fazer o mesmo – eram inconstitucionais. O caso apelava à chamada cláusula de comércio latente (decorrente da cláusula de comércio da Constituição) contra a seção 2 da 21ª Emenda – a que acabou com a Lei Seca e garantiu aos estados poderes absolutos para regulamentar suas bebidas alcoólicas. Segundo a seção 2: "Fica proibido o transporte ou importação por qualquer Estado, Território ou possessão dos Estados Unidos de bebidas alcoólicas, para entrega ou uso contrário à lei."

Os reclamantes alegavam que a seção contradizia a cláusula do comércio, artigo I, seção 8, da Constituição, que garante ao Congresso o poder de "regular o comércio com as nações estrangeiras, entre os diversos estados, e com as tribos indígenas". A cláusula de comércio latente, decorrente da Constituição e seu contexto histórico, defendia basicamente que um estado não podia decretar leis a favor dos produtores de bebidas alcoólicas de seu território em detrimento dos produtores de outros estados.[3]

O *Wall Street Journal* assumiu a causa das pequenas vinícolas, argumentando que era errado proibir um pequeno fabricante, digamos do Oregon, de enviar seu pinot noir à Nova York. Em artigos posteriores, o jornal citou o conservador Competitive Enterprise Institute dizendo que "a existência de um intermediário legalmente protegido aumentava os custos para os consumidores e ameaçava a vitalidade da indústria da cerveja artesanal, ao fazer que os microcervejeiros tivessem dificuldades para vender sua bebida diretamente a bares e lojas varejistas."[4] Em outro artigo, o repórter Harry Graver dizia que as distribuidoras de cerveja "recebiam proteção em algo chamado de sistema de três níveis hierárquicos", que proibia um microcervejeiro de entregar um pacote com seis cervejas ao consumidor do outro lado da rua da cervejaria. De

---

[3] SASIADEK, Adam. "What is the dormant commerce clause?", constitutionland. com, http://constitutionland.com/Dormant_Commerce_Clause.html.

[4] WHITE, Joseph B. "Beer distributors say yes to middlemen", *The Wall Street Journal*, 17 jan. 2013.

acordo com ele, sob esse sistema, a distribuidora era responsável pela entrega, o que aumentava o preço. Acrescentava ainda que a Michigan Beer e a Associação dos Atacadistas do Vinho asseguravam seu *status* protegido com contribuições de 3 milhões de dólares a campanhas políticas durante mais de uma década, enquanto os cervejeiros artesanais tinham dificuldades para juntar 10 mil dólares.[5]

Em março de 2004, a Costco, grande varejista que vendia enorme quantidade de cerveja, processou o estado de Washington dizendo que deveria ter o direito de negociar descontos na compra de grandes volumes de cerveja, vinho e destilados. Em Washington, cada caixa de cerveja custava sempre o mesmo ao varejista, não importando quantas ele comprasse. Assim, a Costco pagava 25 dólares pela caixa, digamos, da Deschutes Mirror Pond Pale Ale, se comprasse uma ou mil. A distribuidora alegava que, ao ganhar 30% sobre o preço da caixa, tinha um lucro injusto em uma entrega de mil caixas.

Em 2006 um tribunal regional federal deu ganho de causa à Costco na maior parte das questões, permitindo aos cervejeiros vender diretamente a ela no estado de Washington. Mas a 9ª vara distrital de justiça derrubou as decisões em 2008, e a Costco não quis apelar para a Suprema Corte. Mesmo assim, foi uma grande vitória para as distribuidoras, pois foram restauradas as regras estaduais que exigiam precificação uniforme, proibição de créditos e de descontos por quantidade, além de centralização do estoque de varejistas.[6]

Os distribuidores nos Estados Unidos tinham lobistas poderosos em seus estados de origem, e já que a maior parte da regulamentação das bebidas alcoólicas funcionava em nível estadual, as leis relacionadas à distribuição e o imposto especial sobre consumo variavam. Em seus estados, as associações de distribuidores tinham colocado a legislação a seu favor. As leis de franquia são o melhor exemplo disso. Histori-

---

[5] GRAVER, Henry. "Opinion: set Michigan craft brewers free". *The Wall Street Journal* on-line, 9 ago. 2013.

[6] "Costco reversed (mostly)! Are distribs, state regs regaining traction in Fed Courts?" *Beer Marketer's Insights*, v. 39, n. 3, 11 fev. 2008.

camente, a NBWA tinha sido a melhor amiga do cervejeiro – fazendo lobby para manter baixo o imposto especial sobre o consumo da cerveja; impedindo que o governo federal restringisse a publicidade da bebida; que a Administração de Segurança e Saúde Ocupacional decretasse proteções restritivas aos trabalhadores e para manter mínimas outras regulamentações federais. A NBWA também tinha feito lobby para baixar os impostos estaduais, porque muitos de seus membros eram empresas familiares e seus proprietários queriam deixá-las como herança para a geração seguinte.

Desde 1990, a NBWA e o BI organizavam uma conferência legislativa conjunta em Washington, DC. Distribuidores e representantes das cervejarias da nação vinham aos montes ao Capitólio levar sua mensagem aos congressistas.

Mas os atacadistas da cerveja estavam ficando irritados com as remessas diretas dos microfabricantes de vinho e as decisões no caso da Costco e no Granholm. Em uma pesquisa com seus membros, a NBWA descobriu que um número esmagador acreditava que sua influência em Washington deveria focar diretamente as questões dos distribuidores, e não as dos cervejeiros. Era algo que tinha a ver com o desgaste nítido do sistema de três níveis hierárquicos.

O resultado foi um projeto de lei, apresentado ao Congresso no dia 15 de abril de 2010, chamado de Lei Abrangente para Regulamentação Eficaz do Álcool (CARE).

Se aprovada, a Lei CARE neutralizaria a cláusula de comércio e relegaria a regulamentação das bebidas alcoólicas aos estados, onde as distribuidoras tinham grande influência nas legislativas. O "ônus da prova" do projeto exigiria que o governo federal provasse que a lei estadual tinha discriminado outros estados, e a "forte presunção de validade" acordada com as leis estaduais dificultaria isso ao máximo.

Na verdade, era uma declaração de guerra dos distribuidores aos produtores de cerveja, vinho e destilados. A ameaça que isso representava juntou, de forma sem precedentes, fabricantes de vinhos, cervejeiros e destilarias.

Mal sabia eu no que estava me metendo quando concordei em ser membro do conselho de diretores do BI.

Para os microfabricantes, muitas questões davam o que pensar e nos colocavam lado a lado com os grandes cervejeiros. O direito de autodistribuição era, e ainda é, decisivo. Empresas como a minha provavelmente nunca teriam sido capazes de se fixar na cidade de Nova York se não tivessem o direito de distribuir a própria cerveja, pelo menos até que conseguissem atrair um grande distribuidor. Além disso, trabalhávamos muito para conseguir isenção das leis estaduais de franquia. A maioria dos microcervejeiros não tinha dinheiro para desafiar seus distribuidores nos tribunais. Se a Lei CARE fosse aprovada, os distribuidores de muitos estados provavelmente iriam tentar proscrever a autodistribuição e eliminariam qualquer chance dos pequenos fabricantes de obter garantia de isenção do estado em relação às leis de franquia.

Como membro do conselho, participei de dezenas de reuniões nas quais o BI tentou chegar a um tipo de compromisso com a Lei CARE com os líderes do conselho da NBWA. As sessões foram cansativas e infrutíferas. Os novos donos da AB InBev pareciam não entender nossa cautela em relação aos distribuidores. No fim de semana anterior ao encontro em Chicago, uma publicação britânica citou Carlos Brito, diretor executivo da AB InBev, dizendo que a AB InBev poderia, teoricamente, ter metade de sua distribuição nos Estados Unidos. Isso revoltou as distribuidoras e aturdiu Dave Peacock, presidente da AB na América do Norte, que representava a empresa nas conversas em Chicago. Peacock passou a maior parte da reunião tentando controlar o estrago causado pela afirmação de Brito.

Se você fosse um distribuidor, acreditaria no diretor executivo ou no presidente regional?

Cerca de um mês depois, na primavera de 2010, o projeto de lei CARE da NBWA foi levado ao Congresso, e o subcomitê do Tribunal da Concorrência da Casa do Judiciário fez uma audiência para considerar as questões que a medida trazia à tona. Long, presidente do conselho do BI, me pediu que representasse o BI na audiência. Por que você acha que o BI queria meu depoimento? Como membro do conselho do BI, eu representava não só a indústria nacional da cerveja, mas também os micronegócios, a livre iniciativa, o empreendedorismo e o diabo a quatro. Era o rosto que a indústria queria. Não tive problemas em depor contra os distribuidores porque ingenuamente acreditava que a Lei CARE seria um desastre para os microcervejeiros. A audiência aconteceu nas salas do Comitê Judiciário, onde fora discutido o impeachment de Richard Nixon no começo dos anos 1970. Nas paredes haviam quadros dos ex-presidentes do Congresso, incluindo Peter Rodino, de Nova Jersey, que presidiu o julgamento do impeachment. Entre os 60 ou 70 lobistas na galeria atrás de mim estavam representantes da indústria da cerveja, do vinho e destilados – nunca tinha visto tantos juntos em minha vida. Alguns eram pessoas que já vira no BI e em outras reuniões em Washignton, DC, sem saber quem eram. Era uma demonstração poderosa da força política da indústria de bebidas alcoólicas. Minha apresentação foi precedida por alguns membros do Congresso da Califórnia que diziam estar preocupados com os direitos dos donos de 4 mil vinícolas do estado.

Meu testemunho concentrou-se nos interesses dos microcervejeiros. "Em esforço para conseguir produtos não disponíveis por meio do sistema de três níveis hierárquicos, algumas vinícolas e consumidores fizeram petições e propuseram leis estaduais para o álcool que decretavam que as bebidas alcoólicas fossem vendidas por meio desse sistema. Algumas poucas leis estaduais foram derrubadas por serem consideradas discriminatórias, mas a maioria foi mantida. O custo de defender esses processos judiciais e a ameaça de mais litígios para desgastar o sistema de três níveis têm preocupado muito alguns membros da indústria da cerveja."

"Entendemos essas preocupações, mas não vemos a necessidade de uma mudança drástica no equilíbrio entre as autoridades estaduais e federais que trabalharam para o público durante tantos anos. Houve discussões sobre ceder o controle federal da regulamentação das bebidas alcoólicas aos estados. Isso seria desastroso para os microfabricantes de cerveja."[7]

---

[7] Testemunho de Steve Hindy, diretor e presidente da Brooklyn Brewery, Comitê do Judiciário da Câmara dos Deputados, Subcomitê da Política de Concorrência, 112th Congress, 18 mar. 2010.

Representando a NBWA, estava Nida Samona, diretora da regulamentação de bebidas alcoólicas do Michigan. O caso *Granholm* derrubara a proibição no Michigan, que impedia que remessas de fabricantes de vinho de outros fossem enviadas para lá. Samona argumentava que esse caso e outros similares tornavam muito difícil para o Michigan defender suas leis de controle do álcool. "Os sistemas regulatórios do estado estão sendo cercados, e essas ações judiciais destroem a efetiva regulamentação estadual que estamos solicitando ao Congresso para tratar", disse ela.[8]

Outro depoimento representando a NBWA foi o de Pamela S. Erickson, diretora executiva da Public Action Management of Scottsdale [Gestão de Ação Pública de Scottsdale], Arizona, uma especialista que falou sobre como a desregulamentação da indústria de bebidas alcoólicas no Reino Unido levara a muitos problemas sociais, como o consumo por menores de idade. Seu testemunho intitulava-se "O perigo da desregulamentação do álcool: a experiência no Reino Unido". Ela criou uma imagem sinistra da Inglaterra contemporânea e alertava que o mesmo poderia ocorrer nos Estados Unidos se não houvessem leis reguladoras para as bebidas.

Previa também um futuro obscuro para a nação se a Lei CARE não fosse aprovada. "Os Estados Unidos têm problemas sérios com o álcool – particularmente com os menores de idade, mas não chegam ao ponto de ser epidêmicos", disse ela. Os distribuidores de cerveja pareciam se autoproclamar os salvadores da pátria contra a anarquia alcoólica nas ruas do país.[9]

Depois que o congressista norte-americano William Delahunt, democrata de Massachusetts, e 152 copatrocinadores introduziram

---

[8] Testemunho de Nida Samona, "Aspectos legais da regulamentação estadual do álcool", Comitê do Judiciário da Câmara dos Deputados, Subcomitê da Política de Concorrência, 112th Congress, 18 mar. 2010, p. 38.

[9] Testemunho de Pamela S. Erickson, diretora executiva da Public Action Management, "O perigo da desregulamentação do álcool: a experiência no Reino Unido", Comitê do Judiciário da Câmara dos Deputados, Subcomitê da Política de Concorrência, 112th Congress, 18 mar. 2010, p. 54-55.

a H.R. 5034, lobistas e constituintes de ambos os lados entraram em guerra nos salões do Congresso. Os cervejeiros se recusaram a participar da conferência legislativa conjunta (BI-NBWA) pela primeira vez em 18 anos. Ao invés disso, os distribuidores foram aos bandos para o Capitólio promover a H.R. 5034, e os cervejeiros reuniram-se separadamente com os principais representantes para se defenderem contra a medida. Sempre me impressionou o acesso que as grandes cervejarias tinham aos principais líderes do Congresso. Quando você estava com o BI, encontraria gente poderosa como o então líder da minoria na câmara John Boehner e o da maioria no senado, Harry Reid. Os grandes cervejeiros tinham relações de longa data com esses políticos.

A campanha da NBWA pelo projeto de lei CARE durou mais de dois anos. A associação muitas vezes contou com pessoas como Erickson e organizações que há muito se opunham à indústria de bebidas alcoólicas, incluindo o Center for Science in the Public Interest.* A mim parecia ser um esforço inútil da NBWA, já que as indústrias da cerveja, vinho e destilados estavam unidas. Mas Crag Purser, presidente da NBWA, e seu principal lobista, Michael Johnson, persistiram. No ano seguinte o deputado norte-americano Jason Chaffetz, republicano de Utah, e 122 copatrocinadores introduziram nova versão da CARE, a H.R. 1161. Seu novo título agora era Lei da Comunidade pela Eficácia Regulamentária do Álcool (em vez de Lei *Abrangente...*). Eles resumiram o conteúdo do projeto de lei, mas seu potencial ainda era o mesmo. Rich Doyle, da Harpoon Brewery, havia me sucedido no conselho do BI, e depôs numa segunda audiência no Congresso.

Os cervejeiros e distribuidores chegaram a um impasse. Em 2012, os líderes do BI e da NBWA chegaram ao entendimento tácito de que os segundos não seguiriam com o projeto de lei CARE, embora Purser insistisse que a campanha tinha feito muito para orientar o Congresso sobre a necessidade de preservar o sistema de três níveis

---

* Fundado em 1971, a associação defende políticas de regulamentação do álcool, segurança alimentar e nutricional e os direitos dos consumidores. [N. T.]

hierárquicos e evitar que as grandes cervejarias possuíssem ou controlassem seus distribuidores.

"O projeto de lei CARE foi uma grande oportunidade para conscientizar os políticos e o público sobre a necessidade de regulamentação efetiva do álcool nos estados", conta. "Criou uma noção sobre as distinções entre fornecedores, distribuidores e varejistas, e gerou maior entendimento sobre o valor de um sistema de três níveis forte e independente."[10]

A guerra desencadeada pela CARE foi uma experiência de aprendizado importante para a BA. Ali estava uma iniciativa que podia mudar de verdade a natureza da regulamentação da bebida alcoólica no país. Poderia ter efeito devastador no poder dos microcervejeiros de levar sua bebida ao mercado e de fazer parcerias produtivas e respeitosas com seus distribuidores. Foi um grande exemplo da força que uma indústria unificada podia ter nos rumos da legislação em Washington.

Ao longo dessa provação, a BA manteve boa comunicação e relações próximas com a liderança da NBWA. Os líderes dos dois grupos se encontravam regularmente e discutiam questões importantes para os microcervejeiros, tais como a autodistribuição e a reforma das leis de franquia. A NBWA nunca culpou a BA por fazer oposição ao projeto de lei CARE e não guardou ressentimento quando a lei deu em nada.

Distribuidores e microcervejeiros sempre tiveram interesses em comum. Até certo ponto, ambos estavam preocupados com o poder das grandes cervejarias internacionais. Na maioria das vezes, os dois lados representam negócios locais que têm papel importante em suas comunidades. Ainda assim, a maior parte dos distribuidores não é a favor de as pequenas cervejarias terem o direito de autodistribuir, além de ser absolutamente contra a flexibilização das leis de franquia.

No entanto, a BA de Nova York conseguiu passar uma lei que foi assinada pelo governador Andrew Cuomo em 2012, que reformava as leis de franquia do estado. A nova lei assegurava que qualquer cervejeiro que representasse menos de 3% dos negócios de uma distribuidora,

---

[10] Craig Purser, e-mail ao autor, 9 ago. 2013.

e que produzisse menos de 300 mil barris por ano, tinha o direito de mudar de distribuidora, se a cervejaria pagasse o preço justo de mercado pela perda do acordo. Isso significava que os microcervejeiros que sentissem que não recebiam atenção suficiente de um atacadista poderiam fazer acordo com outro sem ações judiciais caríssimas. Diversas microcervejarias já tiveram vantagem com a nova lei. Por volta de 2013, já havia pelo menos um processo legal, centrado na questão de como um percentual de 3% poderia ser mensurado.

A revolução da cerveja artesanal deu a muitos distribuidores, especialmente aos da AB InBev, um novo sentido de independência e propriedade para suas empresas. Não viviam mais com medo de uma visita surpresa de August Busch III ou de um dos diretores executivos das grandes cervejarias. Acredito que as relações entre distribuidores e microcervejarias serão a peça-chave para o futuro da revolução.

NÃO MUITO DEPOIS DE AS DUAS ORGANIZAÇÕES TEREM CHEGADO A UM ACORDO sobre a CARE, as pequenas e grandes cervejarias começaram uma briga a respeito do imposto especial sobre consumo e a questão de quem merecia ser chamado de cervejeiro artesanal.

Lembremos que a BA havia convencido o BI a incluir abatimento de imposto para os microcervejeiros em sua proposta para voltar atrás a medida, de 1991, que impunha imposto especial de consumo dobrado sobre a cerveja. A legislação proposta ficou conhecida como BEER (*Brewers Excise and Economic Relief Act* – Lei de Assistência Econômica e Imposto para Cervejarias). O BI acrescentou uma cláusula que cortava pela metade o imposto especial para os primeiros 60 mil barris da produção, de 7 para 5 dólares o barril. Esse abatimento seria apenas para cervejarias que tivessem produção anual inferior a 2 milhões de barris. A BA considerou tal feito uma pequena vitória.

Em 2009, Kevin Brady, republicano do Texas, e Richie Neal, democrata de Massachussets, introduziram uma medida de imposto que ia além, estendendo a dedução do imposto para os cervejeiros com produção abaixo dos 6 milhões de barris por ano, e com diminuição do imposto de 18 para 16 dólares dos primeiros 2 milhões de barris. O projeto de lei foi chamado de Small BREW (*Small Brewers Reinvestment and Expanding Workforce Act* – Lei de Reinvestimento e Expansão da Força de Trabalho das Microcervejarias). Tal medida pouparia muito dinheiro de quatro cervejarias – Boston Beer, D. G. Yuengling & Son, Pabst e a North American Breweries –, se elas aumentassem sua produção para mais de 2 milhões de barris por ano. O projeto de lei de Koch foi patrocinado por Jim Neal, democrata do Massachusetts, e Jim Gerlach, republicano da Pensilvânia.

Dada a desordem econômica do país em 2008 e a consequente recessão, a medida parecia ter poucas chances de ser aprovada. Mas a liderança da BA decidiu seguir em frente, mesmo em circunstâncias desfavoráveis. Com a ajuda de Charles Rangel, democrata de Nova York que então presidia o Comitê de Finanças da Câmara, alguns de nós fizeram uma reunião com a assessoria jurídica de Neal e levaram o caso adiante para o corte do imposto especial sobre consumo para cervejeiros com produção menor que 60 mil barris (de 7 para 3,50 dólares o barril). O BI não estava feliz com o projeto de lei proposto, porque não ajudaria aqueles com produção acima dos 6 milhões de barris anuais, mas prometeu não fazer oposição.

O conselho da BA, em sua reunião em novembro de 2010, votou pela mudança da definição de cervejeiro artesanal, como sendo aquele no limiar dos 6 milhões de barris a que o projeto de lei se referia. Isso levou a uma oposição estrondosa de alguns de seus membros, particularmente de August Schell, que fora excluído da categoria, pois sua principal cerveja não era um produto feito totalmente de malte, e Larry Bell, da Bell's, que reclamou que o benefício à Boston Beer Company era desproporcional ao relativo às menores cervejarias associadas. Bell insistiu com o deputado do Michigan, Dave Camp, então presidente da comissão da câmara de finanças, para barrar o projeto de lei.

Nas reuniões da BA em 2011, 2012 e 2013, a maioria esmagadora apoiou o projeto de lei, apesar da oposição de uma minoria. A nova versão, conhecida como Small BREW, foi apresentada como medida geradora de empregos em 10 de dezembro de 2009, numa época em que o Congresso buscava formas mais baratas de criar empregos. Um estudo conduzido pela Brewing Industry Production Survey (BIPS) descobriu que a produção artesanal de cerveja já tinha contratado mais de 100 mil trabalhadores, em comparação com os 40 mil da indústria das grandes cervejarias e, com a aprovação da lei, outros 5 mil empregos seriam criados no primeiro ano, e ainda muitos mais a partir daí.[11] O BI não estava contente com a medida porque revelava a divisão entre os cervejeiros. Ter duas alas promovendo diferentes medidas de imposto especial confundiria os membros do Congresso, mas mesmo assim as duas organizações insistiam em suas versões.

Na sessão do Congresso (2009-2010), 132 deputados e 27 senadores assinaram o projeto de lei Small BREW. O deputado Peter DeFazio, do Oregon, concordou em presidir a convenção na Câmara para os pequenos cervejeiros, bastante similar à das vinícolas. No Congresso, o senador Max Baucus, de Montana, presidente da Comissão de Finanças da casa, concordou em ficar à frente das convenções dos cervejeiros. Ambas trabalharam para apoiar os microcervejeiros. Quando a BA reintroduziu o projeto de lei na sessão do Congresso (2011-2012), 175 deputados e 43 senadores assinaram. Na de 2013-2014, a contagem era de 110 e 31, respectivamente, mas pode crescer.[12]

Era claro que a BA estava progredindo em Washington com seu projeto de lei. Os lobistas do BI, no entanto, insistiam que nem o BEER nem o Small BREW teriam chance de ir em frente. Alguns insinuavam que poderiam usar a relação de muitos anos que tinham com a liderança da Câmara e do Congresso para exterminar o Small BREW, sem deixar rastros. Isso me lembrava do bando ruidoso de lobistas da indústria que não deram as caras para apoiar o BI quando eu depus

---

[11] FRIEDMAN, John N. "Economic impact of the small brewers reinvestment and expanding workforce act (H.R. 494)", artigo de pesquisa não publicado patrocinado pela Associação dos Cervejeiros, 19 mar. 2013.

[12] Bob Pease, e-mail ao autor, 29 ago. 2013.

contra o CARE no judiciário.[13] Não havia dúvidas de que os grandes cervejeiros e o BI tinham muita influência em Washington.

Em abril de 2013, Chris Thorne, porta-voz do BI, anunciou que as grandes cervejarias iriam "se opor ativamente" ao Small BREW. Havia um turbilhão de histórias na imprensa sobre uma "guerra da cerveja", mas o BI e a BA lutavam para que a coisa não aumentasse.[14]

O atrito entre os grandes e pequenos cervejeiros agravou-se por causa de outros dois acontecimentos, que nada tinham a ver com o imposto especial sobre o consumo. No final de 2012, o responsável pelo editorial do *St. Louis Post-Dispatch* entrou em contato com Dan Kopman, da Schlafly Beer, e pediu a ele que escrevesse um artigo opinativo discutindo o descontentamento dos microcervejeiros com as grandes cervejarias que tinham bebidas pseudoartesanais, como a Blue Moon e a Shock Top.

O texto final, assinado por Charlie Papazian, como presidente da BA, Bob Pease, diretor de operações da associação, e Kopman, dizia que as grandes cervejarias não deveriam se identificar com os nomes Blue Moon e Shock Top, mas, em vez disso, usar seus nomes comerciais – Blue Moon Brewing Company e Shock Top Brewing Co.[15] Esse tipo de crítica não era novidade na história da indústria nacional. Nos anos 1970, a AB enfatizou o fato de a Miller Brewing Company fazer a cerveja alemã Lowenbrau nos Estados Unidos.

Infelizmente, o artigo opinativo também deu muito valor à definição de "cervejeiro artesanal" da BA, e a equipe da associação postou em seu site uma lista de cervejeiros que não entravam na categoria. Isso causou uma crítica contundente da August Schell Brewing Company, uma das mais antigas da América. Essa foi excluída porque sua

---

[13] Fontes anônimas do Instituto da Cerveja, entrevista ao autor.

[14] VOIGHT, Joan. "Craft wars: how the world's biggest brewers developed a taste for the artesanal – and indie beer brands fought back". *Adweek*, 1-7 abr. 2013.

[15] PAPAZIAN, Charlie; PEASE, Bob; KOPMAN, Dan. "Craft or crafty: consumers deserve to know the truth". *St. Louis Post Dispatch*, 13 dez. 2013, http://www.stltoday.com/news/opinion/columns/craft-or-crafty-consumers-deserve-to-know-the-truth/article_e34ce949-d34a-5b0f-ba92-9e6db5a3ed99.html.

principal cerveja, a Grain Belt, é uma lager feita com xarope de milho. As objeções de Schell e de outros críticos em relação à definição em pouco tempo ofuscaram o principal ponto do artigo, que era o fato de as grandes cervejarias não confessarem a propriedade da Blue Moon e da Shock Top.

O artigo em questão abria com a manchete "*Craft vs. Crafty*"* e as grandes cervejarias ficaram ofendidas por serem chamadas de pseudoartesanais. Tom Long, presidente e diretor de crédito da CCO, respondeu com outro texto – publicado no site da CNN – sugerindo que a qualidade da cerveja era a grande questão, não quem a produzia. "Que o consumidor decidisse quem fazia a melhor", argumentava ele.[16]

O outro acontecimento problemático foi a compra proposta pela AB da Modelo Brewery do México. Escrevi um editorial, também publicado na CNN, expressando minha oposição sob a alegação de que a AB InBev e a MillerCoors já tinham vantagens injustas ao controlarem as prateleiras de cerveja nos supermercados e as torneiras de chope em eventos esportivos.[17] Outros pequenos cervejeiros também se opuseram nas conversas privadas com a Divisão Antitruste do Departamento de Justiça (DJ), que aprovara o acordo. Como sempre, as objeções dos microcervejeiros provavelmente não tiveram apoio algum nas deliberações do Departamento de Justiça, mas a participação deles irritou algumas das grandes cervejarias.

O DJ permitiu que a negociação seguisse em frente mas exigiu que a AB InBev vendesse uma grande cervejaria mexicana à importadora da Corona Beer, a Crown Imports Inc., que hoje fabrica e vende a Corona nos Estados Unidos.

---

* Trocadilho com *craft* (*artesanal*, em inglês) e *crafty* (*ardilosa*, ou, no contexto, aquela que finge ser uma cervejaria artesanal). [N.T.]

[16] LONG, Tom. "For brewers, it's not the size that counts". CNN.com, 21 dez. 2012, http://eatocracy.cnn.com/2012/12/21/opinion-for-breweries-its-not-the-size-that-counts/.

[17] HINDY, Steve. "Opinion: don't let big brewers win beer wars". CNN.com, 10 de dezembro de 2012, http://eatocracy.cnn.com/2012/12/12/hindy-beer-wars/index.html/.

Em particular, os grandes cervejeiros expressaram sua fúria com aquilo que consideravam uma degeneração das vendas no atacado de seus produtos e companhias pelos cervejeiros artesanais. Fui renomeado para o conselho do BI em 2010 e ainda tinha meu lugar à mesa, que estava se tornando uma chapa quente.

12

A TERCEIRA GERAÇÃO
SURGEM NOVOS MODELOS

2000:   *1.509 cervejarias artesanais*
          29 cervejarias não artesanais de âmbito regional e nacional
          AB InBev e MillerCoors: 81% do mercado

2013:   *2.594 cervejarias artesanais*
          10 cervejarias não artesanais de âmbito regional e nacional
          AB InBev e MillerCoors: 74% do mercado

COM 1.500 NOVAS CERVEJARIAS EM FASE DE PLANEJAMENTO, E UMA CERVEJARIA abrindo todos os dias no país, houve novamente muita discussão sobre a bolha da cervejaria artesanal e a iminente consolidação. Parte da causa para tal exuberância aparentemente sem explicação foi o sucesso espantoso da indústria. Cinquenta por cento das fábricas-bares que começaram e 70% das cervejarias de produção ainda estão ativas, ao passo que a maioria dos pequenos negócios de outras áreas não consegue passar do primeiro ano de existência. Não sei quantas dessas cervejarias são realmente rentáveis, mas certamente demonstraram ser resistentes. Quanto aos novos atores no cenário, percebi o surgimento de muitas estratégias.

A primeira delas é manter o pequeno porte.

Toda vez que alguém me pergunta o quanto a Brooklyn Brewery pode crescer, digo que minha meta é ser duas vezes maior do que somos hoje. Creio que a maior parte dos cervejeiros da minha e da segunda geração viam seu negócio dessa maneira. Mas a onda seguinte dos cervejeiros artesanais tinha outros objetivos. Muitos pareciam estar satisfeitos com as recompensas intocáveis da fermentação – fazer uma grande cerveja, criando uma comunidade e incentivando a bebida em seus círculos pessoais. Muitos deles estão felizes em administrar uma fábrica-bar, embora, como a Turma de 88 demonstrou, várias tenham se tornado cervejarias de produção.

Chamo isso de o sonho "de volta para o futuro". Isso remete a uma época em que toda produção era local, quando você comprava sua cerveja do cara que a fazia na esquina de casa. Óbvio que isso devia ser por volta de 1860, quando os Estados Unidos tinham 1.260 cervejarias que atendiam a uma população total de quase 30 milhões. No livro *Brewing Battles*, a autora Amy Mittelman relata que o estado de Nova York era o lar de 220 cervejarias, que empregavam um punhado de gente no final do século XVIII. Sozinho, o Brooklyn tinha 45 cervejarias em 1898.[1]

Talvez o Brooklyn de agora seja Bend, no Oregon, onde Gary Fish decidiu sediar a Deschutes Brewery Bend Public House em 1988. Na época, a população da bucólica Bend era de 15 mil habitantes. Hoje a cidade tem 80 mil, 16 cervejarias localizadas na cidade e outras 5 nas proximidades. Uma delas, a Crux Fermentation Project, começou em 2012 com Larry Sidor, ex-mestre-cervejeiro de Fish e um veterano que havia trabalhado para a Olympia Brewing Co. Seus sócios são Dave Wilson, ex-gerente de vendas da Deschutes, e Paul Evers, que também tem um histórico no negócio da fermentação.[2]

Sidor, 63 anos, trabalhou na indústria durante 40 anos. Começou na Deschutes em 2004 e tem uma perspectiva singular sobre a revolução da cerveja artesanal. "As cervejas que fiz quando comecei minha carreira seriam hoje consideradas artesanais", diz ele. "Mas eles rebaixavam essas cervejas ao nível da mediocridade… Uma frase famosa de um cara do marketing – que não vou citar o nome – era:

---

[1] MITTELMAN, Amy. *Brewing battles: a history of American beer*. Nova York: Algora, 2008. p. 55; Anderson, Will. *The Breweries of Brooklyn*. Nova York: Anderson, 1976.

[2] Larry Sidor, entrevista por telefone ao autor, 21 jun. 2013.

'Larry, faça a cerveja mais aguada possível; assim será mais fácil para eu vendê-la'."

As palavras do marqueteiro em questão remetem ao primeiro mestre-cervejeiro da Brooklyn Brewery, William M. Moeller, que estava na indústria há mais de 40 anos. Lembro-me de Moeller dizer que a única orientação que tinha de seus chefes era fazer a cerveja mais leve e de forma mais barata. Sua experiência com a Brooklyn foi a primeira vez em que alguém disse: "Faça a melhor cerveja que você consegue."

Larry Sidor, da Crux Fermentation Project

Sidor diz que os cervejeiros artesanais eram uma verdadeira afronta às grandes cervejarias, as quais não se preocupavam com o sabor, temendo que tivessem que acabar com suas marcas mais insossas. Sidor diz não ter se importado com a proliferação de artesanais. "Avaliando por baixo eram umas 4 mil cervejarias, talvez 8 mil", relembra. "Uma das grandes mudanças que vi quando estava na Deschutes, e agora na Crux, é que o maior beneficiado foi o aspecto local. As pessoas querem produtos de sua região. Não fico surpreso, mas me impressiona.

Aprendi na Deschutes como ensinar e informar o consumidor sobre a cerveja."

Ele conta que, quando abriu a cervejaria, na década de 1970, o Noroeste do Pacífico tinha capacidade de produção de quase 7,5 milhões de barris. Desde então, com o fim de várias cervejarias regionais, esse potencial foi para 2,2 milhões de barris, e conta com mais de 200 cervejarias. "Podemos ter 400 cervejarias e chegar a 4,4 milhões? Sim, com certeza", diz ele.

Sidor tem hoje uma fábrica-bar, mas planeja criar uma cervejaria de produção com capacidade para 15 ou 20 mil barris por ano. "Minha ideia é expandir a cervejaria para que eu possa sustentar minha família e a dos meus sócios e funcionários", diz.

"Foi por acaso que nossa cervejaria se tornou um bar também, ao contrário desses bares que se tornam cervejarias. Quando você vem até nossa fábrica, fica envolvido com os aromas e tudo aquilo que existe numa cervejaria. Você sente que está no local de produção. A cervejaria fica na parte de trás do prédio e a sala de degustação, na frente. E adivinha só onde todo mundo prefere sentar? Próximo da cervejaria. As pessoas querem sentir o cheiro e ver como funciona."

Sidor tem muito orgulho de ser dono da Crux. "Foi a melhor coisa que fiz na vida até hoje", diz.[3]

OUTRO CERVEJEIRO QUE ESTÁ VIVENDO O SONHO "DE VOLTA PARA O FUTURO" e "o pequeno porte é lindo" é Ben Millstein, fundador e presidente da Kodiak Island Brewing Company no Alasca. A Kodiak faz apenas chope e tem cinco cervejas quinquenais com produção constante, como a Beyond Pale, Snowshoe Pale, Wing-Nut, Brown Ale e Sarah Pale, e quatro especiais e sazonais. Millstein foi à ilha de Kodiak, de 14 mil habitantes, com sua esposa, Karen Kincheloe, em 1994. Eles se conhe-

---

[3] *Ibid.*

ceram em um festival de música popular em Homer, no Alasca continental. Ela trabalhava como assistente médica para pagar o financiamento da faculdade, e Kodiak parecia ser um bom lugar para exercer a profissão. Eles tinham a intenção de ficar ali alguns anos, pagar as contas e voltar. Mas tiveram então duas filhas, compraram uma casa e abriram a cervejaria.

"Eu era carpinteiro e gostava do meu trabalho, mas não sentia que contribuía muito para minha comunidade", conta Millstein. "Era também cervejeiro caseiro e via as pessoas abrirem cervejarias no Alasca, então pensei que podia fazer aquilo também. Bolei um plano de negócios que não era muito bom, mas o aprimorei e cheguei lá. Foi preciso tempo e persistência." Começou com um sistema de dez barris, pois não sabia se conseguiria apoio, e se deu conta de que podia produzir uma vez por semana e passar os outros dias vendendo cerveja. Na época, a lei do Alasca proibiu o casal de vender sua bebida na cervejaria. A instalação original ficava em um prédio de quase 170 metros quadrados com espaço de 10 para fazer as vendas, onde Millstein enchia os copos dos clientes que passavam por ali. A lei mudou há alguns anos, permitindo que servissem um litro para cada visitante em uma sala de degustação.* Há um limite de dois pints para cada visitante. Sua nova cervejaria tem 835 metros quadrados e uma sala de degustação de 230. Em 2013, esperava vender entre 900 e 950 barris. Conta com cinco funcionários e vende pints e recipientes na cervejaria, além de fazer entregas, com seu carro, a alguns bares e restaurantes, incluindo barriletes. O cliente mais distante é um bar a 16 quilômetros da cervejaria.

Millstein nasceu na Califórnia e cresceu em Delaware e na Pensilvânia. Após graduar-se em ciência ambiental na Universidade da Califórnia, em Santa Cruz, saiu pelo mundo, passando um ano em Israel e um tempo no Nepal e na Índia. Fez sua primeira cerveja em casa, em

---

* O Alasca tem uma política bem rigorosa em relação ao álcool, devido às consequências que o consumo abusivo trouxe para as etnias indígenas e a população em geral. Bebidas alcoólicas são proibidas em mais de oitenta cidades da região. [N.T.]

Crested Butte, Colorado, onde trabalhava como um vagabundo do *ski**
durante alguns invernos. Gosta de Kodiak principalmente por causa da
comunidade, a natureza selvagem e os amplos espaços abertos.

*O fundador Ben Milstein e o cervejeiro Mike Trussell, da Kodiak Island.
Fotografia cedida pela empresa*

Ele diz que a ilha Kodiak é famosa por ter os maiores ursos-cinzentos do mundo. A maior empregadora da região é a base da Guarda Costeira, e a principal indústria é o turismo de caça e pesca. Millstein paga as contas com a cervejaria.

"Tem sido uma vida boa", diz. "Depende do que você define por bom. Acho que a maioria que entra no negócio da fermentação não espera ganhar muito dinheiro. Gosto de fazer parte e contribuir para a comunidade. Percebi que faltava uma cervejaria na ilha... Somos bem pequenos e com uma cobertura fora do comum em nossa cidade. As

---

* *Ski bum*, no original. Gíria para os amantes do esqui que trabalham em resorts especializados para poderem esquiar de graça. [N.T.]

pessoas usam nosso espaço para reuniões sociais e ficam felizes quando nos veem. Não é como uma oficina mecânica, onde as pessoas vão para resolver problemas."[4]

Conheci Millstein na reunião da Associação dos Produtores de Cerveja (BA) com a Convenção Democrática no Senado em Washington, DC. O encontro foi presidido pelo senador Mark Begich, do Alasca, que elogiou Millstein por sua contribuição à região. Begich tinha visitado a cervejaria no fim de semana do *Memorial Day*.* A senadora Lisa Markowski, republicana do Alasca, também conhecera o estabelecimento em maio. Quantos empresários norte-americanos podem dizer que já receberam a visita dos senadores de seu estado? Durante a convenção, Millstein disse que empresas como a sua podiam se espalhar por todo o país, com "uma cervejaria em cada esquina".

Muitos cervejeiros estão trabalhando com nanocervejarias, em sistema de um ou dois barris, que não é muito diferente daquele que Jack McAuliffe improvisara quarenta anos atrás.

EVAN KLEIN, FUNDADOR DA BARRIER BREWING CO., EM OCEANSIDE, NOVA York, começou em junho de 2010 como nanocervejeiro em um sistema de 1 barril e meio. Fermentava doze vezes por semana, num esquema de três dias, vendia e entregava sua própria bebida. Cervejeiro caseiro com formação em ciência ambiental, trabalhou na Sixpoint Brewery, no Brooklyn, antes de abrir a Barrier no litoral sul de Long Island, Nova York. O mestre-cervejeiro na Six Point, Craig Frymark, juntou-se a Klein, e aprimoraram o sistema para 5 barris em junho de 2012. Foram Klein, sua esposa Melissa e o pai dela que fundaram a companhia.[5]

---

[4] Ibid.

* Dia de homenagem aos combatentes norte-americanos mortos em ação. [N.T.]

[5] Evan Klein, entrevista ao autor, 4 de junho de 2013, Hempstead, Nova York.

Klein conta que sua nanocervejaria, que rendia um barril por produção, não era sustentável. Quando se começa uma nanocervejaria, "você tem que perceber que não é o objetivo final. Não é possível mantê-la. Conhecemos algumas pessoas que estão começando assim, e dissemos a elas que poderíamos ajudar, mas que não era recomendável." Simplesmente não é rentável.

A Barrier atualmente produz vinte tipos de cerveja por ano, usando quatro ou cinco leveduras, e tem mais de 125 clientes, a maior parte em Manhattan e no Brooklyn. Quinta-feira é o dia das entregas. Klein e Flymark levam os barriletes em um caminhão amarelo fechado com o logo da Barrier na lateral.

Evan Klein, da Barrier Brewing Co., mostra onde produz sua Superstorm Sandy

"Para nós, lotes pequenos e variedade estão funcionando", diz Klein, "Óbvio que a produção é pequena. Não temos uma cerveja carro-chefe ou uma que vende mais que as outras. Mas parece que nossos clientes gostam disso. Quando veem nosso catálogo, dizem: 'Não tenho a Extra Special Beer, vou levar essa'. Em julho, ninguém tem stout e provavelmente a Barrier terá produzido uma. É muito legal para nós como cervejeiros também."

Antes do caminhão, entregavam os barriletes em suas próprias picapes, a Ford Ranger de Klein e a Toyota Tacoma de Frymark. Quando sua cerveja Superstorm Sandy ficou famosa no enclave industrial onde a Barrier tem sua sede, Klein perdeu a picape, mas não foi o pior. O bico de envase, o chiller de glicol, moedor, grãos e lúpulos – sem contar as bombas e os sistemas elétricos – todos destruídos, assim como uma empilhadeira elétrica arrendada, o único equipamento que tinha seguro. A Barrier ficou parada por três meses, até que recebeu ajuda da Ommegang Brewery, de Cooperstown, Nova York. Simon Thorpe, diretor executivo da Ommegang, colaborou com a Barrier em uma IPA chamada Mare Undarum ("Mar de Ondas", em latim), batizada em homenagem às crateras da Lua e feita com levedura belga. A Ommegang vendeu a bebida e dividiu o lucro com a Barrier para ajudar a preencher a cratera na sua linha de cervejas. Um grupo de cervejarias de Long Island também fez uma ale chamada Surge Protector para ajudar a Barrier e outras pessoas afetadas pela má sorte da cervejaria.

Klein diz que dá para viver só com a Barrier, mas Melissa, gerente de laboratório em um hospital local, é a ganha-pão da família. Ele estimava vender 1.500 barris em 2013. Além de Frymark, tem um empregado de tempo integral e está construindo uma sala de degustação para aumentar as vendas que faz agora na porta da cervejaria.

"Gostaria de aumentar a empresa até um tamanho saudável", diz ele. "A ideia de permanecer local em Nova York é atraente... As pessoas que vêm de fora do estado ficam ansiosas para provar a Barrier. O objetivo é ser feliz, sustentar a família e levar uma vida boa com algum tempo livre – que não existe no momento."[6]

Alguns nanocervejeiros tentam vender sua bebida como os pequenos fazendeiros fazem com sua produção – por meio de um modelo de agricultura comunitária. O cervejeiro Robby Craftson, da Big Alice Brewing, em Long Island, cobra 200 dólares de cada um de seus noventa clientes inscritos para receber duas garrafas de 750 ml por mês durante seis meses. Eles também ganham dois copos da marca Big Alice. "Toda

---

[6] *Ibid.*

cerveja que fazemos é uma criação única, então temos vários tipos todo mês", contou ele ao site *BeerAdvocate*.

RYAN SOROKA E SEUS SÓCIOS CONSEGUIRAM 500 MIL DÓLARES E ABRIRAM A 8th Wonder Brewery no centro de Houston, Texas, em fevereiro de 2013. O nome é uma homenagem ao Astrodome* (que se autodenomina a "Oitava Maravilha do Mundo"). O local fica a alguns quarteirões do estádio Houston Astros da MLB, da arena Houston Rockets da NBA e do Houston Dynamo Major League Soccer – lugar perfeito para uma cervejaria e um pub, mas as leis peculiares do Texas até hoje proíbem Soroka e seus sócios de vender cerveja ao público. "Mesmo assim, existe um projeto de lei na mesa do governador esperando ser assinado, que permitiria a venda na região", diz Soroka.

Ele é formado em Finanças e Marketing na Tulane University, e trabalhou como consultor financeiro até ser demitido em 2008. Foi então para a Faculdade de Turismo na Universidade de Houston e saiu com MBA. No verão de 2013, um amigo do ensino médio, Alex Vassilakidis, ligou para ele e contou a ideia de ter um food truck gourmet. Acabaram fazendo uma sociedade com o amigo de infância Matt Marcus, chef que havia cursado o Instituto de Culinária da América.

Eles escolheram o nome Eatsie Boys, referência aos Beastie Boys, e se tornaram parte da primeira onda de food trucks de alto nível na cidade. A imprensa adorou a ideia desde o princípio. Sendo cervejeiro caseiro, Soroka bolou um plano de negócios para uma fábrica-bar quando ainda estava no colegial. Depois de pesquisar as leis do álcool no Texas, acabou reformulando o plano para uma cervejaria de produção. O sucesso do food truck Eatsie Boys ajudou a atrair investidores para a 8th Wonder. Eles chamaram Aaron Corsi, mestre-cervejeiro que

---

* Estádio esportivo do Texas. [N.T.]

Aaron Corsi, Ryan Soroka, Matt Marcus, Alex Vassilakidis do Eatsie Boys e 8th Wonder Brewery. Fotografia cedida pelas empresas

dá aulas de estudos da fermentação na Universidade de Houston, e assim surgiu a 8th Wonder.

No Texas, assim como uma cervejaria de produção não pode vender no local, as fábricas-bares não podem vender fora de suas instalações, então os sócios criaram uma "fábrica-bar não tradicional", estacionando o food truck em frente à cervejaria. Eles também tinham o Eatsie Boys Café, onde não podiam servir cerveja, mas incentivavam os convidados a trazer as bebidas da 8th Wonder para o local. Soroka espera que as leis mudem para que possam servir comida na cervejaria e no café. "Vai demorar para juntarmos os dois negócios, mas quando a poeira baixar no legislativo, vamos tentar seguir em frente", diz ele.[7]

Soroka tinha previsão de vendas de 1.200 barris em 2013, mas sonha em tornar o empreendimento dez ou vinte vezes maior. Considera

---

[7] Ryan Soroka, entrevista por telefone ao autor, 3 jun. 2013.

a 8th Wonder como parte da segunda geração de cervejarias de Houston. A Saint Arnold Brewing Company, que começou nos anos 1990, foi a única bem-sucedida por muitos anos. Soroka conta que o fundador, Brock Wagner, foi muito prestativo. "Ficamos empolgados em ser parte da cena local; queríamos que o negócio fosse um marco no mundo da culinária de Houston", diz Soroka. "Sou um cara das comidas e bebidas. Achei meu nicho. Demorou muito, mas sei que é isso o que quero fazer. Gosto de fazer comida boa e cerveja de qualidade, e de compartilhar com as pessoas."[8]

NO WISCONSIN, O MESTRE-CERVEJEIRO DAN CAREY E SUA ESPOSA DEB CAREY, diretora executiva, comandam a New Glarus Brewing Co., vendendo 14 mil barris em seu estado natal. Empregam 78 pessoas e a cerveja carro-chefe Spotted Cow é uma pilsner que representa 65% da produção. Eles inauguraram em 1993, mas Dan já estava há muitos anos no negócio, desde que começou uma microcervejaria chamada Kessler, em Montana, em 1982, e depois com uma fabricante, a JVNW. Além disso, passou por um aprendizado na Baviera com a Ayinger Brewery e três anos na AB Brewery em Fort Collins, no Colorado.

Ele conta que a New Glarus começou pensando só no Wisconsin, mas que também mandava algumas remessas de sua Wisconsin Belgian Red, feita com as cerejas regionais, para o Oregon, Nova York e Illinois. Porém a demanda no Wisconsin excedeu sua capacidade e ele teve problemas com a consolidação da distribuidora em outros estados. "O problema de vender em Nova York e no Oregon é que você precisa estar presente ali – seja com propaganda, seja com os vendedores. Estávamos concentrados na fabricação. Era importante para nós ter bom relacionamento com os atacadistas, mas a geografia dizia que era mais fácil ficar na região", diz Dan Carey.

---

[8] *Ibid.*

Dan e Deb Carey da New Glarus. Fotografia cedida por Sue Moen, New Glarus Brewing Company

Segundo ele, o Wisconsin é fiel às marcas da região. "Você pode dar uma volta por aí e encontra bares expatriados do Wisconsin aonde as pessoas vão e encontram comida regional, única por sinal, aquilo que poderia chamar de comida anglo-germânica – *bratwurst** e outras coisas. E assistem aos jogos do Badger e Packer.** Existe um sentimento bem provinciano em nosso estado... Fazemos parte do cenário do Wisconsin, e mudar isso seria perder uma grande oportunidade."

Carey acredita que a revolução vai continuar. "A industrialização pós-Primeira Guerra Mundial do ramo da cerveja foi mais uma

---

* Salsicha alemã de carne de porco, vitela ou boi. [N.T.]
** Times de futebol americano. [N.T.]

anomalia do que qualquer outra coisa", diz. "A ideia de megatransportadoras não é a norma. Foi um desvio. E não fazemos parte disso."

ALGUNS CERVEJEIROS ARTESANAIS DA PRIMEIRA E SEGUNDA GERAÇÕES ESTÃO adotando outra estratégia – a cervejaria nacional.

A Boston Beer Company foi a primeira e mais bem-sucedida companhia desse tipo. A Samuel Adams Boston Lager estava disponível nos 50 estados, depois de 10 anos de existência. O fundador Jim Koch entrou na disputa para conquistar os distribuidores do país. Muitos dão a ele o crédito pela revolução da cerveja artesanal. Jack Joyce, fundador da Rogue Ales, do Oregon, comenta: "Todos fizemos parte da revolução, mas Jim Koch a financiou com seu marketing e propaganda". Podem me chamar de invejoso ou rabugento, mas sempre pensei que o objetivo de Koch fosse dominar e controlar a revolução. Acho que ele via a Samuel Adams como uma marca que poderia ser a número um em cada estado da nação. Por alguns anos isso pareceu ser possível.

Mas a proliferação de cervejeiros artesanais locais nos estados acabou roubando a cena da Boston Beer. Koch tentou mudar a situação com a Oregon Ale, mas desistiu da ideia há alguns anos. Nos últimos tempos, o catálogo de sua cervejaria não tem crescido tão rápido como os de outras. Koch agora está expandindo para outros segmentos da indústria, produzindo bebidas com sabor de malte como a Twisted Tea e a Angry Orchard Hard Cider. Também desenvolveu uma série de cervejas especiais e sazonais, e sua empresa continua a investir pesado na propaganda no rádio e na TV.

Além disso, inaugurou uma subsidiária, a Alchemy & Science, e contratou um dos fundadores da Magic Heat, Alan Newman, para administrá-la. A A&S comprou uma microcervejaria em Los Angeles e, mais recentemente, as marcas da Coney Island Lager, no Brooklyn, que eram de Jeremy Cohen, da Shmaltz Brewing Company.

É importante lembrar que quase todos os membros da Turma de 88 tinham aberto uma fábrica-bar, e muitas outras se transformaram em cervejarias regionais. Algumas vezes, os planos mudaram. As melhores cartas da mesa estavam nas mãos de Tony Magee, o falante fundador da Lagunitas Brewing Company, que começou a planejar marcas próprias de cerveja para bares e restaurantes. Ele não tinha intenção alguma de criar uma marca nacional. Suas IPAs da Lagunitas o levaram a um crescimento de 40% nos últimos anos, e hoje ele está construindo uma grande cervejaria de produção em Chicago, que acredita ter potencial para ser uma marca nacional. Tony prevê que sua IPA será a próxima megamarca do país, no lugar das lagers leves das gigantes. Em seu livro, *Lagunitas Brewing Company: the story*, ele diz: "Quando entrei nesse barco, em 1993, queria apenas fazer cervejas locais, 12 barriletes de cada vez, e vendê-las eu mesmo aos bares e restaurantes de West Marin* e com nomes próprios para cada uma. Esperava ficar conhecido como o microcervejeiro trabalhando nos fundos de um mercadinho, mas isso era secundário."[9]

Ken Grossman, da Sierra Nevada Brewing Co., também uma empresa nacional, está construindo uma nova cervejaria em Asheville, na Carolina do Norte, que será inaugurada em 2014. Grossman é o criador da maior marca de cerveja artesanal, a Sierra Nevada Pale Ale, mas nos últimos tempos também lançou uma série de especiais, sazonais e colaborativas. Ele fez sua marca no marketing de boca a boca, e me disse que nunca teve a intenção de anunciá-la na TV.[10]

Kim Jordan abriu mão do controle da New Belgium Brewing Company com um plano de ações da bolsa para funcionários em 2012, mesmo ano em que anunciou planos para uma nova cervejaria no Leste dos Estados Unidos. Assim como Grossman, ela escolheu Asheville. A Fat Tire Amber Ale da New Belgium parecia seguir em direção a uma distribuição nacional, mas em 2013 a companhia anunciou a expansão de sua fábrica

---

* Região rural da Califórnia. [N.T.]

[9] MAGEE, Tony. *Lagunitas Brewing Company: the story*. Sonoma, Califórnia: Charles Pinot Press, 2012. p. 90.

[10] Ken Grossman, entrevista ao autor, 28 mar. 2013.

em Fort Collins, e adiou a construção da nova na Carolina do Norte. Já Dale Katechis, da Oskar Blues Brewing Co., construiu a sua na região e está produzindo 56 mil barris – vende barriletes e latinhas no Leste.

Outra grande personagem nacional é a Liga dos Cervejeiros Artesanais (CBA), a parceria entre a Redhook, Widmer Brothers Brewing Company e a Kona Brewing Co., da qual a AB InBev tem 32,5% das ações. Os distribuidores da AB InBev fazem a entrega das cervejas da liga em todo o país. O crescimento dessa empreitada também defasou o das cervejeiras artesanais de modo geral. Andy Thomas, ex-diretor executivo da Heineken USA, é quem conduz a CBA com propriedade. Mas especula-se qual seria o comprometimento da AB InBev com o desenvolvimento das marcas da liga. A gigante desenvolveu a marca Shock Top para concorrer com a Blue Moon Belgian-Style Wheat Ale da MillerCoors, mas a propagação da Top Shock parece ter prejudicado a marca principal da Widmer Brothers (membro da CBA), a Widmer Hefeweizen.

Muitos cervejeiros artesanais buscam uma estratégia nacional. A Boston Beer, Sierra Nevada e a Brooklyn Brewery exportam um volume significativo e estão descobrindo novos mercados estrangeiros. A BA diz ter ajudado muitos microempresários a exportar sua cerveja e relatou um crescimento de 72% nas exportações em 2012. A Stone Brewing divulgou seu plano de abrir uma cervejaria na Europa, e a Brooklyn espera abrir uma em Estocolmo em 2014, em parceria com a Carlsberg. Tornar-se uma marca internacional abre um panorama empolgante, que conta com muitos exemplos. A Heineken, a terceira maior cervejaria do mundo, e a Carlsberg, a quarta, são vendidas principalmente fora de seus mercados nacionais.

A PRODUÇÃO SOB CONTRATO É OUTRA ESTRATÉGIA QUE ALGUNS VETERANOS estão desenvolvendo. Quando comecei com a Brooklyn Brewery, esse modelo não era visto pela indústria como algo legítimo, além de ridicularizado por muitos fabricantes artesanais que tiveram o trabalho de construir uma cervejaria. A Brooklyn Brewery trabalhava exclusivamente com esse tipo de produção, até construirmos a nossa no Brooklyn em 1996, mas nunca escondemos nossa ligação com a Matt Brewing Company, e nosso aviso atual no rótulo, "produzida e engarrafada pela Brooklyn Brewery, Utica, Nova York", é para valer. Temos licença para tal empreendimento em Utica; compramos todos os ingredientes e embalagens, e há um mestre-cervejeiro no local.

Hoje a produção sob contrato tem novo apelido: "produção cigana". O termo soa mais romântico que o anterior e as cervejarias ciganas não ocultam sua relação com a fabricante que produz sua cerveja. Por exemplo, a Pretty Things Beer & Ale Project começou com o casal Dann Paquette e Martha Holley-Paquette. Eles fazem suas bebidas na Buzzard's Bay Brewing. Na recente conferência Brewbound em Boston, explicaram que criam seus próprios rótulos e receitas. Têm dois funcionários, um para coordenar os eventos e outro para representar a marca. Martha Holley-Paquette diz gostar de "autenticidade" e que não deixa ninguém que não for da sua cervejaria tocar na cerveja. Dann Paquette conta que, quando completarem o projeto, a Pretty Things chegará ao fim.[11]

Algumas novas *ventures* estão tentando capitalizar com o fenômeno da produção cigana, construindo cervejarias apenas para esse modelo. A Two Roads Brewing Co. arrecadou 15 milhões de dólares para construir sua fábrica em Stanford, Connecticut, e desenvolver sua própria marca, além de produzir para outras. Brad Hittle, diretor executivo da Two Roads, é veterano da área, e já trabalhou para a Labatt's, Rolling Rock e a Pabst.

---

[11] Dann Holley-Paquette e Martha Holley-Paquette, entrevistados na Conferência Brewbound, 2 maio 2013, Boston MA, www.brewbound.com/news/brewbound-session-showcases-the-many-identities-of-craft-brewers.

Phil Markowski, Brad Hittle, Clem Pellani e Peter Doering, da Two Roads

A ideia da Two Roads surgiu a partir de seu empenho em estabelecer uma marca de alto padrão na Pabst. "Quando estava lá, só estava faltando uma cerveja sofisticada no catálogo deles. Eu conhecia Phil Markowski [cervejeiro da Southampton Publick House em Nova York] e fizemos uma aliança estratégica com eles para vender as cervejas da Southampton, porque confiávamos muito em Phil e em seus produtos."

Ele não conseguia encontrar uma cervejaria para produzir sua bebida. As que estavam disponíveis eram muito grandes, ou pequenas demais, ou já estavam ocupadas, ou não tinham controle de qualidade, ou se recusavam a usar as leveduras da Southampton. Hittle acabou deixando a Pabst com a intenção de fazer a sua própria cerveja. "Não queria apenas abrir uma cervejaria como as outras", diz. "Era um caminho muito difícil. E sabia que havia uma demanda de pessoas procurando alguém que pudesse entregar um lote de 100 barris."

"Minha ideia era fazer uma cervejaria muito eficiente e atrair os melhores clientes que precisavam de produção, e seriam protagonistas em longo prazo", continua ele. "Queria ter clientes sob contrato, que absorvem os custos e me permitem criar minha própria marca, sem que eu precise distribuir seus produtos e causar problemas, como muitos fizeram no passado. E isso me possibilita investir nas vendas e no marketing, o que no mundo da distribuição é grande vantagem, quando se tenta abrir caminho em meio aos milhares de marcas que estão surgindo – essa era a premissa da Two Roads; o nome foi em homenagem ao poema de Robert Frost."[12]

Visitei Hittle na Two Roads em junho de 2013, oito meses depois da inauguração. Ele supervisionava a instalação de fermentadores de 300 barris da Rolec, a fabricante alemã que forneceu equipamentos para muitas artesanais norte-americanas, incluindo a Brooklyn Brewery. Pretende dobrar sua meta de 2.500 barris das marcas da Two Roads no primeiro ano do negócio, além de produzir sob contrato 30 mil barris para dez clientes, incluindo a Evil Twin Brewing, Stillwater Artisanal Ales, Fire Island Beer Company e a City Steam Brewery Cafe and Restaurant. Recebe diariamente proposta de contratantes potenciais das "ciganas".

A Two Roads produz e embala cerveja em barriletes, garrafas e latinhas. Fica num belo edifício industrial antigo numa cidade de operários que já viu dias melhores. A comunidade abraçou a Two Roads, o empreendimento mais positivo há décadas. Markowski criou uma imperial stout envelhecida em barril chamada Igor's Dream, homenagem a Igor Sikorsky, o famoso inventor do helicóptero e fundador da empresa que ainda faz Blackhawks. Mil garrafas foram vendidas em apenas três horas. Dois dias após minha visita, a chuva fez Stratford adiar sua excursão ao campo de golfe. Em vez disso, ele trouxe um bando ruidoso de golfistas para tomar cervejas na fábrica.

Os novos fermentadores vão aumentar a capacidade da Two Roads para 120 mil barris; Hittle é capaz de produzir hoje entre noventa e cem mil. Ele percebe que tem vantagem em relação à Brew Hub, a operação de produção sob contrato de um grupo de ex-executivos da AB, porque começou antes. Eles juntaram 100 milhões de dólares e

---

[12] Brad Hittle, entrevista ao autor, 6 jun. 2013, Stratford, CT.

planejam erguer novas cervejarias em diversos locais do país. A primeira é uma de 75 mil barris em Lakeland, Flórida.[13]

"Não é um modelo complicado", explica Hittle. "Sei que outros também podem fazer, mas é legal ter a vantagem de ser o primeiro a impulsionar a indústria."[14]

Essas cervejarias de produção sob contrato abrirão novas possibilidades para as marcas que trabalham nessas condições e para as marcas próprias em cadeias de restaurante e grandes varejistas como a Costco, Wallmart, Whole Foods e outras. Hittle diz não ter interesse em criar as suas.

A *venture* Brew Hub dos ex-executivos da AB aponta para outra dinâmica interessante da revolução artesanal. Milhares de funcionários muito bem qualificados da AB e MillerCoors foram dispensados, enquanto as duas cervejarias colhiam os benefícios de sua fusão gigantesca. Muitos desses cervejeiros de carreira, representantes de vendas, funcionários da produção e executivos de marketing migraram para a indústria artesanal. Na Brooklyn Brewery empregamos Mary Wiles, ex-mestre-cervejeira da AB; Terry Matthews, ex-gerente de vendas da rede da AB, e Jon Boegel, ex-gerente de vendas da MillerCoors. Joe Lazarra, ex-guru da produção da AB, está nos ajudando a planejar futuras expansões. Steve Jones, que também já foi gerente de vendas da AB, está terminando de construir uma cervejaria de 10 barris, a Solid Rock Brewing, fora de Austin. Ele conhece dois colegas da época da AB que também estão no ramo artesanal.

Kent Taylor da Blackstone Brewpub & Brewery, em Nashville, tem um ex-gerente de logística da MillerCoors cuidando da mesma área em sua cervejaria. Randy Mosher, da 5 Rabbits Cerveceria, contratou dois cervejeiros da Goose Island, que pertence à AB. O mestre-cervejeiro e o supervisor de produção da Dogfish são ambos ex-AB. Steve

---

[13] "Brew Hub announces plans for first brewery in Lakeland, Florida", *Market Watch*, 19 mar. 2013, http://www.marketwatch.com/story/brew-hub-announces-plans-for-first-brewery-in-lakeland-florida-2013-03-19.

[14] Entrevista com Hittle, 6 jun. 2013.

Dunkerken, da Ritual Brewing Co., contratou Ed Heethuis, ex-gerente de vendas da AB, para lidar com as vendas e gerenciar a distribuição. A Schlafly Brewing admitiu Alastair Pringle, ex-cervejeiro da AB, e seus colegas conseguiram emprego em outras cervejarias artesanais. Conforme o ramo artesanal crescer, não tenho dúvida de que cada vez mais ex-funcionários da AB e MillerCoors vão procurar emprego em nossa indústria.

Os cervejeiros artesanais estão desenvolvendo novas estratégias de produção e modelos de negócio. Não acho que apenas uma seja a certa para o futuro da área.

Sam Calagione, da Dogfish Head, acredita que todas as categorias terão êxitos e fracassos. "Alguns modelos vão ter um sucesso incrível em todas as escalas", diz ele. "Teremos cervejarias locais fazendo bebidas incríveis, que não sairão do estado; e também regionais, nacionais e internacionais de qualidade. As melhores vão se destacar."

Mas uma coisa é certa: é necessário ter consistência na qualidade da cerveja. "Na época em que a Dogfish nasceu, você até seria perdoado por ser uma opção local", diz ele. "O povo de Delaware bebia a Dogfish *não porque queria a cerveja mais* lupulada ou uma Randall, mas para ajudar a empresa regional. Agora toda comunidade tem mais de uma opção local. Se você não tem qualidade, não vai conseguir sobreviver."[15]

Alguns acreditam que as grandes cervejarias internacionais continuarão a desenvolver marcas artesanais, adquirir as artesanais existentes e, por fim, domar a revolução. Jim Koch disse para mim que acredita que as grandes poderiam produzir artesanais com o menor nível de preço – usando suas vantagens de escala: menor custo para matéria-prima e menores custos de produção para esmagar a revolução artesanal.[16]

J. B. Shireman, consultor da indústria que já foi representante de vendas da New Belgium, discorda. "Não acho que haja como parar o movimento", diz. "Já foi muito longe e alcançou grande difusão, está totalmente fora do nosso controle. É algo tão divulgado ao consumidor

---

[15] Sam Calagione, entrevista por telefone ao autor, 30 maio 2013.

[16] Jim Koch, entrevista ao autor, 29 jan. 2013, San Antonio, Texas.

e ligado a tendências como a de produtos orgânicos, variedade, novidade, coisas modernas que têm a ver com música e tecnologia, e tudo mais, que se torna favorável ao nosso movimento; não há como eles virarem o jogo."

Shireman recorda quando se sentou atrás do analista da indústria Bob Weiberg numa conferência em 2003, e a então chefe de Shireman, Kim Jordan, previu no palco que a artesanal seria 10% do mercado da cerveja no país. Na época, representava apenas 3%.

"Estava literalmente ali sentado atrás dele, todo mundo aplaudindo a previsão de 10%, muita energia na sala, e Bob se inclina para alguém sentado ao lado e diz: 'Discurso maravilhoso – mas isso não é possível'. Lembro-me de estufar o peito e pensar, 'Esse é o maior sabichão da sala e está errado! Porque nós vamos conseguir! E os caras mais velhos não vão nem entender de onde veio'. Acho que nenhum dos grandes cervejeiros jamais percebeu isso. Eram míopes. Estavam muito focados em si mesmos, em seu produto e concorrentes como a Strohs, Pabst, Miller e Coors e a AB, e não viram o que acontecia no mundo das bebidas, muito menos na sociedade."[17]

Um assunto de grande controvérsia para os cervejeiros artesanais mais velhos é a sucessão. Como essas companhias vão fazer a transição dos fundadores para uma nova geração? Fritz Maytag vendeu sua empresa para os ex-donos da vodca Skyy, Keith Greggor e Tony Foglio. Paul Shipman entregou a Redhook aos cuidados da Liga dos Cervejeiros Artesanais, dirigida por Andy Thomas, para a qual a Widmer Brothers tinha confiado sua cervejaria, e Mattson Davis incumbiu a Kona Brewing Co.

Ken Grossman, da Sierra Nevada, pretende passar a companhia para seu filho Brian. A AB InBev comprou a Goose Island; e a família Ottaway agora controla a Brooklyn Brewery, embora Garret Oliver e eu ainda tenhamos uma minoria das ações ordinárias. Robin e Eric Ottaway são a próxima geração da Brooklyn. As ações da New Belgium estão todas na mão dos funcionários, assim como a Full Sail.

---

[17] J. B. Shireman, entrevista ao autor, 7 maio 2013, Brooklyn, Nova York.

Gary Fish, da Deschutes, entrou timidamente no mesmo esquema, vendendo 8% da companhia aos empregados. A Boston Beer é de capital aberto, mas Jim Koch controla as ações com direito a voto – ele diz que não que precisa de plano de sucessão, pois pretende viver para sempre. As cervejarias maiores, tanto as estrangeiras como as nacionais, deixaram claro que estão interessadas em comprar qualquer cervejaria artesanal à venda. Na Bélgica, a família Moortgat, cervejeiros da Duvel Ale, compraram a Boulevard Brewing Co. em outubro.

Se você voltar a 1965, quando Maytag comprou a Anchor Brewing Company, pode-se dizer que foram 48 anos de revolução.

Os próximos 48 serão muito interessantes.

EPÍLOGO

ENQUANTO ESCREVO, A COOPERAÇÃO ENTRE PEQUENOS E GRANDES CERVEJEIROS foi seriamente abalada. Os grandes protestam, infelizes com o fato de as microcervejarias difamarem seu produto como "cerveja amarela gasosa", e ficaram espantados com a aceitação da mídia da história de "*craft vs. crafty*". Na verdade, os artesanais já haviam deixado um pouco de lado essa retórica. O que realmente perturbou os grandes cervejeiros foi a queda alucinante no volume – 17,6 milhões de barris perdidos desde 2009. Culpavam a economia e o mau tempo pela perda e diziam que os destilados e o vinho estavam tomando o lugar da cerveja. Mas a história não para por aí. Nitidamente, o paladar dos bebedores de cerveja mudava, o que favoreceu os microfabricantes. Hoje bebem menos, mas com mais qualidade. As grandes começaram a admitir que as artesanais levaram sua mensagem ao consumidor. E uma vez que se experimenta uma artesanal, não há mais volta.

O número de afiliados da Associação dos Produtores de Cerveja (BA) não para de crescer, assim como sua influência política. Mais de 6 mil pessoas participaram da Conferência dos Cervejeiros Artesanais em 2013. A Associação dos Cervejeiros Caseiros dos Estados Unidos tem hoje quase 38 mil associados e a BA fomentou a criação de 49 associações estaduais, para obter leis mais favoráveis aos microcervejeiros em cada estado. Pete John, da BA, diz que o último a entrar no grupo, o Wyoming, provavelmente abrirá uma em 2014.[1]

A BA concordou em tentar conter os membros em relação às nomeações. Mas acho difícil; o espírito da revolução está na essência da

---

[1] Pete Johnson, e-mail ao autor, 18 nov. 2013.

indústria artesanal, como foi dito na história de Garret Oliver dos Deuses da Cerveja e dos Megaliths, no discurso *Star Wars* de Jerome Chicvara em 1997, e por Jim Koch em suas primeiras propagandas no rádio vinte anos atrás. A revolução lutou e conquistou 10% do mercado especializado nos Estados Unidos, e não há sinais de declínio. Não ficaria surpreso em vê-la chegar a 30% ou mais nos próximos 25 anos.

Acredito que podemos olhar para o futuro da revolução de duas maneiras. Existem os revolucionários linha-dura que querem continuar a desafiar as grandes cervejarias, revelando seus donos estrangeiros e criticando suas pseudoartesanais e as "cervejas amarelas gasosas". Essa facção acredita que os grandes cervejeiros ainda cooptam a revolução comprando as microcervejarias e usando a rede de distribuição das megacervejarias para levar adiante as marcas pseudoartesanais. Esses radicais estão sempre em busca de um inimigo.

Seu líder é Jim Koch. Numa conferência patrocinada pela *Beer Marketer's Insights* de Benj Steinmann em maio de 2013, Koch disse que a AB InBev e a MillerCoors faziam uma boa cerveja, mas seguiu explicando a importância de os cervejeiros artesanais se distinguirem das grandes para criar um "ponto de diferenciação significativo", que "cria um preço de ágio, aumenta o volume e envolve os consumidores de um modo que a indústria da cerveja nunca fez." Sem isso, é provável que os cervejeiros artesanais não consigam sobreviver. Disse ainda que as grandes têm mais acesso a ingredientes e matérias-primas, e podem comprá-los a um custo bem menor que as pequenas.[2]

A facção menor, a "viva e deixe viver", à qual pertenço, acredita que os cervejeiros artesanais estão ganhando uma fatia do mercado e não têm razão para provocar as grandes cervejarias. Acreditamos que a revolução levou a cerveja de volta às suas raízes tradicionais, artesanais e locais, depois de décadas de industrialização e produção em massa. Para esse grupo, a Blue Moon e a Shock Top não são desafios, mas uma

---

[2] "Craft vs. crafty: definition, denigration, differentiation", *Beer Marketer's Insights*, v. 44, n. 9, 20 maio 2013.

porta de entrada para introduzir mais e mais consumidores à cerveja artesanal, ou seja, à cerveja saborosa.

Neste ponto da história, a revolução está vencendo e prevalecem os da facção linha-dura.

Mas creio que, mais cedo ou mais tarde, o movimento terá de abrir mão de sua crença revolucionária e começar a trabalhar mais perto dos grandes cervejeiros, além de assumir a responsabilidade pelo bem-estar da indústria. Os verdadeiros inimigos favorecem impostos especiais mais altos sobre o consumo e restrições ao direito da indústria de se promover, e não diferenciam as artesanais das grandes cervejarias. Os limites entre as duas nem sempre serão bem definidos. Não duvido que as grandes acabarão sendo donas de mais fabricantes artesanais como a Goose Island. E está cada vez mais difícil para esses alegar que são microempresas. A capitalização de mercado da Boston Beer é de 3 bilhões de dólares.[3] A Sierra Nevada e New Belgium não ficam muito atrás – e isso é uma boa notícia para todos os microcervejeiros, pois o valor de todas as cervejarias está relacionado ao dos líderes do segmento.

A falta de unidade entre as grandes e as pequenas é um problema para a indústria especializada do país. Há também divisões entre os microcervejeiros. Alguns da nova geração consideram as marcas artesanais distribuídas nacionalmente como suas maiores concorrentes. Esse tipo de coisa torna a indústria vulnerável aos inimigos.

Não se deve esquecer que o Congresso dobrou o imposto especial sobre o consumo da cerveja em 1991, e que alguns grupos, como o Mothers Against Drunk Driving [Mães Contra o Álcool ao Volante] e o Center for Science in the Public Interest, gostariam de vê-lo duplicar novamente. As médias e grandes cervejarias poderiam sobreviver a tal catástrofe, mas não sei quantas pequenas sobreviveriam.

A BA está pressionando com o projeto de lei BREW, enquanto o BI leva adiante o BEER, numa época em que o Congresso e a Casa Branca procuram maneiras de pagar uma dívida nacional imensa. Essa falta de unidade não poderia vir em pior hora, já que a história

---

[3] Benj Steinmann, entrevista por telefone ao autor, 12 nov. 2013

mostra que o Congresso pode arregimentar os chamados "impostos de luxo". A principal diferença entre os dois projetos de lei é a insistência da BA em aumentar o limite da dedução do imposto de microcervejeiros de 2 para 6 milhões de barris, o que beneficiaria apenas poucas cervejarias: a Boston Beer, Yuengling e talvez a Pabst. O BI argumenta que essas companhias não precisam de redefinição na taxa. Se a BA e o BI conseguissem preencher essa lacuna, poderiam criar um projeto de lei que seria apoiado por toda a indústria. Mesmo que tal projeto nunca fosse aprovado, certamente permitiria resistir a um possível aumento no imposto, o que seria uma coisa boa.

De certa forma, é um desafio à liderança das grandes cervejarias na indústria norte-americana. Só o tempo dirá se essa abordagem vai gerar resultados positivos ou consequências inesperadas. Recordo-me de Fritz Maytag alertando para o perigo da reformulação do imposto diferencial dos microcervejeiros e lembrando que não seria eterno. O diferencial poderia ser questionado pelo Acordo Geral sobre Tarifas e Comércio (GATT) e pela Organização Mundial do Comércio como uma vantagem injusta para as cervejarias norte-americanas.

Os cervejeiros artesanais superaram muitos obstáculos nas últimas quatro décadas. Uniram-se para criar uma associação comercial poderosa, com uma equipe inteligente e dedicada. O futuro de sua produção depende muito de como esse poder será manipulado.

APÊNDICE A

CRONOLOGIA DO EMPENHO DAS GRANDES CERVEJARIAS PARA CRIAR MARCAS AO ESTILO ARTESANAL

1985   A Adolph Coors Company, Molson Brewery e Kaltenberg Castle Brewery da Alemanha anunciam planos de construir a Masters Brewing Co. em Chicago para produzir cervejas superpremium.

1986   A Miller Brewing Company (MBC) introduz a Gettelman, uma lager duplamente lupulada numa cervejaria adquirida pela Miller em 1961.

1987   A Adolph Coors Company planeja construir no local da ex-Simon Pure Brewery em Buffalo, Nova York. Gary Truitt, vice-presidente de vendas da Coors, diz: "Uma empresa pequena em uma terra de cervejarias gigantes deve ser inovadora. As microcervejarias são o futuro."

A Anheuser-Busch (AB) lança a Anheuser Marzen em Manchester, New Hampshire, e a Anheuser Pilsner, em Phoenix, Arizona.

A MBC compra a Jacob Leinenkugel Brewing Company da Chippewa Fall, Wisconsin.

1990   A MBC lança sua primeira cerveja de puro malte, a Miller Reserve, chope com 100% de cevada em embalagem com 20 garrafas e pacote com 6. "Começamos com o ingrediente mais caro da fermentação, a cevada, fizemos uma cerveja somente com ele", disse o diretor da categoria de novos produtos David Krishock. "Combinamos então um processo de fermentação mais caro para fazer uma que representa o que há de melhor em qualidade."

1991   AB lança a Michelob Golden Draft e a Michelob Golden Draft Light.

1993   A MBC introduz a Leinenkugel's Red Lager e a Miller Reserve Amber Ale.

A Coors diz que vai expandir sua linha sazonal e lança a Coors Eisbock.

A Miller lança a Miller Reserve Velvet Stout.

1994   A AB introduz a Elk Mountain Amber Ale e a Red Wolf Lager Beer. Compra 25% da Redhook Brewery, de Seattle, e anuncia uma aliança de distribuição estratégica.

A MBC apresenta a Red Dog sob o nome da Plank Road Brewery.

A Coors introduz uma weizenbier sazonal para o verão.

1995   A Coors abre a Sandlot Brewery em seu local em Denver.

A Redhook faz uma aliança estratégica com a Anheuser-Busch e divulgam a construção de uma cervejaria de 30 milhões de dólares em Portsmouth, New Hampshire.

APÊNDICE A ● 331

A Coors estreia a Blue Moon Brewing Company com três cervejas, Honey Blonde Ale, Nut Brown Ale e Belgian White, todas fabricadas pela Matt Brewing Company em Utica, Nova York.

A American Specialty Beer Co. da Miller compra ações da Celis Brewery, de Austin, Texas, e a Shipyard Brewing Company em Portland, Maine.

1996   A MBC lança a Leinenkigel's Auburn Ale, a primeira cerveja de alta fermentação em seus 128 anos de história.

A AB estreia a Faust, numa garrafa Swing Top de 473 ml. A cerveja é parte da série American Originals da AB, baseada em uma cerveja produzida para um restaurante de frutos do mar de St. Louis.

A MBC introduz a Leinenkugel's Big Butt Doppelbock, Lowenbrau Pils e Lowenbrau Marzen.

A AB estreia a American Hop Ale, Michelob Hefeweizen e Winter's Bourbon Cask Ale.

1997   A AB lança a Pacific Ridge Pale Ale, Michelob Honey Lager, Michelob Golden Pilsner, Michelob Pale Ale e a Michelob Porter. Também anuncia a Budweiser American Ale, mas acaba adiando o lançamento.

1998   A AB lança a Michelob Maple Brown.

Na fazenda de lúpulos da AB em Bonner Ferry, Idaho, são feitas amostras de uma sweet stout, dry stout, lager e a IPA com 70 IBUs. "Pode-se fazer qualquer coisa quando se é um cervejeiro", diz Teery Guriel, da cervejaria de Fort Collins, Colorodo.

332 • A REVOLUÇÃO DA CERVEJA ARTESANAL

"Só precisamos convencer o departamento de marketing a vendê-las."

A MBC anuncia a Leinenkugel's Creamy Draft, uma pale ale extraforte.

A Shipyard compra de volta as ações que tinha vendido a Miller.

2001   A AB resgata a Anheuser Marzen, cerveja lançada pela primeira vez no fim dos anos 1980. Estreia a World Select, pilsner continental criada por mestres-cervejeiros de dez países.

2005   A Miller e a Coors criam um empreendimento conjunto, a MillerCoors (MC).

A AB divulga a Tilt, uma cerveja com cafeína, guaraná e ginseng.

2006   A MC lança a Mickey's Stinger para competir com a Tilt e a Leinenkugel Sunset Wheat.

A AB introduz a Beach Bum Blonde Ale, descrita como "uma bebida revigorante e fácil de beber", feita pelo mestre-cervejeiro Florian Kuplent, como parte de uma série que incluirá a Jack's Pumpkin Spice Ale, Winter Bourbon Cask Ale e a Spring Heat Spiced Wheat. Esta última foi a precursora da Shock Top. A AB também estreia a Michelob Ultra Amber; Wild Blue, cerveja de mirtilo; e a Fresh Hop Ale.

2007   A AB lança a Spring Heat Spiced Wheat, Amber Bock, Michelob Bavarian Wheat e Michelob Cherry Celebrate, em garrafas de alumínio no formato de cápsulas de 155 mm de artilharia. Também introduz a Michelob Ultra Pomegranate Raspberry, a Ultra Lime Cactus, a Tuscan Orange Grapefruit, além da Red Bridge, cerveja sem glúten feita de sorgo.

A MC divulga a Henry Weinhard's New Original Amber Ale e a Leinenkugel Berry Weisse e a Honey Weisse. Também anuncia que está desenvolvendo uma seleção de cervejas da Miller Craft Lite, uma ale de trigo, uma amber e uma blonde. Além disso, lança a AC Golden Brewing Co. para fazer cervejas especiais como a linha da Herman Joseph, Winterfest e Colorado Native.

2008   MC acaba com a linha Miller Craft Lite e anuncia a Leinenkugel Summer Shandy.

A AB estreia a Michelob Brewing Company, "uma grande oportunidade de crescimento no segmento de chopes". Inclui a linha especial Michelob: amber, porter, pale ale, maerzen, Irish red e dunkelweizen. Introduz também a Michelob Winter's Bourbon Cask Ale e a Budweiser Amber Ale.

2009   A AB lança a Michelob Hop Hound, Amber Wheat, Honey Wheat e a Bud Light Gold Wheat.

A MC resgata a primeira ao estilo artesanal da Leinenkugel's, uma lager.

2010   A MC introduz a Batch 19 em garrafas longneck e de 2 litros, além da Colorado Native, feita com ingredientes locais. A AB lança a Michelob Ginger Wheat Beer. A Coors Golden também coloca no mercado a linha "Hidden Barrel", com cervejas de pêssego, abricó e cervejas Sour e Brett.

2011   A AB adquire a Goose Island Brewing Co. e introduz a Shock Top Raspberry Wheat Ale, Belgian Wheat e a Pumpkin Wheat.

2012   A AB divulga a Shock Top Lemon Shandy, Shock Top IPA e a Ultra Light Tea & Lemonade. Também anuncia o Project 12, versões da Budweiser das doze cervejarias da AB dos Estados Unidos, cada uma identificada por seu CEP. A MC anuncia a Big Eddy Wee Heavy Scotch Ale e lança a Third Shift, uma amber lager.

A MC anuncia a Big Eddy Wee Heavy Scotch Ale e coloca no mercado Third Shift, uma amber lager.

2013   A Blue Moon Brewing Company da MillerCoors lança uma coleção de Ales Vintage, feitas com suco de uvas viníferas brancas e vermelhas. As primeiras são chamadas de Proximity e Golden Knot, e as segundas de Impulse e Crimson Crossing. Também com a marca da Blue Moon é criada a coleção Expressionist, com a Short Straw Farmhouse Red Ale e a Rounder Belgian-style Pale; a coleção Graffiti inclui Pine in the Neck e a Tongue Thai-ed; uma coleção Sazonal de Valencia Grove Amber, Agave Nectar Ale, Harvest Pumpkin Ale e a Mountain Abbey Ale; os lançamentos de especialidades com a Sunshine Citrus Blonde, Blackberry Tart Ale, Caramel Apple Spiced Ale, Gingerbread Spiced Ale e a Raspberry Cream Ale.

A marca Shock Top da AB lança uma edição limitada de cervejas Campfire Wheat e a Ghost Pepper Wheat.

APÊNDICE B

AS 50 MAIORES CERVEJARIAS E AS 10 MAIORES CERVEJARIAS E IMPORTADORAS DOS ESTADOS UNIDOS

AS 50 MAIORES CERVEJARIAS DOS ESTADOS UNIDOS (POR BARRIS VENDIDOS)

Posição	Empresa	Vendas em 2012
1	Anheuser-Busch Inc.	99.200.000
2	MillerCoors	58.950.000
3	Pabst Brewing Co.	5.400.000
4	D.G. Yuengling and Son Inc.	2.789.736
5	Boston Beer Co.	2.125.000
6	North American Breweries	Não disponível
7	Sierra Nevada Brewing Co.	966.007
8	New Belgium Brewing Co.	764.741
9	Craft Brew Alliance, Inc.	650.000
10	The Gambrinus Co.	605.896
11	Minhas Craft Brewery	258.000
12	Deschutes Brewery	255.093
13	Lagunitas Brewing Co.	244.420
14	Bell's Brewery, Inc.	216.316
15	Matt Brewing Co.	207.900
16	Harpoon Brewery	193.000
17	Stone Brewing Co.	177.199
18	Brooklyn Brewery	176.000
19	Boulevard Brewing Co.	173.793

Posição	Empresa	Vendas em 2012
20	Dogfish Head Craft Brewery	172.333
21	Abita Brewing Co.	151.000
22	World Brews/Winery Exchange	145.000
23	Shipyard Brewing Co.	140.000
24	Alaskan Brewing Co.	139.930
25	August Schell Brewing Co.	131.900
26	New Glarus Brewing Co.	126.727
27	Long Trail Brewing Co.	125.000
28	Great Lakes Brewing Co.	119.624
29	Firestone Walker Brewing Co.	118.564
30	Anchor Brewing Co.	117.000
31	Rogue Ales Brewery	113.209
32	Summit Brewing Co.	112.451
33	Full Sail Brewery	110.000
34	SweetWater Brewing Co.	110.000
35	Victory Brewing Co.	93.196
36	Oskar Blues Brewery	87.750
37	Pittsburgh Brewing Co.	85.000
38	Mendocino Brewing Co.	84.000
39	Cold Spring Brewing Co./Third Street Brewhouse	76.140
40	Flying Dog Brewery	Não disponível
41	Founders Brewing Co.	71.000
42	Ninkasi Brewing Co.	68.427
43	CraftWorks	67.890
44	Odell Brewing Co.	67.194
45	Bear Republic Brewing Co.	65.314
46	Stevens Point Brewery Co.	63.600
47	Blue Point Brewing Co.	63.000
48	Southern Tier Brewing Co.	61.618
49	Lost Coast Brewery and Cafe	59.100
50	Karl Strauss Brewing Co.	58.700

AS 10 MAIORES CERVEJARIAS E IMPORTADORAS DOS ESTADOS UNIDOS (POR BARRIS VENDIDOS)

Posição	Empresa	Vendas em 2012
1	Anheuser-Busch InBev	99.200.000
2	MillerCoors	58.950.000
3	Crown Imports LLC	12.300.000
4	Heineken USA	8.460.000
5	Pabst Brewing Co.	5.950.000
6	D.G. Yuengling & Son	2.790.000
7	Boston Beer Company	2.727.000
8	North American Breweries	2.715.000
9	Diageo/Guinness	2.580.000
10	Mark Anthony Group	1.425.000

ÍNDICE REMISSIVO

AB-InBev. *ver* Anheuser-Busch (AB)

Adolph Coors Company. *ver* Coors

A Grande Degustação da
Cerveja Norte-americana, 81

ale/cerveja chope

e cervejarias especializadas em chope,
77, 173, 192, 305

lucro para os donos de cervejaria, 67

representação no mercado dos Estados Unidos, 36

Ale Street News, 130, 224–225

All About Beer (revista), 38, 93, 120,
214, 220-221, 258, 277, 191

Allagash Brewing Company,
178-179

Allen, Tom, 107-108

American Hop Ale, 331

Anchor Brewing Company,
21-29, 37, 39, 42, 45, 47, 57,
65-66, 80, 201, 323, 336

Anchor Steam Beer, 25, 37, 43, 46

Anheuser-Busch (AB) disputa com
Miller sobre o uso de aditivos em
suas cervejas, 27

distribuidores que seguiram o exemplo de Sheehan, 264-267

e Gussie Busch II, 260-261

política de "100% de *share of mind*",
134-135, 154-155, 230,
241-242, 256-257, 280

e Shock Top, 298, 315, 326,
332-333

e anúncios de TV, 213-214

versus Koch, 135

ver também Budweiser;
Goose Island

Arrogant Bastard Ale, 187-189

Arthur, Tomme, 168-169, 178, 184

Associação dos Cervejeiros Caseiros
dos Estados Unidos (AHA), 55,
58-59, 219, 274, 276-277, 277

Associação das Cervejarias dos Estados
Unidos (USBA), 48, 167, 232, 249

Associação dos Cervejeiros (AOB)

a fusão entre a BAA e a AOB, 124,
217-281

versus BAA, em assuntos/políticas
governamentais, 136

Associação dos Produtores de
 Cerveja (BA), 232
 e a Lei BEER, 297, 298
 e a definição de cervejeiro
  artesanal, 123, 296
 direção executiva, 277
 estado de Nova York, 294
 e a regulamentação após a proibição,
  286-287
 e a Lei Small BREW, 297, 328
 estatísticas, 21, 89, 303
 e o abatimento de imposto para os
  microcervejeiros, 295
 evolução, 11
 exportação de cerveja artesanal, 317
  e Fish, 128
 fomenta a criação de associações
  estatais de cervejeiros
  artesanais, 325
  fundadores, 11
  membros, 325
  e a fusão entre a BAA e a AOB,
   126, 217-227
  e a NBWA, 233
 recebe direito de voto no Instituto da
  Cerveja (BI), 283-300
 reunião com August Busch IV,
  280-283
Associação dos Produtores de Cerveja
 da América (BAA)
 conferência final, 273-274
 convenção(ões), 24
 cervejeiros artesanais ressuscitam a,
  229-249

primórdios, 25, 47
 versus a AOB, em assuntos e políticas
  governamentais, 136
Associação Nacional dos
 Distribuidores de Cerveja (NBWA),
 78, 232-234, 241, 249, 283
A Treatise on Lager Beers (Eckhardt),
 50, 66
August Schell Brewing Company, 26,
 51, 65, 103, 141
 cervejas vendidas em 2012 por
  volume, 335
 como membro da BAA, 237
 objeção à definição de cervejeiro
  artesanal da BA, 279, 295-300
Austin, Peter, 34, 113
 o bardo da cerveja. *ver* Jackson,
  Michael

Barkley, Don, 33, 108, 136
Becker, Jeff, 235, 242-249, 283
Beck's
 ataques a Koch, 71-74
 conquistas da AB, 264
 popular produção de chope em
  Nova York, 41
Bell, James, 162
Bell, Larry, 84, 201-202,
 238-239, 297
Bell's Brewery, 201-202
Beer Advocate, 192-193, 197,
 214-216, 241, 309
Beer Blast (Van Munching), 155
Beer Business Daily, 240-241, 258

Beer for Pete's Sake (Slosberg), 147

Beer Hunter, The (seriado de TV), 61

Beer Marketer's Insights, 226, 266, 269, 285

Beer School: Bottling Success at the Brooklyn Brewery (Hindy and Potter), 131

Beer Wholesaler, 43

Berger, Don, 81

Bernadette, Andy, 43, 80

Beyond the Pale (Grossman), 29

Biersch, Dean, 108-110

Big Book of Brewing (Line), 30, 50, 107

Blind Pig, The, 182

Boulder Beer Company, 19, 56, 59, 78

  bottle conditioning, 50, 197

Boston Beer Company. ver Koch, Jim; Sam Adams

Boston Consulting Group (BCG), 45, 75

Boston Globe, 83, 86, 145

Boukhart, Peter, 178

Bowker, Gordon, 37-39, 59

Bowman, Fred, 135, 142, 159, 237, 241

Bradford, Daniel, 76-78, 241-246, 258, 273-275, 277, 258

Brewing Lager Beer (Noonan), 95

Briess, Roger, 58, 202

Bronder, Mark, 146-147

Brooklyn Brewery

  e a manchete "Briga de bar", 83

  e a Brooklyn Lager. ver Brooklyn Lager

  e a Associação dos Cervejeiros Artesanais,130, 92, 137-139, 181, 224, 225, 263

  chave do seu sucesso, 84

  Chou estoca cerveja da, 68

  como membro da Turma de 88, 127-182

  distribui a cerveja dos concorrentes, 189, 253-255

  a metáfora de Davi e Golias, 74

  Oktoberfest em outubro de 1989, 53

  vendas, 82

  visita de Papazian, 53

  usa fazendas locais, 203

  ver também Matt Brewing Company

Brooklyn Brown Ale, 82

Brooklyn Lager

  e o contrato com a Matt Brewing Company, 253

  e a polêmica do imã de geladeira, 85

  o chope chama a atenção de grandes distribuidoras, 255

  encomendado e abandonado pela distribuidora sem repercussões, 255

  ganha a medalha de ouro no Grande Festival da Cerveja Norte-americana em 1992, 82

  Hindy começa a vender, 67-68, 82,130, 252-253

Sheehan mostra interesse em distribuir, 255

Bruce, David, 58, 92-93

Brynildson, Matt, 121

Buchanon, Bill, 218

Budweiser
campanhas publicitárias, 148, 214, 220
Company B's se recusa a vender, 225
distribuidoras, 24, 67, 230, 255, 260-261
como cervejaria grande e popular, 25, 41, 104
mascote, 148
se empenha para estabelecer marcas ao estilo artesanal, 329-331
versus Koch, 144
versus Miller, 27
"o que a Bud desperdiça em uma semana…", 74
ver também Anheuser-Busch (AB)

Burns, Tom, 56, 59

Calagione, Sam, 11, 168, 189-194, 321

Campanha por uma Ale de Verdade (CAMRA), 34, 40, 60, 107, 112, 221

Camusi, Paul, 19

Carter, Presidente Jimmy, legaliza a produção de cerveja caseira, 50

Cartwright Brewing Company, 19, 56

Catamount, Brewing Co., 36, 56, 162

Celebrator Beer News, 222

certificado "Cicerone" de formação de profissionais da cerveja, 18, 263

cerveja e a IPA sem o amargor, 192
e a mídia, 213-227
e a velha regra da *three-pin*t, 203
com conservantes, 72
festivais, 55-58, 59, 75-87, 92, 109, 116, 144, 163, 172, 201, 217, 220-221, 225, 237, 241, 244, 272, 279, 305
guerra(s), 155, 254-256, 154-156, 297-298
importada, 41, 73-74, 105, 129,134, 181, 220, 251-252
lambic, 46, 171, 178
receitas são como poesia, 168
ver também cervejeiro(s)/cervejaria(s) artesanal(is);
nomes dos(as) cervejeiros/cervejarias individualmente

cervejaria mega ou gigante, definição, 57
ver também Anheuser-Busch (AB); Coors; Miller; MillerCoors
cervejaria sob contrato, 70-75, 80
e Bowman, 142
e Brooklyn Brewery, 137, 140, 316
e o início da Newman, 34
e os Matts, 105
e Reich, 4650, 70, 79
aprovação de Papazian pela Associação dos Cervejeiros (AOB), 135

a cervejaria como negócio de
capital-intensivo, 142

críticas a Koch/Sam Adams, 81, 144,
151, 160, 239

exposição no *Dateline,* 144

os pioneiros, 19

Shipman declara que não é amigável,
141

também conhecida como cervejaria
cigana, 317

vista como uma vantagem
injusta, 8

cervejeiro(s) artesanal(is). *ver*
cervejeiro(s)/cervejaria(s)
artesanal(is) cervejeiro(s)/
cervejaria(s) artesanal(is)

e cervejas *"crafty" criadas por
grandes cervejarias,* 135,
298, 328

e a fermentação na garrafa, 50, 197

e a turma de 88, 89-131

buscando integrar verticalmente,
201-203

definição, 21, 56, 279

distribuição. *ver* distribuidora(s)/
distribuição

e experimentação/inovação, 167-203

estatísticas, 21, 69, 79, 95, 133,
161, 301

e tributos, 47-49, 234, 244, 289,
296-298, 328

falência(s), 34-35, 162-165

a importância das cervejarias caseiras
nos primórdios, 52-60

a importância das fábricas-bares nos
primórdios, 89

influência da legislação federal,
47-50

e a Internet como aliada, 244

a mídia declara equivocadamente
crise da cerveja artesanal, 167

a primeira geração, 69-87

publicidade, 137-139

negócios milionários, 133-155

e a fusão entre a BAA e a AOB, 126,
271-277

e os pioneiros. *ver* pioneiros da
indústria de cerveja artesanal
e a mídia impressa, 219-227

rentabilidade, 69

e a qualidade da discordância, 158

ressuscitam a Associação dos
Cervejeiros Artesanais, 229-249

um lugar à mesa, 283

segunda geração, 167

terceira geração, 301-323

usar latas *versus* usar garrafas,
198-199

ver também microcervejaria;
nanocervejaria; pequena cervejaria
caseira e microcervejeiros

Conferência. *ver* Conferência dos
Produtores de Cerveja

Chicvara, Jerome, 84, 153-160, 240

Chou, Tommy, 67-68

Cilurzo, Vinnie, 168, 182-187, 193

Coalition for Beverage Interests
(COBI), 51

344 • A REVOLUÇÃO DA CERVEJA ARTESANAL

Collier, Sophia, 129, 252

Coors
  e Bill Coors, 49
  e Blue Moon, 134, 198, 315, 326, 329
  e cervejas "*crafty*", 298, 326
  e Peter Coors, 235, 284

Company B se recusa a participar, 224
  dependência da Boulder Beer, 59
  distribuidoras, 176, 227, 252, 268
  influência como porta-voz da USBA, 48
  junta-se à Miller para formar a MillerCoors, 283, 298
  persistência na produção regional, 24, 59
  sobre o diferencial de tributação, 52

Complete Joy of Homebrewing, The (Papazian), 17, 52

Conway, Daniel e Pat, 115

Conferência dos Produtores de Cerveja Artesanal, 22, 25, 33, 48, 52, 56, 58, 152-153, 157-158, 226, 230-232

Crain's Cleveland Business, 115

Daniels, Ray, 18

Denison, Suzy, 19, 30-32, 86

Denkin, Steve, 32

Departamento de Álcool, Tabaco, Armas de Fogo (ATF), 145

Deschutes Brewery, 84, 124-126, 146, 154, 158, 235, 273, 302, 335

Diageo/Guinness, 137, 243, 335

Dikty, Alan S., 69

distribuitora(s)/distribuição
  grandes distribuidoras adotam a cerveja artesanal, 256-269
  a maior nos Estados Unidos, 267-269
  política "100% *share of mind*" da AB, 134-135, 154-155, 230, 241-242, 256-257, 280
  e o sistema de três níveis hierárquicos, 21, 67, 230, 245, 248, 255, 258, 286, 293
  e transpassamento, 263

D.G. Yuengling e Son, 90, 103, 141, 279, 296, 328, 335-336

Dogfish Head, 189-190, 321, 336

Draft (revista), 219

Eckhardt, Fred, 50, 56, 66, 102,

Edgar, David, 161, 241

Egelston, Peter, 99, 233

Essentials of Beer Style, The (Eckhardt), 66

fabricação caseira
  como porta de entrada para a indústria da cerveja artesanal, 52-60
  é ilegal, 50
  fazer uma lager, 61

Fertitta, Lorenzo, 120
  a filosofia da "linha de base tripla".
  ver Great Lakes Brewing Company

Firkin fábricas-bares, 58

Fish, Gary, 84, 124-128, 145, 159, 189, 192, 239, 248, 322

ÍNDICE REMISSIVO ● 345

Ford, President Gerald, e a pressão de grupos neoproibicionistas, 49

Fortune, 43, 140

GABF. *ver* Grande Festival da Cerveja Norte-americana (GABF)

Gartman, Robert, 40

Gatza, Paul, 15

Geary, David, 110, 112-113, 158, 254

Glaser, Milton, 82, 131, 254

Golden Hinde, 31

Goose Island, 87, 120-124, 266, 320, 322, 327, 333

Gordon Biersch Brewing Company, 108, 118

Gordon, Dan, 108

Grande Festival da Cerveja Norte-americana (GABF), 58, 76, 92, 144, 162, 172, 201, 225, 232, 241, 272, 279

e a polêmica sobre as reclamações contra as suas premiações, 82

e o bad boy da, 80

e os vencedores. *ver* Brooklyn Brewery; Goose Island; Sam Adams

grandes cervejeiros/cervejarias

cronologia do empenho das grandes cervejarias para criar marcas ao estilo artesanal, 329-330

definição, 57

ver também Anheuser-Busch (AB); Coors; Miller; MillerCoors

Grant, Bert, 19, 67, 84, 90, 152

Great Lakes Brewing Company, 114, 336

Gritty McDuff 's Brew Pub, 110

Grossman, Ken, 19, 23, 29, 49, 58, 60, 108, 186, 233, 237, 241, 247, 315, 322

Growing a Business (Hawken), 42

Hall, Greg, 120-122

Hall, John, 87, 121-122

Hambrecht, Bill, 80

Hancock, George, 140, 150-153, 237, 239-240

Harris, John, 126

Harris, Stuart, 56, 272

Hastings, Jim, 128

Hawken, Paul, 42

Heineken, 203, 247, 255, 260, 283, 316, 337

ataques a Koch, 71-74

como popular chope em NY, 41, 255

como terceira maior cervejaria do mundo, 305

Hickenlooper, John, 85, 90-95, 237, 273, 274

Hilary, Merle, 106-108

Hindy

confessa que no começo não entendia a veneração por Maytag, 21

encabeça petições contra Koch/ Boston Beer, 83-85

escolhido como membro do conselho do BI, 283

inadvertidamente insulta Mallya, 138-139

346 • A REVOLUÇÃO DA CERVEJA ARTESANAL

Inc. Magazine, 43, 163
Independent Ale Brewery, 19, 36, 44, 59
  ver também Redhook; Shipman,
    Paul; Instituto da Cerveja
  e dos Estudos de Fermentação, 55, 71
Instituto da Cerveja (BI), 232, 271,
  283
imposto para cervejarias
  norte-americanas, 47-50, 234, 241,
  248, 289, 295, 327
"impostos de luxo", 51
IPAs e lúpulos, 186-189
IPAs e lúpulos artesanais, 186-189
irmãos Hallam, 264

Jackson, Michael, 18, 37, 62-67
  e *Celebrator,* 224
  e sua coluna "Jackson on Brew" na
    revista *The New Brewer,* 63
  aforismos espirituosos, 64
  ajuda Papazian a estabelecer uma
    degustação de cerveja
  às cegas no GABF, 79
  como inventor de estilos de
    cerveja, 63
  defende a cerveja
    norte-americana, 65
  elevou a cerveja a um nível de
    prestígio, 65-67
  família, 62
  morte, 65
  nunca criticou uma cervejaria, 38, 64
  passado profissional, 65
  visita Nova York, 64

  ver também The Beer Hunter (seriado
    de TV), *Pocket Guide to Beer*
    (Jackson), *World Guide to Beer*
    (Jackson)
Jackson, Sally, 75-78
Jacob Leinenkugel Brewing Co., 26,
  59, 329
Johnson, Bob, 268
Johnson, Mike, 293
Johnson, Pete, 277
Jordan, Kim, 83, 167-170, 224, 237,
  247, 273, 276
Joyce, Brett, 102
Joyce, Jack, 102, 159, 237-238, 274,
  314

Kalman, Rhonda, 75, 78
Katechis, Dale, 198-201, 316
Katz, Francine, 145
Kelly, Martin, 150, 272, 274
Kimmich, John, 99
King, Henry
  é acometido por câncer, 240
  exige a unificação de fabricantes
    pequenos e grandes, 52
  presidente da USBA, 47, 238
Knight, Gordon, 200
Knight, Phil, 100
Koch, Greg,187
Koch, Jim, 70-87
  ataca a Heineken e a
    Beck's, 71-73
  cobra por hora para se encontrar com
    aspirantes, 45

e contrata produção exposta no
    Dateline, 144
defesa de Geary, 158
gesto de generosidade, 34
recompensa seus consumidores, 143
versus Busch III, 134, 144-146
versus Hindy, 83
ver também Sam Adams
Krebs, Peter, 37-39, 44
Kuh, Fred, 22, 66

Lebesch, Jeff, 167-171
Leinenkugel, Bill, 26
Lei Sarbanes-Oxley, de 2002, 151
levedura ale *versus* levedura lager, 61
Lewis, Dr. Michael, 59
Liga dos Cervejeiros Artesanais (CBA),
    123, 316
Line, Dave, 30, 50, 107
Lomuscio, Joe, 67, 255

Magic Hat Brewing Company, 99,151
Maier, John, 101
Mallya, Vijay, 136, 167, 238
Marino Sr., Joe, 66
Martin House Brewing Company, 197
Martin, Robert, 82
Matt Brewing Company, 26, 36, 40,
    46, 70, 90, 103, 129, 134, 253,
    277, 317
Matt, F. X., 45, 103-106, 239
    é um cervejeiro familiar, 26, 103
    e Reich, 40, 45
    ver também Matt Brewing Company

Matt, Nick, 47, 103-106, 277
Maytag, Fritz
    generoso na atenção, conselhos e
        ingredientes, 20
    sente a pressão financeira, 29
    sua família, 20
    vida em San Francisco, 22
    versus Papazian, 56-57
    ver também Anchor Brewing
        Company
McAuliffe, Jack, 19, 29-34, 40, 46,
    50, 60, 89, 136, 307
McElevy, Charles, 37
Mendel, Jeff, 78-79
Mendocino Brewing Company, 33-34,
    90, 108, 118, 136, 238, 336
Merchant du Vin, 65,129, 221, 254,
    263
    a metáfora de Davi e Golias, 74, 86
Metzger, Bill, 225
Michael Jackson's Beer Companion
    (Jackson), 65
microcervejarias/microprodução
    e "a bíblia" dos microcervejeiros, 65
    definição, 56
    primeiros adeptos, 67
    primeiras a serem publicamente
        comercializadas.
    ver Mendocino Brewing Company
    e o termo cunhado por Stuart
        Harris, 56
Miller
    disputa com Anheuser-Busch pelo
        uso de aditivos em sua cerveja, 27

348 ● A REVOLUÇÃO DA CERVEJA ARTESANAL

recusa visitas de outros cervejeiros, 27

ver também MillerCoors

MillerCoors, 95, 267

propaganda, 213

e Blue Moon, 134, 299, 316

controle do mercado norte-
-americano de cerveja, 27, 213, 258, 266, 335-336

distribuição, 258, 267

funcionários, 319

fusão, 283-285

vantagens injustas, 299

ver também Coors; Miller

Mosher, Randy, 276, 320

nanocervejaria/nanoprodução, 226, 307-309

New Albion Brewing Company e seu término, 32

New Amsterdam Amber Beer, 40-45, 80-85, 206

New Belgium Brewing Co., 124, 167, 170-178, 213, 224, 237, 273, 315, 321, 327, 335

New Brewer, The, 35, 45, 57, 63, 69, 77, 79, 87, 95, 135, 140, 157, 161, 178, 219, 225, 272

Newman, Alan, 99, 151, 314

Newman, Bill, 20, 35, 46, 80, 144,

Newman, Marie, 34-36

Newman, Paul, 220

Newsday, 83, 129

Newsweek, 43, 73, 75

New York Times, The, 149, 164

Niemi, Mohave, 101

Noonan, Greg, 95

North American Breweries, 151, 296, 335, 337

North Coast Brewing Company, 106-110

Old New York Brewing Co., 19, 39, 50, 80

Old Spaghetti Factory, 22, 66

Oliver, Garrett

como mestre-cervejeiro da Brooklyn Brewery, 16, 130, 163

colaborações, 194

discurso no funeral de Jackson, 66

livros que escreveu, 16, 130-132

história dos Deuses da Cerveja e dos Megálitos 16, 326

júri professional de degustação no World Beer Festival, 221

treinamento, 163

O'Shea, Bill, 24, 47

Oskar Blues, 198, 316, 336

Ottaway, David, 130

Oxford Companion to Beer, The (Oliver), 18, 131

Owades, Joseph, 40, 45, 105

Pabst, 156, 249, 296, 317, 322, 328, 335, 336

pai da cerveja leve. *ver* Owades, Joseph, 38

Papazian, Charlie, 11, 52

Brewer's Publications, 95

como líder da AOB durante a fusão, 271-277

como presidente da BA, 276, 298

diferencia cervejarias "craft" de outras, 55

emprego, 53

estabelece degustação às cegas das cervejas no GABF, 79

formação, 53

inventa grande parte da terminologia da cerveja artesanal, 56

e a petição de Koch, 87

versus Maytag, 56-57

Peacock, Dave, 205, 280, 290

Pease, Bob, 272, 288, 297

pequena cervejaria, definição, 57

ver também cervejeiro(s)/cervejaria(s) artesanal(is)

Pete's Brewing, 146

Pfeffer, Richard, 110-114

pioneiros da indústria de cerveja artesanal, 19-29

ver também Denison, Suzy; Maytag, Fritz; McAuliffe, Jack; Zimmerman, Jane

Pittsburgh Brewing Company, 47, 75, 336

Pocket Guide to Beer (Jackson), 62

Polewacyk, Steve, 96

Portland Brewing Company, 135, 142, 159, 237

Potter, Tom, 9, 25, 44, 89, 129, 131, 139, 253

proibição

e as batalhas para reverter a proibição, 18, 47, 249

empresas que sobreviveram, 104

e os neoproibicionistas, 48

o homem que depois introduziu a Heineken na América, 74

pós-, 213, 264, 286

pré-, 161, 213

e o sistema de três níveis hierárquicos, 27, 230, 255, 258, 286

Pugsley, Alan, 112

RateBeer, 218

Real Beer Page, 219

Red Bell Brewing Company, 162

Redhook, 19, 36, 59, 123, 140

parceria com a AB, 142, 154, 262, 331

e a Ballard Bitter, 39

e a Liga dos Cervejeiros Artesanais (CBA), 316

Jackson dá quatro estrelas à Redhook Ale, 38

participação no mercado, 142-144

protestam contra sua exclusão da categoria dos cervejeiros artesanais, 136, 279

Redhook Ale é frequentemente considerada intragável, 37

vendas, 141

ver também Shipman, Paul

Redhook: Beer Pioneer (Krebs), 36

Reich, Matthew, 19, 39, 41, 70, 80, 104

350 • A REVOLUÇÃO DA CERVEJA ARTESANAL

compra uma cervejaria, 43
contrato com a Matt Brewing
   Company, 43, 70, 90
ver também Old New York
   Brewing Co.
Renovating the Rust Belt (blog), 116
Reyes Beverage Group, 267
Reinheitsgebot (Lei de Pureza Alemã de
   1516), 60, 168
Rogue Ales, 99, 159, 237, 274
Rosenthal, Joe, 107
Ruedrich, Mark, 107
Russian River Brewing Company, 184,
   278
Ryan, Charley, 25

Sam Adams, 72, 82, 144-146, 150
   cervejas extremas, 168
   e a petição contra Koch/ Boston
      Beer, 83
   ganha o "Melhor Cerveja na
      América," 76
Saranac, 105, 203
Schuhmacher, Harry, 258
Seattle Weekly, 37
Sheehan, Jerry, 255
Shipman, Paul, 36, 44, 136, 140-142,
   155, 322
Shireman, J.B., 173-178, 321
Siebel, Ron, 58
Sierra Nevada Brewing Company,
   143, 154, 213, 233, 254, 267,
   315, 322, 327, 335
   o sistema de três níveis hierárquicos,

27, 230, 255, 258, 286
Skypeck, Chuck, 273
Slosberg, Pete, 146
Smuttynose Brewing Company, 99,
   233
Spuds Mackenzie, 148
Stebbins, Ed, 112
Steese, Lawrence, 23, 28
Steinmann, Benj, 226, 269, 326
Stern, Suzy. *ver* Denison, Suzy
Stevens Point Brewery, 59, 336
Stone Brewing Company, 187, 335
Stoudt, Carol, 87
Stovall, Dave, 182
Stroh, Peter, 48
Stroh's Brewery, 48, 52, 95, 141, 162,
   322

Thomas, Andy, 316, 322
Thomas, Virgínia, 87
Tod, Rob, 178, 214
Tucker, Joe, 218

Utica Club Beer, 107, 261

Van Munching, Philip, 73
Vermont Pub & Brewery, 95-99

Wagner, Steve, 187
Wall Street Journal, The, 83, 287
Ware, Jeff, 45
Ware, Randolph, 19
Weinberg, Bob, 27, 266
Widmer Brothers Brewing

ÍNDICE REMISSIVO ● 351

Company, 123, 135, 279, 316

Widmer, Kurtand Rob, 77

Wiles, Mary, 320

Wm. S. Newman Brewing Co., 20, 34, 272

World Guide to Beer (Jackson), 62, 67, 254

Wrigley, Richard, 90

Wynkoop Brewing Company, 80, 90-95, 237

Yakima Brewingand Malting Co., 19, 84, 152

Yeungling. *ver* D.G. Yeunglingand Son

Zimmerman, Jane, 19, 30, 89

Zip City Brewing Company, 164

Zymurgy (revista), 55-56, 187, 214, 219